应用型本科系列规划教材

专用车辆设计

主 编 王 鑫
副主编 王兴路 上官望义

西北工业大学出版社

西安

【内容简介】 本书结合我国专用车辆生产、科研和应用实际,分别介绍航空专用车辆、自卸车辆、罐式车辆、厢式汽车、汽车列车和高空作业车等应用广泛且具有一定代表性的专用车辆的设计知识。本书结合当今最新的专用车辆设计标准和国内外相关文献资料,对每种类型的专用车辆的总布置设计、专用装备的设计进行较为详细的介绍,力求做到理论联系实际,结构合理、语言精练、图示详尽,便于读者理解和应用。

本书可作为本科院校车辆工程专业、工程机械相关专业的教材,还可作为航空地面设备维护和航空特种车辆维修专业的参考教材,同时可供从事汽车及工程车辆设计、维修和保养的工程技术人员使用或参考。

图书在版编目(CIP)数据

专用车辆设计/王鑫主编. —西安:西北工业大学出版社,2020.5
ISBN 978-7-5612-7067-7

Ⅰ.①专… Ⅱ.①王… Ⅲ.①汽车-设计-高等学校-教材 Ⅳ.①U462

中国版本图书馆 CIP 数据核字(2020)第 065446 号

ZHUANYONG CHELIANG SHEJI
专 用 车 辆 设 计

责任编辑:朱辰浩	策划编辑:蒋民昌
责任校对:孙 倩 刘 葳	装帧设计:李 飞

出版发行:西北工业大学出版社
通信地址:西安市友谊西路 127 号　　邮编:710072
电　　话:(029)88491757,88493844
网　　址:www.nwpup.com
印 刷 者:陕西向阳印务有限公司
开　　本:787 mm×1 092 mm　　1/16
印　　张:12.375
字　　数:325 千字
版　　次:2020 年 5 月第 1 版　　2020 年 5 月第 1 次印刷
定　　价:40.00 元

如有印装问题请与出版社联系调换

前　言

为进一步深化应用型本科高等教育的教学水平，促进应用型人才的培养工作，提升学生的实践能力和创新能力，提高应用型本科教材的建设和管理水平，西安航空学院与国内其他高校、科研院所、企业进行深入探讨和研究，编写了"应用型本科系列规划教材"系列用书，包括《专用车辆设计》共计30种。本系列教材的出版，将对基于生产实际，符合市场人才的培养工作具有积极的促进作用。

随着经济建设的蓬勃发展，我国专用车辆保有量不断增加。根据机动车出厂合格证统计数据显示，截至2018年底我国生产专用车辆累计达到了246.87万辆，增幅比上年同期有所扩大。伴随产、销量的不断增加，专用车辆已成为我国汽车工业的重要组成部分，有着广阔的发展前景。因此，专用车辆的设计开发、研究和使用在汽车工业中已占有重要的位置。

为满足新形势下对专用车辆设计应用型人才的培养需求，市场上急需一本能够尽可能反映多种类型专用车辆相关理论设计及应用的教材，在这样的背景下笔者编写了《专用车辆设计》这本教材。本书以培养应用型人才为目标，以车辆工程专业和工程机械相关专业学生为培养对象，将现代普及的多种类型专用车辆设计理论知识作为主要选材内容，并结合部分当前市场上应用的专用车辆作为案例进行分析讲述，突出新颖性。本书分为7章，内容包括专用车辆的总体设计、航空专用车辆设计、自卸车辆设计、罐式车辆设计、厢式汽车设计、汽车列车设计和高空作业车设计。在编写过程中注重理论联系实际，力求结构合理、语言精练，便于读者理解和应用。

本书由西安航空学院王鑫任主编并统稿，王兴路、上官望义任副主编。参加编写工作的还有西安航空学院高明飞、雷蕾、王龙、袁小慧、归文强和陕西重汽集团有限公司的程颐。其中第1章和第7章由王龙负责编写；第2章由王鑫、王兴路和高明飞负责编写；第3章由雷蕾负责编写；第4章由王兴路负责编写；第5章和第6章由上官望义、程颐、袁小慧和归文强负责编写。

在本书的编写过程中，参考并引用了威海广泰空港设备有限公司相关民航专用车辆的设计资料，以及部分国内出版的书籍、网站和相关专业文献，从而使编写工作得以顺利完成。在此，对威海广泰空港设备有限公司及陕西重汽集团有限公司提供的相关参考资料表示感谢。

由于水平有限，本书在章节安排和内容编写上难免存在不足，恳切希望使用本书的高校师生和广大读者批评指正，以便今后进一步完善。

编　者

2020年2月

目　　录

第1章　专用车辆的总体设计	1
1.1　概述	1
1.2　专用车辆的总体布置	3
1.3　专用车辆的车架设计	12
1.4　专用车辆主要性能参数的设计与计算	18
复习思考题	28
第2章　航空专用车辆设计	29
2.1　飞机牵引车设计	29
2.2　除冰车设计	37
2.3　客梯车设计	42
2.4　行李传送车设计	54
2.5　摆渡车设计	62
复习思考题	68
第3章　自卸车辆设计	69
3.1　自卸车辆总体设计	70
3.2　自卸车辆举升机构设计	74
3.3　自卸车辆液压系统设计	86
复习思考题	93
第4章　罐式车辆设计	94
4.1　概述	94
4.2　罐式车辆罐体结构设计	96
4.3　油罐汽车设计	99
4.4　液化气罐汽车设计	109
复习思考题	116

第 5 章　厢式汽车设计 ……………………………………………………… 117
5.1　厢式零担运输车 ………………………………………………………… 117
5.2　冷藏保温汽车 …………………………………………………………… 121
5.3　集装箱运输车 …………………………………………………………… 133
复习思考题 …………………………………………………………………… 142

第 6 章　汽车列车设计 ……………………………………………………… 143
6.1　概述 ……………………………………………………………………… 143
6.2　半挂汽车列车设计 ……………………………………………………… 144
6.3　牵引杆挂车列车设计 …………………………………………………… 162
6.4　汽车列车的参数选择及运行特性 ……………………………………… 168
6.5　汽车列车的挂车制动系统设计 ………………………………………… 175
6.6　挂车的照明及信号装置 ………………………………………………… 177
复习思考题 …………………………………………………………………… 178

第 7 章　高空作业车设计 …………………………………………………… 179
7.1　直臂式高空作业车设计 ………………………………………………… 179
7.2　曲臂式高空作业车设计 ………………………………………………… 184
7.3　直升式高空作业车设计 ………………………………………………… 188
复习思考题 …………………………………………………………………… 190

参考文献 ……………………………………………………………………… 191

第1章　专用车辆的总体设计

1.1　概　　述

专用车辆指的是外廓尺寸、质量等方面超过设计车辆限界,经特制或专门改装,配有固定的装置设备,用于牵引、清障、清扫、起重、装卸、升降、搅拌、挖掘、推土和压路等的各种轮式或履带式的车辆,或车内装有固定特种仪器设备,从事专业工作的监测、消防、清洁、医疗、电视转播、雷达和 X 光检查的车辆,如自卸载重车、清扫车、固井水泥车、压裂车、公路清障车、高空作业车、混凝土泵车和清雪车等均是应用广泛且具有一定代表性的专用车辆。

1.1.1　专用车辆的特点及设计要求

专用车辆与普通车辆的区别主要是在所选定的车辆底盘上,将其改装成具有特种功能的上装部分,用以完成某些特殊的运输和作业功能。因此在设计上,除了要满足基本型汽车的性能要求外,还要满足特种功能的要求,而形成自身的特点。

1. 专用车辆的特点

(1)能保持运输货物的物理状态和质量。采用普通型汽车运输,有些货物在运输过程中可能会发生腐烂变质,在长途运输中,如肉类、蛋类若没有冷冻保鲜专用设备,尤其是在炎热的夏天会发生变质;有些货物在运输过程中容易流失损坏,如水泥、玻璃、谷物和蔬菜等。

(2)能提高运输生产率,降低运输成本,减少劳动消耗,缩短装卸时间,实现最佳经济效益。例如,自卸汽车可减少装卸劳动力,液罐汽车可以自行装卸油液,洒水车具有自动加水、喷洒道路和冲洗水沟的功能,混凝土搅拌车具有搅拌水泥、石沙和将混凝土运输到建筑工地的功能。普通型汽车是不可能完成这些功能的。

(3)具有专门的防护设备。一些易燃、易爆、易腐蚀和有毒等化学物质必须使用专用车辆来运输,普通型汽车难以胜任这些特殊物质的运输工作。除公路运输外,石油勘探、市政工程、环保卫生、消防、机场、医疗和建筑等物资也需要专用车辆运输。由于专用车辆具有某些普通型汽车不能比拟的功能,所以近年来世界各国都在大力发展专用车辆,致力于专用车辆的研究,以扩大汽车的使用范围。

综上所述,专用车辆是汽车运输发展的产物,与普通型汽车相比,具有能充分发挥汽车运输效率、降低运输成本、缩短装卸货物时间、减少劳动消耗和货物损失,特别是能保持货物的质量与使用价值,有利于各种类货物运输的优点。

2. 专用车辆的设计要求

(1) 选用定型的基本型汽车底盘进行改装设计。这就需要先了解国内外汽车产品,特别是载货汽车产品的生产情况、底盘规格、供货渠道、销售价格及其他相关资料等。然后根据所设计的专用汽车的功能和性能指标要求,在功率匹配、动力输出、传动方式、外形尺寸、轴载质量和购置成本等方面进行分析比较,优选出一种基本型汽车底盘,作为专用车辆改装设计的底盘。对于不能直接采用二类底盘或三类底盘进行改装的专用车辆,也应尽量选用定型的汽车总成和部件进行设计,以缩短产品的开发周期和提高产品的可靠性。

(2) 设计的主要工作是总体布置和特种工作装置匹配。设计时既要保证特种功能满足其性能要求,也要考虑汽车底盘的基本性能不受到影响。在必要时,可适当降低汽车底盘的某些性能指标,以满足实现某些特种工作装置性能的要求。

(3) 专用车辆设计应考虑产品的系列化、标准化。针对专用车辆品种多、批量少的生产特点,专用车辆设计应考虑产品的系列化和标准化,以便根据不同用户的需要很快地进行产品变型。对专用车辆零部件的设计,应最大限度地选用标准件,或选用已经定型产品的零部件,减少自制件。对专用车辆自制件的设计,要多考虑通用设备加工的可能性。

(4) 合理选择特种装置的配套件。对专用车辆工作装置中的某些核心部件或总成,如各种水泵、油泵、气泵、空压机、取力器及各种阀等,要从专业生产厂家中优选。专用车辆专项作业性能的好坏,主要取决于这些部件的性能和可靠性。

(5) 应满足公路交通安全法规的要求。专用车辆设计应满足有关机动车辆公路交通安全法规的要求,对于某些特殊车辆,如重型半挂车、油田修井车和机场宽体客车等,应作为特定作业环境的专用车辆来处理。

(6) 其他。在普通汽车底盘上改装的专用车辆,底盘受载情况可能与原设计不同,因此要对一些重要的总成结构件进行强度校核。某些专用车辆可能会在很恶劣的环境下工作,其使用条件复杂,要了解和掌握国家及行业相应的规范和标准,使专用车辆有良好的适应性,工作可靠,且要设置安全性装置。

综上所述,专用车辆的设计有其自身的特点和要求,既要满足汽车设计的一般要求,同时又要获得好的特种性能。这就要求汽车和特种工作装置合理匹配,构成一个协调的整体,使汽车的基本性能和特种功能都得到充分发挥。

1.1.2 专用车辆的设计方法与流程

专用车辆制造生产的特点是批量小,不同于新车设计,不需要进行从总体到总成的系统设计,主要是根据使用要求和功能特点选择合适的车型底盘,匹配具有特种功能的工作装置。专用车辆的设计流程一般经过如下几个阶段。

1. 可行性分析

在深入调查研究的基础上,对新型专用车辆进行可行性分析。了解新产品的使用条件,用户对新产品的性能要求、使用要求及需求量,收集国内外同类或相近类专用车辆的技术资料并进行分析比较,分析新产品开发的目的和意义,整理出新型专用车辆开发的可行性报告、国内外现状及发展趋势、市场预测及技术经济分析、产品开发的关键技术及其实施方案等内容。

2. 技术设计

(1) 确定主要性能指标。专用车辆的性能指标可分为基本性能指标和特种性能指标两大类。基本性能指标包括动力性、燃油经济性、制动性、操纵稳定性和通过性等指标；特种性能指标是由专用车辆的特种功能确定的，可通过对现有技术资料进行分析比较或社会调查来选择确定。

(2) 选择汽车底盘。专用车辆是在汽车底盘上安装特种工作装置，用于承担专门运输任务或专项作业的车辆。因此，专用车辆的基本性能是由汽车底盘的性能所决定的。所选用的汽车底盘有4种结构形式：①二类底盘是由驾驶室、发动机和底盘总成组合在一起的；②三类底盘是由底盘总成和发动机组合在一起的；③特种底盘是专门为某一类专用车辆设计制造的底盘；④组合底盘是选用定型的总成组装成的底盘。以上4种特种底盘可根据专用车辆的用途及使用条件、已确定的专用汽车性能指标、专用车辆的特种功能及其总布置的需要，以及生产厂家现有的条件和能力来选定。

(3) 总布置图的绘制及性能参数计算。专用车辆的设计实质上是在汽车底盘上进行改装设计的过程，根据特种功能设计安装各类型的特种装置。在专用车辆总布置图上应能反映出特种装置的布置形式及相对尺寸、取力装置和传动装置的布置形式。有时由于特种装置布置的需要，在不改变使用性能的前提下，对底盘上的某些部件可进行重新布置，如加燃油箱、管路和杆件等。

确定总体布置方案后，要计算一些主要性能参数，如动力性指标、轴载质量分配和燃油经济性指标等。这些性能参数应不改变原汽车底盘的性能参数，视其计算结果对总体布置方案进行必要的修改。

(4) 总成及零部件设计。以总布置图为依据，进行各总成及零部件的设计计算，各总成及零件的尺寸确定以后，还应在总布置图上做进一步的布置及运动校核，使各部件之间相互协调。

3. 产品的试制与鉴定

以上专用车辆的技术设计完成以后，工艺人员根据产品设计图样与本厂的生产实际，编制工艺流程卡片及工艺路线，用于产品的试生产。通过试生产或装配进一步暴露技术设计中的问题，以便于改进设计。完成技术设计和试生产后的专用车辆产品必须经过严格的定型试验，全面考核其结构、性能和使用可靠性等是否达到设计任务书的要求。定型试验的主要项目有专用车辆的基本性能试验、特种性能试验和可靠性试验。最后进行新产品的技术鉴定，由主管部门组织同行专家、技术人员对设计的图样、工艺文件、试验报告和样车等进行审查鉴定，通过鉴定后完善各种上报手续，待国家改装车产品生产目录公布后，即可投入批量生产。新产品投入市场后，还应进一步收集用户意见及在实际使用中所暴露的诸如设计、制造和材料等问题，作为第二、三轮的设计依据。

1.2 专用车辆的总体布置

专用车辆与普通汽车的区别主要是改装了具有特种功能的上装部分，能完成某些特殊的运输和作业功能。因此在设计上，除了要满足基本型汽车的性能要求外，还要满足特种功能的要求。专用车辆总体布置的任务是正确选定整车参数,合理布置工作装置和附件,使取力装置、特种工作装置和其他附件与所选定的汽车底盘构成相互协调和匹配的整体,以获得较好的整车基本性能和特种性能的要求。

1.2.1 总体布置原则

专用车辆的总体布置包括特种装置的布置、取力装置和传动装置的布置,以及汽车底盘上需改装部件的布置。专用车辆品种繁多,不同种类专用车辆总体布置的要求相差较大。但不论对何种专用车辆,在进行总体布置时都应按照以下原则。

(1)有利于特种功能的充分发挥。例如,气卸散装水泥罐式汽车的特种功能就在于利用压缩空气使水泥粉料液化后,通过管道将其输送到一定高度和水平距离。卸料时间与水泥剩余率是其主要的特种性能指标。为了提高卸料速度、缩短卸料时间及减少水泥剩余率,总体布置时可将罐体沿纵向倾斜一定角度安装,并将出料口布置在罐体较低侧;或者将罐体内部设置成中间高、两头低,出料口布置在罐体前后端。

(2)应满足汽车底盘性能的要求。轴载质量分配对于专用车辆的行驶性能有重大影响,而专用车辆的总体布置是决定轴载质量分配的关键因素。为适应汽车底盘或总成件的承载能力和整车性能要求,在总体布置初步完成后,应对装载质量的确定和轴载质量的分配进行估算和校核,因此总体布置初步完成后应进行轴载质量校核,保证其满足汽车底盘的要求。如不满足,则需重新修改总体布置方案。

(3)应满足有关法规的要求。例如,有关法规对汽车的长、宽、高及最大轴载质量都有具体要求。严格满足这些法规和标准的要求,是专用车辆产品设计中必须要考虑的问题之一。

(4)尽量减少对汽车底盘各总成的改动。专用车辆出于专用设备及功能的要求,大都需要对底盘上部分总成的结构和位置进行必要的改动,如果改装不当,不仅增加了成本,而且影响专用车辆的使用性能。因此在进行总体布置时,应仔细研究有关汽车车型的结构,尽量减少对汽车底盘各总成的改动。

(5)应避免特种装置布置时对车架造成的载荷集中。

(6)应尽量减少专用车辆的整车整备质量,提高装载质量。

1.2.2 专用车辆的底盘设计

所谓汽车底盘通常是指除车身以外的其余部分,即在车架上安装好发动机系统、传动系统、行驶系统、悬架系统及转向和制动系统等的整体。

1. 专用车辆底盘的形式及选型

专用车辆所采用的基本底盘按结构组成可分为二类底盘、三类底盘和四类底盘。从基本载货汽车整车上去掉货厢装置的为二类底盘;从基本整车上去掉驾驶室和货厢的为三类底盘;在三类底盘上去掉车架总成剩下的散件为四类底盘。根据整车结构的需要,采用何种底盘,是专用车辆总成选型设计的前提条件。

目前,几乎80%以上的专用车辆均采用二类底盘进行改装设计。二类底盘中,有一些是汽车厂专为专用车辆而设计的,也称其为特种底盘,例如各类自卸车的底盘与普通二类底盘的主要区别是车架大、梁较短、后悬小,以避免车厢在倾翻时发生干涉;还有半挂汽车列车的牵引车等。采用二类底盘改装设计工作的重点是货厢和特种工作装置的设计,对底盘仅做性能适应性分析和必要的强度校核。

采用三类底盘改装成的专用汽车主要有大、中、小型客车,厢式货车或客货两用车辆。近年来,我国乘用车的发展很快,人们对乘用车使用性能的要求不断提高,因此各类特种客车底盘应运而生。这些特种客车底盘的基本特点是利用基本型总成,按客车性能要求重新进行整车布置,重新设计悬架系统。它不仅在质心分配、整车性能方面,而且在传动系统与动力匹配,以及制动系统等总成方面均有很大变化和较多的改装设计。

利用四类底盘改装的专用车辆主要是为特种作业设计的特殊结构,如各种起重运输汽车、各类工程机械和各类农用汽车等。

2. 底盘改装部件的布置

在图纸上进行底盘改装部件(如发动机、传动轴、制动系和转向梯形等)布置之前,要确定基准线。一般以底盘车架的上平面线作为高度基准,以前轮中心线作为纵向基准,以汽车中心线(纵向对称平面)作为横向基准。

(1)发动机的布置。采用三类汽车底盘改装专用车辆时,有更换发动机的可能,这时要对发动机进行重新布置,其布置原则如下。

1)应使整车质心在横向尽量落在纵向对称垂直平面内。

2)尽量降低发动机的位置,以便于传动系的布置和降低整车的质心高度。但要注意保证适当的离地间隙及与转向拉杆等杆件间的运动间隙。

3)必要时曲轴中心线与车架上平面可有一定倾角,一般取 $1°\sim 4°$,以减少万向节传动的夹角。

4)应考虑发动机维修方便。目前的专用车辆多以二类汽车底盘进行改装,即使采用三类汽车底盘,建议尽可能不要去重新布置或更换发动机。

(2)传动轴的布置。对于需要变动轴距的车辆,要对传动轴作重新布置,在布置时要特别注意以下两点。

1)满载静止时,两传动轴的夹角不大于 $3°\sim 4°$,过大的传动轴夹角会使传动效率降低,磨损加快。

2)若轴距加大后,传动轴要加长,此时要计算传动轴的临界转速

$$n_{er}=1.2\times 10^8\frac{\sqrt{D^2+d^2}}{L^2}\ (r/min) \qquad (1-1)$$

式中: L—— 两个万向节的中心距,cm;

D,d—— 传动轴的外径和内径,mm。

传动轴设计的实际最高安全工作转速

$$n_{max}\leqslant 0.7n_{er} \qquad (1-2)$$

若传动轴过长时,为提高传动轴的临界转速,或由于总体布置的原因,可将传动轴分成两根或三根,但要注意在中间传动轴上设中间支承。

此外还应注意,在轴距改变后,专用车辆的转向性能也受到影响,其理论转向梯形特性曲线(理论的内、外轮转角关系)与实际转向梯形特性曲线会产生较大偏差。因此,也应进行校核,必要时对转向梯形的结构参数进行相应调整。

(3)制动系统的布置。制动系统对专用车辆的安全性有重大影响,因此在对汽车底盘的行

车制动、驻车制动和辅助制动系统做某些改装时,应注意以下事项。

1)管路的布置。在增加制动管路或全挂车、半挂车的制动管路设计和布置时,应采用与底盘相同的制动管或软管、管夹、管螺纹等连接件。制动管与其他运动件之间应留有足够的自由空间,避免造成干涉,避免制动软管与金属件的相互摩擦造成的损坏,必要时应增加防护装置。

2)储气筒的布置。储气筒的布置必须便于检查和排水。在某些厢式专用汽车上,储气筒排水开关上需要多装一个控制操纵开关,操纵杆尽可能安装成水平位置,以利于排水开关的操作。

3)附加耗气装置的布置。当特种工作装置或其操纵控制机构需要气源时,可以从底盘制动系统的储气筒或气路中直接取气,但需计算耗气量。一般允许一次取 1～1.5 L 的压缩空气,若附加耗气装置是在汽车非行驶状态下使用的,则可允许耗气量提高到 2 L。对于耗气量大、工作压力高的耗气装置,须附加辅助储气筒,其容量视需要而定。辅助储气筒与底盘行车制动系统储气筒连接,通常用一个止回溢流阀与前桥制动回路连接。这样一旦辅助储气筒失效产生压降时,可使行车制动系统储气筒内的压力仍保持尽可能高的数值。

(4)其他附件的改装及布置。

1)消声器。对消声器做重新布置时要考虑其安全性,例如,油罐车禁止将消声器及排气口安放到车厢下部,必须安放在前保险杠的下面,且排气口不得指向右侧。此时还要注意消声器对车辆接近角的影响。

2)燃油箱。燃油箱是汽车底盘改装中经常被移动位置或改装的部件之一。当专用车辆需要加装副油箱时,应尽量使用车架上已有的安装孔位。布置时应使主、副油箱的底部处于同一水平面,并且安装位置尽可能靠近主油箱,同时还要注意避免偏载。燃油箱和燃油管的布置尽可能避开排气管,距排气管的距离应在 300 mm 以上。若布置困难,则应在燃油箱和排气管之间加装隔热板。

3)后保险杠。对某些专用车辆,如油罐车、液化气罐车等,一定要设置后保险杠。在布置后保险杠时,后保险杠应以车辆中心平面对称安装,其长度略小于车辆总宽,但不得小于罐体的外径,一般取后保险杠的长度

$$b \geqslant (0.8 \sim 0.85)B \tag{1-3}$$

式中:B——车辆总宽,mm。

此外,后保险杠伸出罐体后端的水平距离应不小于 100 mm;在车辆空载状态下,后保险杠下缘的离地高度应不大于 700 mm;为不影响灯光及牌照显示,应尽量保证车辆最大离去角。

在计算后保险杠的强度或其断面的几何尺寸时,计算载荷

$$F = 5m_a g \tag{1-4}$$

式中:m_a——整车总质量,kg;

g——重力加速度,m/s²。

4)防护装置。防护装置又称护栏,有侧护栏和后护栏,我国从 1991 年开始要求汽车安装护栏,它属于一种人身安全防护装置,防止人摔倒在车辆前后轮之间,以及防止小型车辆从后部嵌入大车的下方。护栏一般都用圆形管材制作,安装时,要对准侧护栏管口。防护装置的安装尺寸要求,详见 GB 11567.2—2001t《汽车和挂车防护要求》。

1.2.3　专用车辆取力器的布置

各类专用车辆的特种工作装置大都是以汽车底盘自身的发动机为动力源,经过取力器用来驱动齿轮液压泵、真空泵、柱塞泵、轻质油液压泵、自吸泵和空气压缩机等,从而为自卸车、加油车、牛奶车、垃圾车、吸污车、随车起重车、高空作业车、散装水泥车和栏板起重运输车等专用车辆配套使用。但也有少量专用车辆的工作装置因考虑工作可靠和特殊要求而配备专门的动力驱动装置,如部分冷藏汽车的机械制冷系统等。

1. 取力器的基本参数

取力器实质上是一种单级变速器,其基本参数有取力器总速比、额定输出转矩、输出轴旋向及结构质量等。无论采用哪种形式的取力器,其传动比应由特种工作装置所需的转速、功率和发动机的外特性决定。其基本原则是在满足工作装置所需功率和转速的前提下,尽量选择较低的发动机转速和较高的发动机负荷率。

2. 取力器的设计计算

下面以某改装车由变速器中间轴四挡齿轮取力为例,说明取力器的设计计算。

(1) 已知基本数据。

1) 发动机。

型号:CA6102;

最大功率(3 000 r/min):99 kW;

最大转矩(1 200～1 400 r/min):372 N·m。

2) 变速器。

中心距:$A=130.5$ mm;

齿数:一轴常啮合齿轮齿数 $z_1=22$,中间轴常啮合齿轮齿数 $z_2=43$,中间轴四挡齿轮齿数 $z_3=33$、模数 $m_n=3.75$ mm、螺旋角 $\beta=23°8'27''$(右旋)、齿宽 $b=25$ mm。

3) 工作装置。

转速:1 000 r/min;

功率:10 kW。

(2) 传动比的计算和齿数的确定。该型汽车取力器采用双联齿轮,同时考虑到窗口的尺寸和形状,采用了吊耳形式。结构紧凑,操纵也较方便。取力器动力输出采用两级齿轮传动,中间为双联齿轮。

若按发动机最大转矩时的输出转速来确定传动比,有

$$i_{总}=\frac{1\ 300}{1\ 000}=1.3 \tag{1-5}$$

变速器内一对常啮合齿轮的传动比为

$$i_1=\frac{z_2}{z_1}=\frac{43}{22}=1.954\ 5 \tag{1-6}$$

设取力器双联齿轮第一级的齿数 i_4 为23,则有

$$i_2=\frac{z_4}{z_3}=\frac{23}{33}=0.696\ 9 \tag{1-7}$$

$$i_3 = \frac{i_{\text{总}}}{i_1 i_2} = 0.95 \tag{1-8}$$

设双联齿轮直齿轮(第二级)齿数 $z_5 = 24$,则有

$$z_6 = i_3 z_5 = 0.95 \times 24 = 22.90 \tag{1-9}$$

取整后得 $z_6 = 23$,故实际的总传动比

$$i_{\text{总}} = \frac{43}{22} \times \frac{23}{33} \times \frac{23}{24} = 1.305 \tag{1-10}$$

综上所述,可得如下齿数和传动比:

$$\left. \begin{array}{l} z_1 = 22 \\ z_2 = 43 \end{array} \right\} \Rightarrow i_1 = \frac{43}{22} = 1.9545 \\ \left. \begin{array}{l} z_3 = 33 \\ z_4 = 23 \end{array} \right\} \Rightarrow i_2 = \frac{23}{33} = 0.6969 \\ \left. \begin{array}{l} z_5 = 24 \\ z_6 = 23 \end{array} \right\} \Rightarrow i_3 = \frac{23}{24} = 0.9583 \tag{1-11}$$

齿轮的材料和精度可参照变速器内的齿轮选取,如 40Cr、初选精度为 8 级等。直齿齿轮的模数可取 $m = 4$ mm。

1.2.4 整车总体参数的确定

1. 尺寸参数

(1)外廓尺寸。外廓尺寸是指汽车的总长、总宽和总高。它的大小直接和轴距、轮距、驾驶室和车身的布置有关,可根据汽车的功能、吨位、容量、外形设计、专用设备、结构布置、使用条件和使用情况等因素确定。总体设计时在满足吨位和载客量的情况下,应力求减小外廓尺寸,以减轻汽车的自重,提高汽车的动力性和经济性。但是,公路运输专用车辆的外廓尺寸受公路宽度、公路弯道半径、桥梁、涵洞及铁路运输货物尺寸标准限制。为此各国对公路运输车辆的外廓尺寸均有法规限制。

GB 1589—2004《道路车辆外廓尺寸、轴荷及质量限值》中规定:载货汽车总长不大于 12 m,半挂汽车列车总长不大于 16.5 m,全挂汽车列车总长不大于 20 m;总高不大于 4 m(汽车处于空载状态,顶窗、换气装置等处于关闭状态);总宽(不包括后视镜、侧位灯、示廓灯、转向指示灯、可拆卸装饰线条、挠性挡泥板、折叠式踏板、防滑链以及轮胎与地面接触部分的变形等)不大于 2.5 m。此外,车外后视镜单侧外伸量不得超出该标准规定的汽车最大宽度处 250 mm;当被牵引车的挂车比牵引车宽时,牵引车上的车外后视镜单侧外伸量允许不超出挂车最大宽度处 250 mm;汽车的顶窗、换气装置等处于开启状态时不得超出车高 300 mm。

(2)轴距和轮距。专用车辆的轴距除影响汽车的总长外,还影响汽车的轴荷分配、装载质量、装载容量、最小转弯直径、纵向通过半径和汽车的操纵稳定性等。因此轴距是专用车辆的重要尺寸参数。专用车辆通常采用原车的轴距尺寸,当需要改变轴距时,应综合考虑上述诸因素的影响,根据专用车辆的用途、使用条件、装载质量、驾驶室形式、货厢长度、传动系布置、轴荷分配和最小转弯直径等因素,初步确定轴距的尺寸,然后通过具体布置和总体布置计算,以及适当地调整,直到符合需要为止。在保证专用车辆功能的前提下把轴距设计得尽量短一些,使其自重轻,整车尺寸小,最小转弯直径小,机动性好;纵向通过角大,通过性好。

专用车辆的轮距除影响汽车总宽外,还影响汽车的总重、横向通过半径、车身横摆角和横向稳定性等。汽车的前轮距主要取决于汽车的车架前部宽度、前悬架的形式和尺寸、前轮轮胎宽度、转向拉杆与转向车轮及车架之间运动间隙等。后轮距取决于车架后部宽度、后钢板弹簧的宽度、弹簧与车架及车轮之间的间隙,以及轮胎宽度等因素。

对于汽车列车,要求挂车轮距和牵引车轮距一致。

(3) 前悬和后悬。汽车的前悬、后悬直接涉及汽车的接近角和离去角,一般要求其大于25°以上,至少不小于20°。前悬应满足车辆接近角和轴荷分配的要求。前悬与驾驶室、发动机、转向器和前保险杠等总成布置有关。后悬应满足车辆离去角和轴荷分配的要求,同时还要满足有关标准的规定,即对于客车和全封闭厢式车辆,后悬不得超出轴距的 0.65 倍;对于其他车辆,后悬不得超出轴距的 0.55 倍,但最长不得超出 3.5 m。

在实际设计过程中,如选择特种底盘,前悬和后悬一般都不需进行改装;选择普通汽车底盘时,则在改装时后悬变动比较多。例如,对于自卸车,一般要将所选的普通汽车底盘的后悬变短,而对于有些罐式和厢式汽车,则需将后悬加长。

2. 质量参数

(1) 装载质量 m_e。在选择装载质量时,应根据用途、使用条件、用户要求及所选用底盘允许承载能力综合确定,同时应注意到吨位的合理分档与产品的系列化。比如对于货流大、运距长的运输,则宜采用大吨位车辆,以便于提高生产率、降低运输成本;而对于货流多变、运距短的运输,则宜采用中、小吨位车辆。对于同一底盘,设计时应尽量提高装载质量。

(2) 整备质量 m_o。整备质量 m_o 是指专用车辆带有全部工作装置及底盘所有的附属设备,加满油和水的空车质量。整备质量是一个重要设计指标,对运输型专用车辆的动力性和经济性有很大影响。据估计,载重汽车整备质量每减少 10%,可使经济性提高 8.5%。因此从设计原则上讲,应减少整备质量,尽量采用轻质金属材料和非金属材料,减少原材料消耗,降低制造成本。当然设计整备质量时要受到一些条件的制约,如车辆使用的公路条件、原材料质量和制造工艺水平等,这些方面都需要综合考虑。

整备质量 m_o 等于底盘的整备质量与汽车改装部分质量之和。改装部分质量一般包括取力装置、特种装置、副车架、货厢及其他改装附件的质量。总体设计时,常参考同类样车及总成,进行零部件称重或质量分析,初步估算出改装部分质量与底盘整备质量。

(3) 最大总质量 m_a。m_a 是指专用车辆装备齐全、按规定装满货物或满载、坐满驾乘人员的质量,可按下式计算:

$$m_a = m_e + m_o + m_r \tag{1-12}$$

式中:m_r——额定驾乘人员质量,kg,按座位数计,65 kg/人。

对于作业型专用车辆,如起重举升车、高空作业车等,总质量主要由改装后的汽车底盘质量和特种工作装置质量确定,无需考虑装载质量。

为了部分弥补专用车辆装载质量的下降,可采用原车底盘允许的最大总质量,合理地利用原车底盘的超载能力。一般最大允许可超过原车型总质量的 5% 左右。

3. 轴载质量及质心位置

最大轴载质量是专用车辆在公路行驶时使用受限的一个技术参数,也是公路和桥梁设计载荷标准的依据,因此在确定最大轴载质量时,一定要满足本地区车辆使用的法规要求。

(1) 轴载质量的计算。专用车辆总质量 m_a 和特种工作装置各部件质量及其质心位置确定后,就可计算轴载质量。图 1-1 为某罐式汽车的轴载质量及质心位置计算示意图,设 m_1,m_2 为整车前、后轴轴载质量,根据力矩平衡有

$$m_2 = \frac{\sum_{i=1}^{n} m_{io} x_i}{L} + m_{o2} \tag{1-13}$$

式中:m_{io}——货物、专用设备各部件和乘员质量,kg;

L——轴距,mm;

x_i——各总成质心的横坐标;

m_{o2}——所选底盘的后轴空载质量,kg。

$$m_1 = m_a - m_2 \tag{1-14}$$

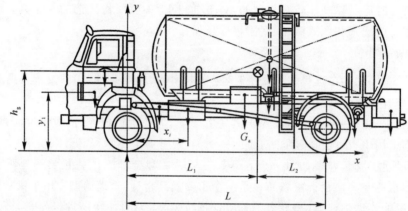

图 1-1 某罐式汽车的轴载质量及质心位置计算示意图

(2) 轴载质量的分配原则。所谓轴载质量分配是指车辆某轴的承载质量占整车总质量的百分比。在确定轴载质量分配时,应考虑以下原则。

1) 轮胎磨损均匀。为使轮胎磨损均匀,理想的轴荷分配是满载时使每个轮胎的负荷大致相等。例如,后轴单胎的 4×2 式汽车,希望满载时前后轴轴载质量各为 50% 左右;对后轴双胎的 4×2 式汽车,则希望满载时前后轴轴载质量按 1/3 和 2/3 的比例分配。但实际情况还应考虑其他使用性能(动力性、操纵稳定性、通过性和制动性等)。例如:为了提高汽车的驱动力,增加附着质量,常需提高驱动轴的负荷,从而使轮胎磨损均匀性降低。后轴单胎的 4×2 式汽车的后轴轴载质量常达 60% 以上,后轴双胎的 4×2 式汽车的前后轴装载质量分配为 30%~40% 和 66%~70%。改装的专用车辆或半挂车因车速降低,且驱动时的轴载质量转移系数减小,为提高驱动力,增加附着质量,也常将后轴质量适当增加。为保证汽车在泥泞道路上的通过能力,常将前轴质量减少,从而减少前轮的滚动阻力,使后驱动轮上有足够的附着力。为避免转向沉重,前轴质量也不宜过高。对于轴距短、质心高的汽车,因制动时或满载下坡时轴载质量转移大,也常将满载时的前轴轴载质量减少。此外,驾驶室的形式对汽车各轴轴载质量分配也有较大影响。长头驾驶室的双轴汽车,由于货厢比较靠后,后轴质量占比在 73% 左右;短头车的后轴质量占比在 70% 左右;平头车的后轴质量占比在 66%~70%。货厢和货物的重心离后轴中心线的距离对汽车轴载质量分配有决定性的影响。为了获得比较合适的轴载质量分

配,对后轴双胎的长头或短头驾驶室的汽车,该距离为轴距的2%~10%;对于平头驾驶室汽车或自卸车,该距离为轴距的12%~22%。

实际轴载质量分配还受允许轴载质量的限制。如上所述,我国允许轴载质量为13 t,这也就规定了汽车的总质量。在双轴汽车上,其总质量不应超过19 t,而三轴汽车的总质量不应超过32 t。

2)允许轴载质量的限制。如前所述,允许轴载质量有相应的限值及系列标准。汽车的轴载质量是根据公路运输车辆的法规限制和轮胎负荷能力确定的。根据道路表面的坚固性和抗磨性决定汽车在道路的轴载质量,我国《公路工程技术标准》(JT 701—1988)中对不同总质量汽车的轴载质量做了明确规定,见表1-1。

表1-1 我国汽车轴载质量的限值

汽车最大总质量/kg	10 000	15 000	20 000	30 000
前轴轴载质量/kg	3 000	5 000	7 000	6 000
后轴轴载质量/kg	7 000	10 000	13 000	2×12 000

3)轮胎负荷系数。轮胎所承受的静负荷与轮胎额定负荷之比称为轮胎负荷系数。该系数理想值为1,但实际上多数汽车在0.9~1之间。该系数过小,除汽车总质量增加外,非悬架质量也显得过大;如果过大,则会导致轮胎早期磨损,甚至发生胎面剥落和爆胎现象。试验表明,该系数为1.2,其寿命下降30%左右。因此,一般货车改装的专用汽车不允许大于1.1。

(3)质心位置。汽车质心的位置对汽车使用性能影响很大,因此,汽车总体设计时应使其具有希望的数值。出于对汽车行驶稳定性的考虑,汽车的质心应落在汽车的纵向垂直平面内。根据力矩平衡原理可求出汽车的纵向位置:

$$L_1 = \frac{m_2 L}{m_a} \quad (1-15)$$

$$L_2 = \frac{m_1 L}{m_a} \quad (1-16)$$

汽车的质心高度为

$$h_g = \frac{\sum m_i y_i}{m_a} \quad (1-17)$$

式中:L_1, L_2——分别为整车质心距前、后轴中心的距离,mm;

m_1, m_2——分别为汽车前、后轴载质量,kg;

m_a——汽车总质量,kg;

y_i——各总成质心的纵坐标,mm。

汽车质心的纵向位置将影响汽车的轴载质量分配,质心的高度将影响汽车的操纵稳定性,同时影响驱动工况和制动工况的轴载质量转移系数,质心高度越低越好。但是质心的高度受轮胎尺寸和离地间隙的限制,并与车轮跳动间隙、驾驶室形式、车厢大小、装载情况和专用设备的质心高度等有关。汽车总体布置时需要对汽车满载、空载时质心高度进行粗略计算,检查是否满足设计要求。如不符合希望的数值,则应对总体布置做适当的调整和修改。

总之,整车质心的位置,在横向,应使左、右车轮的承载质量分配均等,其最大偏差不得大于3%~4%;在纵向,要满足前面提到的轴载质量分配条件;在高度位置,应使整车质心尽可能低;从车辆行驶稳定性考虑,质心高度应满足以下条件:

1)保证汽车不发生侧翻:

$$\frac{B}{2h_g} > \varphi \tag{1-18}$$

2)保证汽车不发生纵翻:

$$\frac{L_2}{h_g} > \varphi \tag{1-19}$$

式中:B——汽车轮距,mm;

φ——附着系数,一般取 0.7~0.8。

1.3 专用车辆的车架设计

1.3.1 主车架的设计与改装

主车架是指专用车辆所选择的汽车底盘上自带的原车车架,是专用车辆特种装置的基础件,其上固定和安装着各个总成和部件。主车架除承受静载荷外,还要承受行驶时产生的动载荷,特别是在设计与改装时受到的影响最大,若设计与改装不当,将会严重影响原底盘车架的强度和刚度。为了保持主车架的强度和刚度,原则上不允许在其上任意地进行不合理的加工,如钻口、焊接、安装夹紧装置和局部加强等,如若处理不当,都会使应力增加或产生集中应力,使主车架过早损坏。

1. 主车架的钻孔

为了防止主车架出现裂纹,安装时不得在其上随意进行钻孔,要尽量使用车架上原有的孔。如因安装专用设备或其他附件,不得不在车架上钻孔时,应尽量减小孔径,增加孔间距离,对钻孔的位置和孔径应满足图 1-2 和表 1-2 的要求,并且必须使用钻头加工,不得使用氧气割孔,严格注意孔间距及钻孔的部位。图 1-3 中的区域为不允许钻孔加工的部位。

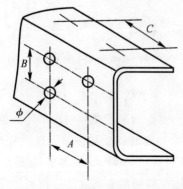

图 1-2 主车架钻孔的孔径和孔间距

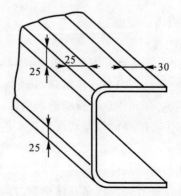

图 1-3 主车架纵梁禁止钻孔区(单位:mm)

表1-2 主车架钻孔的尺寸要求 单位:mm

尺寸		车 型		
		重型车	中型车	轻型车
孔间距	A	>70	>60	>50
	B	>50	>40	>30
	C	>50	>40	>30
孔径	φ	<15	<13	<11

纵梁前部安装着发动机和驾驶室,纵梁中部是弯曲载荷最大的部位,都应尽量避免钻孔,尤其是纵梁的前部上翼和轴距之间的纵梁上翼面严禁钻孔。

2. 主车架的焊接

主车架的焊接与钻孔一样,不得随意进行。一般的焊接方法对车架来说并不是一种好的连接方法,在实践中和其他因素相比,焊接不当是引起车架疲劳损坏的重要因素。若使用得当,则是又经济、又方便且实用的一种方法。如果因安装专用设备或其他附件,不得不在主车架上进行焊接时应注意下列事项。

(1) 焊接位置。主车架外侧的上缘和侧面从边缘起 20 mm 以内以及从转角部位起 20 mm 以内的内侧,均不得进行焊接,且焊接的方向不得与纵梁垂直。图 1-4 中的区域为不允许在主车架纵梁焊接加工的部位,在这些部位进行焊接可能会引起车架开裂。

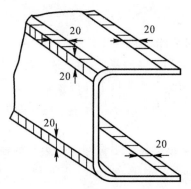

图 1-4 主车架纵梁禁止焊接区(单位:mm)

(2) 焊条的选用。在主车架纵梁上进行焊接,应选用磁性焊条,以使在高载荷、变形和振动的情况下保证焊接强度。焊接时应根据纵梁材料选择合适的焊条型号、直径及焊接规范。碱性焊条尤其要注意妥善保管,受潮后要及时烘干。55 kg/mm² 的钢材可选用相当于 LB57 的焊条,60 kg/mm² 的钢材可选用相当于 LB62 的焊条。

3. 主车架的加长

因专用车辆总体布置的需要,对主车架有时要进行加长。例如厢式零担货物运输车和轻泡沫型货物运输车,若用普通汽车底盘改装,则需要将轴距加大、改装长货厢来提高运输效率,此时要将车架在其中部断开后再加长,也有将车架后悬部分加长的改装设计。

车架加长部分应尽量采用与原车架纵梁尺寸规格一样、性能相同的材料。车架的加长部分与车架的连接一般采用焊接。纵梁拼接时要进行3种位置的焊接,即上翼面的平焊、腹板的立焊、下翼面的仰焊。拼接处采用直焊缝较好,即采用V形对接接头。同样,焊接时应根据纵梁的材料选择合适的焊条型号、直径及焊接规范。为了获得V形对接接头的最佳强度,防止焊接起点出现焊接缺陷,应采用引弧板焊法或退弧焊法,并将纵梁接头处开坡口。坡口的加工一般用砂轮磨,但不易操纵,实际生产中一般用氧乙炔气割,然后打磨以去掉氧化皮,坡口尺寸如图1-5所示。

平焊时,$\alpha=60°,a=2\ mm\pm1\ mm$;
立焊时,$\alpha=70°,b=1.5\sim2\ mm$;
仰焊时,$\alpha=0°$。

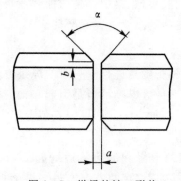

图1-5 纵梁的坡口形状

4. 主车架的加强板

(1)设置车架纵梁加强板的条件。主车架改装时,为了减少车架纵梁的局部应力,或者为了使车架加长后仍能满足其强度和刚度的要求,对下述情况常常采用主车架纵梁加强板:装载质量增加时;轴距和总长发生变化,车架采用中部拼接或尾部加长时;为了使车架高应力区(危险断面)满足强度和刚度的要求,同时又使车架在某一区间的截面尺寸变化不致太大时。

(2)加强板的形状。加强板的截面形状推荐选用L形,其厚度应不小于车架厚度的40%。L形加强板的翼面应贴合在车架纵梁翼面受拉伸的一边。加强板的端头形状应逐步过渡,可切成小于45°的斜角在端头中部开光滑槽,如图1-6所示。

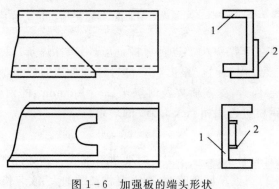

图1-6 加强板的端头形状
1—主车架纵梁;2—加强板

(3)加强板的布置。加强板布置须合理,这样可以有效地减少车架的应力;若布置不合理,则可能使车架产生应力集中。为了避免应力集中,加强板的端头位置不应在刚度变化部位和集中载荷作用的地方,加强板的端头不应在支架或横梁附近终止,即加强板两个端头应远离横梁或支架。例如,加强板的端头和副车架的端头充分重叠一部分或使二者相互离开足够的距离,如图1-7所示;加强板的端头要与车架纵横梁的相交处以及诸如悬架弹簧的支座处错开一定距离;若车架纵梁内外侧有加强板,则二者也要错开。

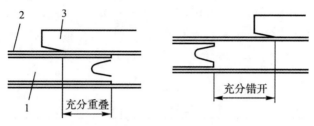

图1-7 加强板的端头的正确位置
1—加强板;2—纵梁;3—副梁

(4)加强板的固定。加强板与主车架的固定最好采用铆接。加强板末端和铆钉孔之间的最小距离为25 mm,铆钉的间距为70~150 mm。当铆接有困难时,可在加强板上加工孔塞焊于纵梁腹板上,塞焊孔直径为20~30 mm,塞焊孔与加强板端部的最小距离为25 mm,孔间距为100~170 mm。

斯泰尔91系列重型车车架末端加长超过200 mm时,所用的两块加强板的结构和尺寸如图1-8所示。加强板与主车架纵梁腹板的固定采用圆孔塞焊和角焊,但只能焊接在主车架纵梁的腹板上。加强板两端头以及距两端头10 mm的区间内严禁焊接。

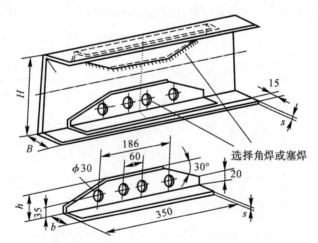

图1-8 斯泰尔91系列重型车车架加长时的加强板(单位:mm)
$b=75$ mm;$h=70$ mm;$s=8$ mm

1.3.2 副车架的设计

为了使主车架承受尽可能均匀的载荷,避免载荷集中,同时也为了不破坏主车架的结构,在专用车辆设计时,一般多采用副车架过渡。

副车架是由两根纵梁(也称为副梁)和若干横梁组成的。在增加副车架的同时,为了避免由于副车架刚度的急剧变化而引起主车架上的应力集中,所以对副车架的形状、安装位置及与主车架的连接方式都有一定的要求。

1. 副梁的截面形状及尺寸

专用车辆副梁的截面形状一般与主车架纵梁的截面形状相同,多采用如图1-9(a)所示的槽形结构,其截面形状尺寸取决于专用车辆的种类及其承受载荷的大小。在整个纵梁上,对于承载较大载荷的部位,应在纵梁承载部位的一定范围用腹板将副梁的截面进行封闭,如图1-9(b)所示,以提高副车架的抗扭和抗弯能力,增强其局部的承载能力。

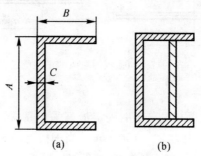

图1-9 副梁截图形状
(a)副梁截面;(b)加腹板后的副梁截面

2. 副梁的前端形状及安装位置

为了避免由于副梁截面高度尺寸的突然变化而引起主车架纵梁的应力集中,副梁的前端形状应采用逐步过渡的方式。通常采用的过渡方式有3种,如图1-10所示。

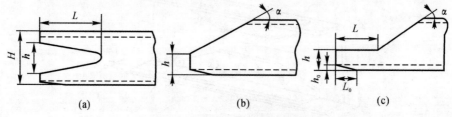

图1-10 副梁的3种前端形状
(a)U形;(b)角形;(c)L形

在图1-10中,对于U形前端形状:

$$L = (1.0 \sim 1.2)H \tag{1-20}$$
$$h = (0.6 \sim 0.7)H \tag{1-21}$$

对于角形前端形状:

$$h = (0.2 \sim 0.3)H, \quad \alpha < 30° \tag{1-22}$$

对于L形前端形状:

$$h = (0.25 \sim 0.35)H, \quad \alpha < 30°, \quad L > H \tag{1-23}$$

对于这3种不同形状的副梁前端,在其与主车架纵梁相接触的翼面上部可加工成局部斜面,其斜面尺寸如图1-10(c)所示,$L_0 = (15 \sim 20)$ mm,$h_0 = 1$ mm。

如加工上述形状困难时,也可采用如图1-11所示的副梁前端简易形状。

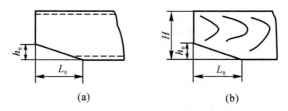

图1-11 副梁前端简易形状
(a)钢制副梁;(b)硬木质副梁

对于钢质副梁:$L_0 = (200 \sim 250)$ mm,$h_0 = 5 \sim 7$ mm。
对于硬木质副梁:$L_0 = H$,$h_0 = 5 \sim 10$ mm。

1.3.3 副车架与主车架的连接设计

副车架在汽车底盘上布置时,其前端应尽可能地往驾驶室后围靠近。副车架与主车架的连接可采用多种结构形式。

1. 止推连接板

图1-12是斯泰尔91系列重型车所用止推连接板的结构形式及其安装方式。连接板上端通过焊接与副梁固定,而下端则利用螺栓与主车架纵梁腹板相连接。一般相邻两止推连接板之间的距离在500～1 000 mm范围内。

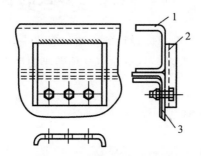

图1-12 止推连接板的结构
1—副车架;2—止推连接板;3—主车架纵梁

止推连接板的优点在于可以承受较大的水平载荷,防止副车架与主车架纵梁产生相对水平移动。

2. 连接支架

连接支架由相互独立的上、下托架组成,上、下托架均通过螺栓分别与副车架和主车架的腹板相固定,然后再利用螺栓将上、下托架相连接。由于上、下托架之间留有一定间隙(见图1-13),所以连接支架所能承受的水平载荷较小。连接支架一般可与其他连接方式配合使用。如与止推连接板配合,可在后悬架前支座以前的位置采用支架连接,而在后悬架前支座以后的位置采用止推连接板。

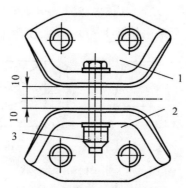

图 1-13 连接支架(单位:mm)

1—上托架;2—下托架;3—螺栓

3. U 形夹紧螺栓

副车架与主车架采用 U 形夹紧螺栓连接,是应用非常普遍的一种连接方式,但在车架受扭转载荷大时不允许采用 U 形螺栓。由于采用 U 形夹紧螺栓进行连接,在车辆紧急制动时,副车架与主车架容易发生纵向窜动,所以采用 U 形夹紧螺栓也必须与其他连接方式配合使用,以防止车辆在行驶过程中主、副车架的纵向位移。

在采用 U 形夹紧螺栓固定的部位,为防止车架纵梁翼面变形,应在其内侧衬以木块,但在消声器附近,必须使用角铁或钢管作内衬。

1.4 专用车辆主要性能参数的设计与计算

专用车辆性能参数计算是整车总体设计的主要内容之一,其目的是检验整车参数选择是否合理,使用性能参数能否满足要求。这里重点介绍整车的动力性、燃油经济性和稳定性等主要性能参数的设计与计算。

1.4.1 动力性的设计与计算

1. 发动机的外特性

发动机的外特性是指发动机节气门全开时的速度特性,是汽车动力性计算的主要依据。外特性的获得可由发动机厂家或汽车制造厂家提供,也可直接由发动机台架试验测出或由经验公式拟合而得。

发动机外特性为非线性曲线,是发动机的输出转矩和输出功率随发动机转速变化的两条重要特性曲线。发动机外特性可通过多项式拟合的方法获得其数学方程。已有研究结果表明,在工程应用上采用二次方程来描述汽车发动机的外特性已具备足够精度,即

$$M_e = an_e^2 + bn_e + c \tag{1-24}$$

式中:M_e——发动机输出转矩,N·m;

n_e——发动机输出转速,r/min;

a,b,c——待定系数。

待定系数 a,b,c 可由多种方法获得,下面介绍常用的两种。

(1) 3点插值法。如果已知发动机的外特性,则可利用拉格朗日3点插值法求出待定系数 a,b,c。特性曲线上取3个点,即 $(M_{e1},n_{e1})(M_{e2},n_{e2})(M_{e3},n_{e3})$,则拉格朗日三项式可写为

$$M_e = M_{e1}\frac{(n_e-n_{e2})(n_e-n_{e3})}{(n_{e1}-n_{e2})(n_{e1}-n_{e3})} + M_{e2}\frac{(n_e-n_{e3})(n_e-n_{e1})}{(n_{e2}-n_{e1})(n_{e2}-n_{e3})} +$$

$$M_{e3}\frac{(n_e-n_{e1})(n_e-n_{e2})}{(n_{e3}-n_{e1})(n_{e3}-n_{e2})} \tag{1-25}$$

将式(1-25)展开,按幂次高低合并,然后和式(1-24)比较系数,即可得3个待定系数。

(2) 经验公式。如果不知道发动机的外特性,但从发动机铭牌上可以知道该发动机的最大输出功率时的相应转速、最大转矩及相应转速时,可用下列经验公式来描述发动机的外特性:

$$M_e = M_{em} - \frac{M_{em}-M_p}{(n_t-n_p)^2}(n_t-n_e)^2 \tag{1-26}$$

式中:M_{em}——发动机最大输出转矩,N·m;

n_t——发动机最大输出转矩时的转速,r/min;

n_p——发动机最大输出功率时的转速,r/min;

M_p——发动机最大输出功率时的转矩,N·m;

$M_p = 9\,549\dfrac{P_{em}}{n_p}$,$P_{em}$ 为发动机最大输出功率,kW。

由式(1-24)和式(1-26)可得

$$a = \frac{-M_{em}+M_p}{(n_t-n_p)^2} \tag{1-27}$$

$$b = \frac{2n_t(M_{em}-M_p)}{(n_t-n_p)^2} \tag{1-28}$$

$$c = M_{em} - \frac{(M_{em}-M_p)n_t^2}{(n_t-n_p)^2} \tag{1-29}$$

应该指出的是,发动机外特性曲线是在室内试验台架上测量出来的。台架试验时发动机未带空气滤清器、水泵、风扇、消声器和发电机等附件,且试验工况相对稳定,即能保持试验时发动机的水、机油温度在规定的范围内。带上全部附件设备时的发动机特性曲线称为外特性曲线。使用外特性的功率小于理论外特性的功率。因此应对台架试验数据用修正系数 μ 进行修正,才能得到发动机的使用外特性。

由于各国发动机台架试验所执行的标准值不同,故修正系数 μ 的取值亦不同。一般 $\mu = 0.81 \sim 0.92$。

按 SAE 标准试验(美、法、意):$\mu = 0.81 \sim 0.84$;

按 DIN 标准试验(德):$\mu = 0.81 \sim 0.92$;

按 BS 标准试验(英):$\mu = 0.81 \sim 0.85$;

按 HS 标准试验(日):$\mu = 0.81 \sim 0.91$;

按 GB 标准试验(中):$\mu = 0.81 \sim 0.91$。

2. 汽车的行驶方程式

汽车的动力性可由汽车的行驶方程式表示。专用车辆在直线行驶时,驱动力和行驶力之

间存在如下平衡关系:

$$F_t = F_f + F_i + F_w + F_j \tag{1-30}$$

式中: F_t —— 驱动力, N;
  F_f —— 滚动阻力, N;
  F_i —— 坡道阻力, N;
  F_w —— 空气阻力, N;
  F_j —— 加速阻力, N。

汽车动力性计算公式如下:

(1) 驱动力。专用车辆的驱动力与发动机的输出转矩存在如下关系:

$$F_t = \frac{M_e i_g i_o \mu \eta}{r_d} \tag{1-31}$$

式中: r_d —— 驱动轮动力半径, m;
  i_o —— 主减速器的传动比;
  i_g —— 变速器的传动比;
  η —— 传动系的机械效率;
  μ —— 发动机外特性修正系数。

(2) 滚动阻力。专用车辆的滚动阻力

$$F_f = m_a g f \cos\alpha \tag{1-32}$$

式中: m_a —— 专用车辆总质量, kg;
  f —— 滚动阻力系数;
  α —— 道路坡度角。

滚动阻力系数 f 取决于轮胎的结构形式、汽车行驶速度和路面条件等因素。当车速在 50 km/h 以下时, 可取 f 为常数。

当车速大于 50 km/h, 但小于 100 km/h 时, f 可表达成车速 v 的线性函数, 即

$$f = f_o + kv \tag{1-33}$$

式中: v —— 专用车辆行驶速度, km/h;
  f_o —— 滚动阻力系数中的常数项;
  k —— 比例系数。

(3) 坡道阻力。当专用车辆上坡行驶时, 整车重力沿着坡道的分力为坡道阻力, 其计算公式为

$$F_i = m_a g \sin\alpha \tag{1-34}$$

(4) 空气阻力。大量试验结果表明, 车辆的空气阻力与车速的二次方成正比, 即

$$F_w = C_D A v^2 \tag{1-35}$$

式中: C_D —— 空气阻力系数, 专用汽车 C_D 可取为 0.5~0.9, 汽车列车每节全挂车 C_D 增加 25%, 每节半挂车 C_D 增加 10%;
  A —— 专用车辆的迎风面积, m², 可按 $A = BH$ 估算, B 为车辆轮距, H 为整车高度。

(5) 加速阻力。加速阻力是汽车加速行驶时所需克服的惯性阻力。

$$F_j = \delta m_a j \tag{1-36}$$

式中: δ —— 专用车辆传动系统回转质量换算系数;

j——专用车辆加速度,m/s^2。

δ 的计算可由《汽车理论》计算得到或者可按经验公式估算。

(6) 专用车辆直线行驶时的运动微分方程式。将式(1-31)～式(1-36)代入式(1-30)可得

$$(an_e^2 + bn_e + c)\frac{i_o i_g \mu \eta}{r_d} = m_a g(f\cos\alpha + \sin\alpha) + C_D A v^2 + \delta m_a j \tag{1-37}$$

又因为

$$n_e = \frac{i_o i_g v}{0.337r} \tag{1-38}$$

将式(1-37)和式(1-38)进行整理后,得出专用车辆直线行驶时的运动微分方程式:

$$\delta m_a j = A v^2 + B v + C_1 + C_2 (f\cos\alpha + \sin\alpha) \tag{1-39}$$

式中:

$$\left.\begin{array}{l} A = \dfrac{i_o^3 i_g^3 \mu \eta a}{0.142 r^2 r_d} - C_D A_D \\[6pt] B = \dfrac{i_o^2 i_g^2 \mu \eta b}{0.337 r r_d} \\[6pt] C_1 = \dfrac{i_o i_g \mu \eta c}{r_d} \\[6pt] C_2 = -m_a g \end{array}\right\} \tag{1-40}$$

根据专用车辆直线行驶时的运动微分方程式,即可计算出评价专用车辆的动力性能指标。

3. 动力性评价指标的计算

衡量专用车辆动力性能的评价指标有 3 个,即最高车速、最大爬坡度和加速性能(最大加速度、加速时间和加速行程)。

(1) 最高车速。根据汽车最高车速的定义,有 $\alpha=0$,$j=0$,代入专用车辆直线行驶时的运动微分方程式(1-39)可得

$$A v^2 + B v + C_1 + C_2 f = 0 \tag{1-41}$$

将式(1-32)代入式(1-41),有

$$A v^2 + (B + k C_2) v + (C_1 + C_2 f_o) = 0 \tag{1-42}$$

因

$$(B + k C_2)^2 - 4A(C_1 + C_2 f_o) > 0$$

则令

$$D = \sqrt{(B + k C_2)^2 - 4A(C_1 + C_2 f_o)} \tag{1-43}$$

又因通常 $A < 0$,$(B + k C_2) > 0$,所以方程的第二个根即是所求专用汽车的最高车速 $v_{\max}$,即

$$v_{\max} = \frac{-(B + k C_2) - D}{2A} \tag{1-44}$$

(2) 最大爬坡度。按照汽车以最低挡稳定速度爬坡,有 $j=0$,为简化起见,设 $f \approx f_o$,由式(1-39)可得

$$Av^2 + Bv + C_1 + C_2(f_0\cos\alpha + \sin\alpha) = 0 \tag{1-45}$$

对式(1-45)两边以 v 为自变量进行求导得

$$2Av + B + C_2(-f_0\sin\alpha + \cos\alpha)\frac{d\alpha}{dv} = 0 \tag{1-46}$$

当 $\frac{d\alpha}{dv} = 0$ 时，α 得到最大值，此时 $v = -B/2A$，将 v 代入式(1-45)可得

$$f_0\cos\alpha + \sin\alpha = \frac{B^2 - 4AC_1}{4AC_2} \tag{1-47}$$

令

$$E = \frac{B^2 - 4AC_1}{4AC_2} \tag{1-48}$$

则

$$f_0\cos\alpha + \sin\alpha = E \tag{1-49}$$

对式(1-49)进行整理可得

$$(1 + f_0^2)\sin^2\alpha - 2E\sin\alpha + (E^2 - f_0^2) = 0 \tag{1-50}$$

$$\sin\alpha = \frac{(E \pm f_0\sqrt{1 + f_0^2 - E^2})}{1 + f_0^2} \tag{1-51}$$

当 $f_0 = 0$ 时 $\sin\alpha = E$，但实际上滚动阻力总是存在的，并且滚动阻力系数越大，汽车的爬坡能力越小。因此对式(1-51)中应取负号，即可得到专用车辆的最大爬坡角为

$$\alpha_{\max} = \arcsin\frac{(E - f_0\sqrt{1 + f_0^2 - E^2})}{1 + f_0^2} \tag{1-52}$$

因 $f_0 \ll 1$，$1 + f_0^2 \approx 1$，则式(1-52)可简化为

$$\alpha_{\max} = \arcsin(E - f_0\sqrt{1 + f_0^2 - E^2}) \tag{1-53}$$

由此可得到专用车辆的最大爬坡度

$$i_{\max} = \tan\alpha_{\max} \tag{1-54}$$

(3) 最大加速度。专用车辆在平坦路面上的加速度计算公式可由式(1-39)变化而得

$$j = \frac{Av^2 + Bv + C_1 + C_2(f_0 + kv)}{\delta m_a} \tag{1-55}$$

专用车辆在某一挡位加速过程中的最大加速度可由 $j = f(v^2)$ 的极值点求出，令

$$\frac{dj}{dv} = \frac{2Av + B + kC_2}{\delta m_a} = 0 \tag{1-56}$$

得到极值点的车速

$$v_0 = -\frac{B + kC_2}{2A} \tag{1-57}$$

将式(1-57)代入式(1-55)，可得专用车辆在该挡位时的最大加速度

$$j_{\max} = \frac{1}{\delta m_a}\left(C_1 + C_2 f_0 - \frac{B + kC_2}{2A}\right) = -\frac{D^2}{4A\delta m_a} \tag{1-58}$$

因此，专用车辆在该挡位从车速 v_1 加速到 v_2 的平均加速度 j_e 可由下式计算：

$$j_e = \frac{1}{\delta m_a (v_2 - v_1)} \int_{v_1}^{v_2} [Av^2 + Bv + C_1 + C_2(f_o + kv_o)] dv =$$
$$\frac{1}{\delta m_a} \left[\frac{1}{3} A (v_2^2 + v_2 v_1 + v_1^2) + \frac{1}{2} (B + kC_2)(v_1 + v_2) + (C_1 + f_o C_2) \right]$$

$(1-59)$

(4) 加速时间和加速行程。

1) 加速时间。由式(1-55)可得

$$dt = \frac{\delta m_a dv}{Av^2 + Bv + C_1 + C_2(f_o + kv)} \quad (1-60)$$

对式(1-60)两边积分,可得到专用车辆在水平路面从 v_1(m/s) 加速到 v_2(m/s) 的时间 t(s):

$$t = \int_{v_1}^{v_2} \frac{\delta m_a}{Av^2 + Bv + C_1 + C_2(f_o + kv)} dv \quad (1-61)$$

因

$$D^2 = (B + kC_2)^2 - 4A(C_1 + f_o C_2) > 0 \quad (1-62)$$

则有

$$t = \frac{\delta m_a}{D} \left[\ln\left(\frac{2Av_2 + B + C_2 k - D}{2Av_2 + B + C_2 k + D}\right) - \ln\left(\frac{2Av_1 + B + C_2 k - D}{2Av_1 + B + C_2 k + D}\right) \right] \quad (1-63)$$

2) 加速行程。因

$$j = \frac{dv}{dt} = \frac{dv}{ds}\frac{ds}{dt} = v \frac{dv}{ds} \quad (1-64)$$

式中:s—— 车辆行驶的路程,m。

所以有

$$ds = \frac{\delta m_a v dv}{Av^2 + Bv + C_1 + C_2(f_o + kv)} \quad (1-65)$$

对式(1-65)两边积分,可求得专用车辆在水平路面上从 v_1(m/s) 加速到 v_2(m/s) 的行程 s(m):

$$s = \int_{v_1}^{v_2} \frac{\delta m_a v}{Av^2 + Bv + C_1 + C_2(f_o + kv)} dv =$$
$$\frac{\delta m_a}{2A} \ln \left| \frac{Av_2^2 + (B + kC_2) v_2 + C_1 + C_2 f_o}{Av_1^2 + (B + kC_2) v_1 + C_1 + C_2 f_o} \right| - \frac{B + kC_2}{2A} t \quad (1-66)$$

1.4.2 燃油经济性的设计与计算

专用车辆的燃油经济性通常用车辆在水平的混凝土或沥青路面上,以经济车速满载行驶的百千米耗油量来评价,也称百千米油耗或等速百千米油耗。

1. 百千米油耗的计算

专用车辆的等速百千米油耗可以根据发动机的负荷特性或万有特性来计算,下面介绍其中一种计算方法。

首先根据专用车辆的行驶车速 v 计算出相应的发动机转速 n_e:

$$n_e = \frac{i_o i_g v}{0.337 r} \qquad (1-67)$$

然后由专用车辆在该车速时的行驶阻力计算出发动机的转矩 M_e(平坦路面上匀速时，$F_i=0, F_j=0$)，即

$$M_e = \frac{r_d}{i_o i_g \mu \eta}(F_f + F_w) = \frac{r_d}{i_o i_g \mu \eta}(m_a g f + C_D A v^2) \qquad (1-68)$$

根据 M_e 和 n_e 的计算值，在万有特性图上查出有效燃料消耗率 $g_e[\text{g}/(\text{kW}\cdot\text{h})]$，再利用式 (1-69) 计算百千米燃料消耗量 Q_g：

$$Q_g = \frac{i_o i_g M_e g_e}{3\,672 \rho r} \qquad (1-69)$$

式中：g_e—— 发动机有效燃料消耗率(也称为比油耗量)，$\text{g}/(\text{kW}\cdot\text{h})$；

ρ—— 燃料的密度，g/cm^3。汽油可取：$\rho = 0.696 \sim 0.715 (\text{g}/\text{cm}^3)$；柴油可取：$\rho = 0.794 \sim 0.813 (\text{g}/\text{cm}^3)$。

2. 百千米油耗曲线

由以上分析可知，车辆在行驶过程中，随着车速的不同，等速百千米燃料消耗量也不相同。因而车辆在任一挡位都有一条等速百千米油耗曲线。下面以直接挡为例，介绍求作等速行驶百千米油耗曲线的步骤。

(1) 已知该发动机的负荷特性或万有特性，并确定相应参数：$f, C_D, A, \eta, i_o, m_a$ 等。以专用车辆直接挡行驶的某一初速度开始，根据式 (1-67) 计算出相应发动机转速 n_e。

(2) 由功率平衡方程式计算出该车速时的整车驱动功率或发动机有效功率 P_e。

专用车辆的功率平衡方程式：

$$P_e = \frac{1}{\eta}\left(\frac{m_a g f}{3\,600} v_{\max} + \frac{C_D A}{76\,140} v_{\max}^3\right) + \frac{P_0}{\eta_0} (\text{kW}) \qquad (1-70)$$

式中：η—— 汽车底盘传动系的机械效率；

$v_{\max}$—— 最高车速，km/h；

η_0—— 特种工作装置的机械效率；

P_0—— 特种工作装置在车辆行驶中从汽车底盘所取的功率，kW。

(3) 根据 P_e, n_e 查发动机的万有特性或负荷特性，得到该工况时的比油耗 g_e。

(4) 计算该车速时的百千米油耗

$$Q_e = \frac{P_e g_e}{1.02 v r} (\text{L}/100\,\text{km}) \qquad (1-71)$$

(5) 以 v 为基数加上一定增量的车速取值(例如以 10 km/h 为间隔)，按照上面的步骤，重新计算新增车速工况时的百千米油耗。依此类推，直至最高车速。最后将所求的对应各车速油耗的点连成光滑曲线，即为直接挡在一定路面条件下等速行驶的百千米油耗曲线。

1.4.3 稳定性的设计与计算

1. 静态稳定性

由普通汽车底盘改装成的专用车辆，其质心位置均较普通载货汽车更高，其原因是副车架或工作装置的布置，使装载部分的位置提高了，例如罐体、厢体等，因此应对整车的静态稳定性

进行计算。

对有些专用车辆,不仅要对运输状态进行稳定性计算,而且对作业状态的稳定性也应进行计算,如自卸汽车在举升卸货时,就有纵向或侧向失稳的可能性。

分析专用车辆的静态稳定性,首先应计算出整车的质心位置。在专用车辆的总体布置基本完成后,即可对该车的质心位置进行计算(见图 1-14)。

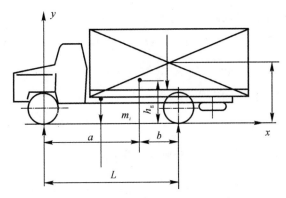

图 1-14 某厢式专用车辆质心位置计算图

计算时可根据已有的资料,或利用试验结果,也可用计算方法来确定特种车各总成的质量及其质心位置坐标,然后按照力矩平衡方程式,求出整车的质心位置。

一方面,车辆的静态稳定性是指车辆停放或等速行驶在坡道上,当整车的重力作用线越过车轮的支承点(接地点)侧、车辆不发生翻倾的能力。若整车的重力作用线正好通过支承点,则车辆处于临界的倾翻状态,此时的坡道角称为最大倾翻稳定角 β_{max}。

另一方面,当车辆停放在坡道或在坡道行驶时,若坡道阻力大于附着力时,车辆由于附着力不足而向下滑移,同样也会出现失稳,其最大滑移角 α_{max} 仅取决于车轮和路面间的附着系数 φ,有

$$\tan\alpha_{max} = \varphi \tag{1-72}$$

如图 1-15 所示为某厢式货车侧向稳定的临界状态,有

$$\tan\beta_{max} = \frac{B}{2h_g} \tag{1-73}$$

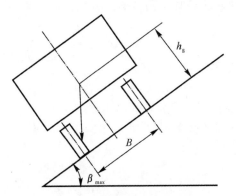

图 1-15 车辆的侧向稳定

侧翻是一种危险的失稳工况,因此,为避免车辆发生侧翻现象,依据侧滑先于侧翻的条件,有

$$\frac{B}{2h_g} \geqslant \varphi \tag{1-74}$$

若取专用车辆轮胎和普通混凝土路面间的横向附着系数 $\varphi = 0.7$,则专用车辆的最大侧倾稳定角不小于 $35°$。

同理,可以推出专用车辆纵向稳定性条件如下:

(1) 若 $a > b$,则上坡时易于后翻,有

$$\frac{b}{h_g} \geqslant \varphi \tag{1-75}$$

(2) 若 $a < b$,则下坡时易于前翻,有

$$\frac{a}{h_g} \geqslant \varphi \tag{1-76}$$

对于自卸汽车在横向坡道上卸货时的侧向稳定性,可按

$$\beta_{\max} = \arctan\left(\frac{Bm_a}{2h'_g m' + h''_g m''}\right) \tag{1-77}$$

进行计算。

式中:h'_g, h''_g——分别为自卸车底盘加货厢及货物举升后的质心高度,m;

m', m''——分别为自卸车底盘加货厢及货物的质量,kg。

对于举升高度,满载时可按货物下滑的临界角度计算,空载时按最大举升角计算。

2. 行驶稳定性

对于有些专用车辆,不仅要对静止状态或作业状态进行稳定性计算,而且对车辆行驶过程中的稳定性也应进行计算,如液罐汽车在弯道行驶或在侧坡上行驶时,由于液体的流动以及侧向力的影响而造成质心位置的转移,形成侧向失稳。下面以截面为椭圆形罐体的液罐汽车为例予以简单介绍。

如果罐体长度为 L,由于罐内液体在整个罐体长度为等截面,液体质心在纵向的位置必然在 $L/2$ 处,与液体横截面形状无关,所以研究液体质心的位置只研究液体横截面质心的位置即可。

建立液体截面坐标系 YOZ,如图 1-16 所示,原点设在罐体横截面的几何中心处。液面与横坐标 OY 轴的夹角为 θ,则罐内液体自由表面的方程即为在坐标系 YOZ 内液体截面的截线方程,即

$$Z = kY + C \tag{1-78}$$

式中:k——液体自由表面的斜率,$k = \tan\theta$;

C——液体自由表面在 OZ 轴上的截距,或称波面直线 AB 在 OZ 轴上的截距;

θ——汽车转弯行驶时液面与 OY 轴的夹角。

为了准确地建立罐内液面的数学模型,并与车辆转弯行驶工况相联系,在液面截线 AB 上取一质点 Q,则质点 Q 的受力如图 1-16 所示,其中

$$\left. \begin{array}{l} F_Q = \dfrac{m_Q v^2}{Y_Q + R} \\ G_Q = m_Q g \end{array} \right\} \tag{1-79}$$

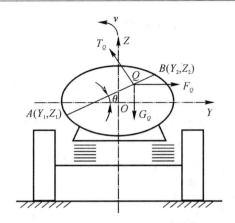

图 1-16　液罐汽车左转弯行驶时罐体受力图

根据力的平衡关系,对于质点 Q,有

$$\left.\begin{array}{l} T_Q\cos\theta - G_Q = 0 \\ F_Q - T_Q\sin\theta = 0 \end{array}\right\} \quad (1-80)$$

将式(1-80)整理后得

$$\tan\theta = \frac{v^2}{g(Y_Q + R)} \quad (1-81)$$

式中：Y_Q——质点 Q 的横坐标值,m；
　　　R——液罐汽车中心转弯半径,m；
　　　v——液罐汽车稳态转弯行驶速度,m/s；
　　　g——重力加速度,m/s²。

由于汽车在转弯行驶时,其转弯半径 R 远远大于质点 Q 在 OY 轴上的横坐标 Y_Q 值,即 $R \gg Y_Q$,因此式(1-81)可写为

$$\tan\theta = \frac{v^2}{gR} \quad (1-82)$$

由式(1-78)和式(1-82)可以得到汽车稳态转弯行驶时罐内液面的斜率为

$$k = \tan\theta = \frac{v^2}{gR} \quad (1-83)$$

将式(1-78)～式(1-83)进行整理后,可得出液罐汽车在稳态转弯时,罐内液面的平衡方程式为

$$Z = kv + C = \frac{v^2}{gR} + C \quad (1-84)$$

根据液体在罐内装载的情况(即工况：满载、半载等),确定液体的动态质心位置,进而求出各工况下液体截面对 OZ 轴、OY 轴的静矩,并对该工况下的质心位置进行分析,确定其质心转移的程度。最后根据液罐汽车转弯行驶时即将发生侧倾的边界条件,形成车辆侧倾力矩与重力回正力矩的平衡方程式,得出液罐汽车转弯行驶时不发生侧倾乃至侧翻的设计参数,如允许转弯速度、最佳装载比例等。

采用同样的方法,还可对液罐汽车在坡道行驶时的相应参数进行稳定性计算。

3. 操纵稳定性

车辆的操纵稳定性主要在确定汽车的轴载质量分配时予以考虑,即在确定汽车的轴载质

量时应考虑汽车的稳态方向稳定性和动态方向稳定性。

根据汽车理论知识,可由静态储备系数 SM 决定汽车的稳态转向特性,即

$$\text{SM} = \frac{K}{K_1 + K_2} - \frac{L}{L_1 + L_2} = \frac{K_2}{K} - \frac{L_1}{L} \tag{1-85}$$

式中:K_1——前轮轮胎侧偏刚度之和,N/rad;
K_2——后轮轮胎侧偏刚度之和,N/rad;
K——汽车全部轮胎的总侧偏刚度,N/rad;
L_1——整车质心至前轴的距离,m;
L_2——整车质心至后轴的距离,m;
L——汽车轴距,m;

当 SM = 0 时,汽车具有中性转向;
当 SM > 0 时,汽车具有不足转向特性;
当 SM < 0 时,汽车具有过多转向特性。

从车辆的操纵稳定性考虑,汽车应具有一定的不足转向特性。汽车总体设计时,合理进行轴载质量分配、质心位置、轴距及前后轴侧偏刚度的匹配,可以得到一定的不足转向特性。质心前移或减少前后轴轮胎的侧偏刚度比时会增加汽车的不足转向特性。

当汽车具有过多转向特性时,此时用临界车速来表征汽车的稳态特性。临界速度

$$v_{\text{cr}} = \sqrt{\frac{L^2}{m_a \left(\frac{L_1}{K_2} - \frac{L_2}{K_1} \right)}} \tag{1-86}$$

因此汽车动态方向稳定性的条件为

$$1 + m_a \left(\frac{L_1}{K_2} - \frac{L_2}{K_1} \right) \frac{v^2}{L^2} \geqslant 0 \tag{1-87}$$

式中:v——汽车车速,m/s。

当汽车具有过多转向特性时,其设计车速应低于临界车速。当汽车低于临界车速行驶时,汽车行驶是稳定的,高于临界车速行驶时是不稳定的。但过多转向特性是车辆在设计时所不希望的。如果出现短暂的过多转向特性,应在车辆使用说明书中予以提示。

复习思考题

1-1 专用车辆底盘有哪几种形式?
1-2 取力器的作用是什么?专用车辆的取力器有几种取力方式?
1-3 专用车辆的质心位置应如何确定?确定质心位置时应考虑哪些因素?
1-4 主车架改装时,应该注意哪些方面的因素?
1-5 设计专用车辆副车架时应注意哪些问题?
1-6 副车架与主车架的连接方式通常有哪几种?
1-7 专用车辆动力性参数主要包括哪些?如何计算动力性评价指标?
1-8 如何计算专用车辆的动态和静态稳定性?

第 2 章 航空专用车辆设计

2.1 飞机牵引车设计

飞机牵引车是一种在机场地面牵引飞机的保障设备。它具有车身低矮、车辆自重较大和牵引力大等特点。由于飞机的发动机只能为飞机提供向前滑行的动力,当飞机退出登机桥、机库或离开机位需要向后移动,就需要使用飞机牵引车来推拖飞机。此外,如果飞机因为故障及机场环保的要求,或者为了减少运行成本而关闭其发动机,也要使用飞机牵引车来移动飞机。在特殊情况下,飞机牵引车也是救援牵引的重要设备。

2.1.1 飞机牵引车的分类

1. 按牵引方式不同分类

按牵引方式的不同,飞机牵引车可分为有杆式飞机牵引车和无杆式飞机牵引车两大类。有杆式飞机牵引车是一种使用和飞机机型相匹配的专用牵引杆与飞机相连,实施对飞机牵引作业的专用车辆。有杆式飞机牵引车在飞机的前起落架和牵引车之间采用杆件连接,以实现对方向和载荷的传递,如图 2-1 所示。这种方式较为传统,在国内使用广泛。

(a) (b)

图 2-1 飞机牵引车
(a)有杆式飞机牵引车;(b)无杆式飞机牵引车

有杆式飞机牵引车[见图 2-1(a)]的飞机牵引杆是特制的中间带有缓冲装置和扭力剪切装置的专用杆,它具有牵引载荷传递直接、整车空间较大、转弯半径大、作业速度低和稳定性较高的特点。

无杆式飞机牵引车[见图2-1(b)]是一种直接抱夹飞机前轮,并托起飞机前起落架,实施对飞机牵引作业的车辆。该型车辆将飞机的前起落架和抱轮系统相连,固定飞机前起落架的自由度,液压抱轮机构对飞机前起落架施加向上的载荷,保证起落架在离开地面的情况下再进行牵引工作。其具有整车空间小、转弯半径小、灵活性强、速度高和机动性强的特点,但相比较有杆式飞机牵引车,其具有液压抱轮系统结构复杂、制造成本高和维修工作量大的缺点。

2. 按牵引力大小不同分类

按牵引力的大小划分,飞机牵引车可分为小型、中型和大型三种。小型飞机牵引车的牵引力一般小于150 kN,中型飞机牵引车的牵引力在150~250 kN之间,大型飞机牵引车的牵引力在250 kN以上。

2.1.2 飞机牵引车设计影响要素

飞机牵引车在进行设计的过程中应需要考虑飞机特性、机场环境、牵引车应用及牵引车性能等诸多要素。

1. 飞机特性影响要素

飞机特性影响要素主要包括飞机尺寸大小;飞机起落架结构形式;飞机前起落架轮子数量;飞机牵引装置的强度、角度及连接点结构形式;飞机总重及质量分布形式;在直驶和转弯时,飞机起步阻力占飞机质量的百分比;飞机转弯半径;发动机怠速工况下的推力大小等。

2. 机场环境影响要素

机场环境影响要素包括机场场地牵引通过最大坡度;穿越在用跑道和滑行道时所需要的最小速度;站坪、滑行道、跑道及联络道的道面强度和表面状况;飞机维护区、停泊区到候机楼、货运楼之间的预计牵引距离及路线;通过站坪、滑行道、跑道及联络道的最大的接近角度及转弯角度等。

3. 牵引车应用设计要素

牵引车应用设计要素包括牵引车尺寸限制要求;驾驶员视线基本要求;操作员位置要求;维护要求及维修可达性;在牵引和待命模式下,支持飞机系统的集成式电源设备的要求;地面控制通信的要求;操作灯光及工作照明;飞机制造商或管理机构的特殊要求;牵引车所有者的特殊要求等。

4. 牵引车性能设计要素

(1)牵引车牵引性能设计要求。飞机牵引车的牵引性能会随车轮摩擦因数的变化而受影响。为此,可通过增加配重的方法提高牵引车的自重以确保所需牵引力。相应地,发动机的功率应与配重情况相匹配。另外,可考虑使用诸如"防滑"差速器之类的装置将扭矩传递到不滑转的车轮上以减少轮胎滑转的影响。飞机牵引车的牵引性能会受多种相关因素的影响,设计参数主要考虑以下几方面影响。

1)发动机功率。在考虑了质量、方向、速度、道面条件及运动阻力等因素的设计基础上,牵引车应有充足的功率驱动牵引车和飞机。在发动机怠速状态下的推力是牵引车设计指标的重要考虑因素之一,发动机怠速推力可能起正面作用,也可能起反面作用,这取决于将飞机向前拖还是向后推,但在此主要考虑的还是顶推飞机时的发动机推力。这种推力和别的因素一道阻止飞机运动,需要由牵引车克服。总的怠速推力随发动机形式及运转的数量的不同而有所不同。怠速推力数据可从发动机制造商处获取,而飞机顶推作业阶段启动的发动机数量则由各航空公司自己的运行程序决定。

2)轮缘驱动力。轮缘驱动力是牵引车驱动机构作用于地面所产生的力,轮缘驱动力减去牵引车自身运动的阻力就是牵引能力,通常称作拖把牵引力。

3)施加力的限制。应考虑限制施加于飞机牵引装置上的力,以免对其造成损坏。可在飞机拖把上使用剪切装置,或限制牵引车的拖把牵引力。例如,对轮缘驱动力增加扭矩限制,或减少牵引车的配重。

4)牵引车行驶阻力。为保障牵引车具有足够牵引力牵引飞机行驶,要求有足够的驱动力克服各种行驶阻力,包含坡道阻力、加速阻力和滚动阻力等。牵引车的起步阻力对牵引车的性能要求影响较大,起步阻力为飞机开始运动时需克服的惯性阻力及摩擦阻力之和。静态阻力的最大值发生在运动即将发生的瞬间。因此,在飞机即将运动的瞬时,其加速阻力和滚动阻力之和比运动发生后要大。飞机运动开始后,起步阻力减弱,加速阻力及滚动阻力恢复其动态值。平均静态起步阻力等于飞机重力的4%。

(2)牵引车制动性设计要求。实际作业中,飞机通常是由静止缓慢加速到所需的速度,以减小冲击、节省燃料并保护驱动系统。当牵引车对飞机实施制动时,动作也应尽可能缓慢,以减小冲击、节省燃料并保护驱动系统。

通过拖把与飞机连接,拖把一端通过转环与牵引车连接,另一端与飞机前起落架刚性连接。如果牵引车在制动时打滑,它将失去方向控制能力。由于拖把角度的影响,飞机的打滑情况将更加严重。基于此项原因,牵引车应保持方向控制能力,即不应打滑。

经验表明,牵引车最大减速制动力大致等于牵引车重力的60%,这需要牵引车制动系统具有充足的制动能力和良好的热容量。正常作业条件下,制动力不应超过加速牵引力,或最多为飞机重力的4%,与起步阻力相当。

(3)牵引车通过性设计要求。对于机场条件要求,牵引车必须具备良好的通过性,因此要求车体各部件总成布置得尽可能紧凑。目前飞机牵引车均采用双轴、前轮转向的布局,轴距和轮距的比值L/B一般小于2.5,有的甚至小于1,这样的设计可以尽可能地减小转弯半径,最小限度地占用机场地面面积。许多大、中型牵引车没有配置转向模式切换系统,常规的是前轮转向,然后利用液压系统的切换,后轮转向、四轮"蟹行"转向与四轮向心转向也基本可以实现,借此来适应不同的作业要求。

(4)牵引车车重设计要求。牵引车能否在驱动轮不产生滑转的情况下,以充足的动力驱动给定载荷取决于其自身重力。在特定设计条件下,运动阻力可以确定,那么在给定运动表面的摩擦因数基础上,牵引车的重力就可以确定,确保其产生所需的拖把牵引力完成所需运动。为此,牵引车的重力应均匀地分布在四轮上。质量转移量取决于拖把高度,同时忽略了加速度及减速度的影响,因为它们影响很小。

2.1.3 无杆式飞机牵引车设计

1. 无杆式飞机牵引车的总体设计

传统无杆式飞机牵引车总体设计布局如图2-2所示。其主要组成有驾驶室、发动机、液压驱动系统、液压泵和夹持-举升机构等。

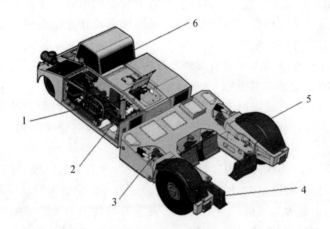

图 2-2 传统无杆式飞机牵引车的总体设计图
1—发动机;2—液压泵;3—液压驱动系统;4—夹持-举升机构;5—驱动轮;6—驾驶室

目前,有些飞机牵引车采用了电力驱动结构,其总体布置主要区别在于取消传统牵引车的发动机总成,并布置电池组、电动机及相应的电池管理系统,其结构如图 2-3 所示。其主要组成包含电池组、驱动电机、液压助力单元和液压托盘等结构。其中该型牵引车将驾驶室分为 A、B 双座驾驶,可以根据牵引飞机的需要选择驾驶方向和正对行驶方向的驾驶室,较好地解决了飞机牵引过程中的安全性问题,也为操作人员提供了一个舒适的驾驶空间。

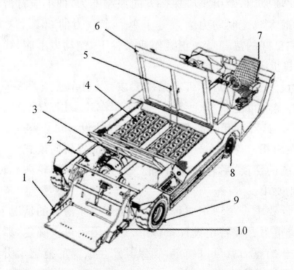

图 2-3 电力驱动型无杆式飞机牵引车的总体设计图
1—飞机提升托盘;2—液压助力单元;3—驱动电机;4—电池组;5—气弹簧;
6—上防雨盖;7—驾驶室;8—转向轮;9—驱动轮;10—托盘液压缸

2. 悬挂系统设计

根据使用需要对气囊悬挂、油缸悬挂、弹簧悬挂和直接连接等功能视成本及工作区域路面情况选择。一般为了提高车辆的乘坐舒适性,通常选用其中的两种悬挂装置并联使用。

第2章 航空专用车辆设计

3. 传动系统设计

目前,牵引车多采用静液压传动系统。采用静液压传动,配备前桥或前、后桥静液压驱动系统,牵引平稳无冲击,通过持续的驱动动量的转换,不需换挡即可加速到最大运行速度。车空载时,能以较低的发动机转速达到最大速度,减小了发动机载荷、磨损、噪声和燃油消耗。静液压驱动系统主要元件是变量泵和变量马达,变量马达驱动车桥,通过差速器和行星齿轮将驱动力矩分配到车轮。

采用液压机械传动和标准的行星齿轮二级减速。这种传动系统简单可靠、一次投入较高,发动机损耗较大,但相对综合维护成本低。驱动形式有前轮驱动、后轮驱动和四轮驱动。因无杆式飞机牵引车所具有的独特特点,驱动轮数量应尽可能减少,以节约维修费用、降低轮胎磨损及减轻在光滑表面进行维修牵引时的甩尾危险。

电动无杆式飞机牵引车采用可调速直流电机→减速器→差速器→两轮驱动方式。通过调节电机的控制参数,可实现无级调速以及正反运动,结构简单、可靠,运行平稳,能够很好地抑制起步、增速或减速过程中给被牵引飞机的起落架带来的冲击。

4. 机轮捕获和牵引技术设计

无杆式飞机牵引车对机轮俘获技术的优劣直接影响到牵引飞机的安全问题。目前常见有两种机轮俘获方式。

(1)抱轮(夹持-举升装置)方式。由液压机构将抱轮机构伸出并打开夹持机构,前进牵引车使得被牵飞机机轮进入打开的夹持机构范围内,此时反向收回并闭合夹持机构,从而将机轮抱住并拉上举升平台,到达指定位置后,升起举升平台,前轮离地即可以牵引飞机行走,如图2-4所示。

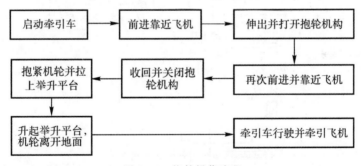

图2-4 抱轮操作流程

(2)拉轮方式。牵引车靠近被牵引飞机,接近飞机后停止,此时牵引车处于制动状态。此时操作牵引车液压卷盘,将牵引带伸出,将挂钩与围绕在飞机机轮上的牵引带连接,此时反向收紧牵引带,飞机在牵引力的作用下向牵引车移动,待前轮移动到托盘收起后,抬起托盘,同时用备好的固定板将机轮四周固定,启动牵引车反向牵引行走,如图2-5所示。

与抱轮方式相比,拉轮方式移动待牵引飞机前轮依靠的是将牵引带绕紧飞机前轮并拉动牵引带来带动牵引飞机向无杆式飞机牵引车举升托盘移动。相对于一体化的液压抱轮机构,拉轮方式作业更趋于简化,在降低成本的同时提高了无杆式飞机牵引车的可靠性。在无杆式飞机牵引车的设计中选用何种飞机机轮俘获方式需要结合无杆式飞机牵引车的使用需求和成本控制要求来合理地进行选择,确保无杆式飞机牵引车的可靠性和稳定性。

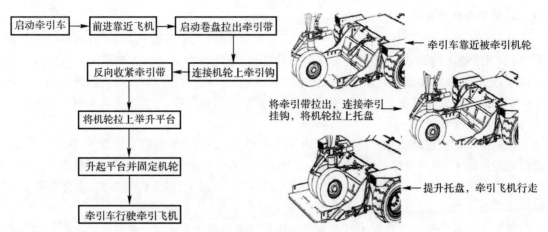

图 2-5 拉轮操作流程

5. 转向技术设计

牵引车通常采用机械液压助力转向,并设置前桥为转向桥。内置应急转向装置,在高速时也能提供良好的转向性能。遇到突然失去主动力的情况,通过内置辅助动力,将前桥归位,牵引车脱离,为飞机提供便利。最大 40°~45°转向角,再加上车的尺寸紧凑,可提供优良的机动性,如图 2-6 所示。

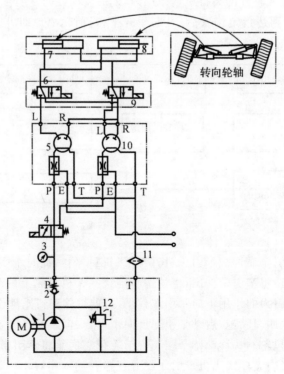

图 2-6 液压转向结构图

1—液压泵;2—单向阀;3—压力表;4,6,9—电磁阀;
5—A 驾驶转向器;7,8—转向液压缸;10—B 驾驶转向器;11—过滤器;12—安全阀

6. 制动系统设计

制动系统可分为行车制动系统、驻车制动系统、应急制动系统及辅助制动系统等。实现行驶中的车辆降低速度甚至停车的制动系统称为行车制动系统;用以使已停驶的车辆驻留原地不动的制动系统则称为驻车制动系统;在行车制动系统失效的情况下,保证车辆仍能实现减速或停车的制动系统称为应急制动系统;在行车过程中,辅助行车制动系统降低车速或保持车速稳定但不能将车辆紧急制停的制动系统称为辅助制动系统。上述各制动系统中,行车制动系统和驻车制动系统是每一辆无杆式飞机牵引车都具备的。制动系统原理如图2-7所示。

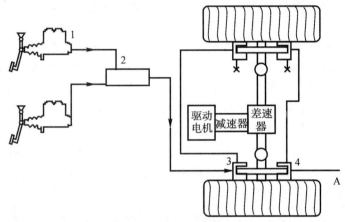

图 2-7 制动系统结构图

1—制动主缸;2—远程操纵器;3—行车制动油缸;4—驻车制动油缸

2.1.4 有杆式飞机牵引车设计

有杆式飞机牵引车是通过专用牵引杆将牵引力传递到飞机的前起落架上来移动飞机的。为增大牵引力,有杆式飞机牵引车一般采用四轮驱动,有杆式飞机牵引车有以下特点。

(1)必须配备与飞机机型相匹配的牵引杆。

(2)牵引作业转弯半径大,作业场地较大。由于牵引车与飞机之间有两个铰接点,所以增加了一个自由度,与正常车辆操作习惯相反,操作的难度较高。

(3)作业时,必须有专人与牵引车驾驶员配合安装和拆卸牵引杆。

(4)受飞机对牵引力和制动力的要求,牵引车自身质量较大,车辆的轮胎磨损较快,油耗较高。

1. 总体设计要求

(1)起步与制动柔和。为减少牵引车作业时对飞机造成的过大冲击,要求牵引车的起步及制动过程应当柔和。

(2)车身低矮。低矮的车身可以使牵引车在机翼下或者在机身底部通过,而不会碰到飞机。

(3)视野性好。为提高作业安全性,方便驾驶员观察牵引杆的连接情况及机场的障碍物情况,牵引车应具有良好的视野性。

(4)整备质量大。与一般的车辆相比,飞机牵引车的整备质量较大,因为只有整备质量足够大才能获得足够的地面附着力来完成移动飞机的作业。另外,飞机牵引车可以装有可拆卸的自重,以方便在不同的工况下改变飞机牵引车的整备质量。

(5)转向灵活。为保证飞机牵引车在狭窄的空间内作业,牵引车应有较小的转弯半径,许多飞机牵引车设有多种转向模式(前轮、后轮、蟹行、向心),转向灵活,操作性好。

(6)维修性好。

2. 有杆式飞机牵引车的结构设计

(1)车身设计。有杆式飞机牵引车的自重要求较大,一般都采用加强的钢板焊接成承载式车身,车桥与车身的连接有的是刚性的,部分后桥为刚性,前桥则采用弹性悬架,也有全部采用悬架式连接的。

为保证飞机牵引车能从飞机下方穿过,牵引车的车身一般都比较低矮,通常牵引车的高度不高于 2 m。由于飞机牵引车的批量小,故一般采用整体焊接式的车身,车身设有吊钩、千斤顶支点和系留接口等装置,如图 2-8 所示。

牵引车也可以设置液压升降支腿,当牵引车长时间待用时,可以利用升降支腿使轮胎离地,以保护轮胎。利用升降支腿也可以方便维修,以及进行轮胎的拆装。为增强牵引车的后视野性,飞机牵引车的车身常为阶梯倾斜的形式。车身上平面常铺有防滑材料。

飞机牵引车上最常用的驾驶室形式为钢制焊接封闭式驾驶室。驾驶室一般设有空调、暖风和雨刮等装置,视野性良好。

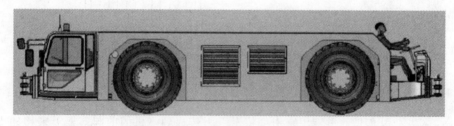

图 2-8 有杆式飞机牵引车车身结构

(2)传动系统设计。有杆式飞机牵引车传动系统一般由液力变速器、分动箱或轴间差速器、主减速器和轮边减速器组成。每部牵引车技术手册都会给出其发动机功率、扭矩、转速和变矩器的功率、扭矩、转速。如果驱动轮在路面滑转,驱动力再大也只会使驱动轮加速滑转,地面的切向反作用力并不会因此而改变,反而会因为驱动轮滑转量的增加而减少。轮胎是否滑转,取决于地面对轮胎的切向反作用力和牵引力的大小,除与车辆的质量和发动机功率有关,还与牵引车轮胎与地面附着系数有直接的关系。湿滑的路面其附着系数较小,使得牵引力下降;反之,干燥的路面其附着系数较大,牵引力大。

目前飞机牵引车上常用的传动方式主要有液力传动、液压传动和电力驱动。

1)液力传动主要利用泵轮带动液体高速流动,驱动涡轮转动。这种方式是目前飞机牵引车应用的最广泛的方式。

2)液压传动和液力传动虽然都可实现无级变速,但两者有很大差异。与液力传动相比,液压传动有更为宽广的无级变速范围和更高的传动效率。由于液压泵与马达之间采用柔性的软管连接,所以液压传动的传动系统具有特有的液压动力制动功能,在飞机牵引车上利用这一功能可以保证牵引车制动更加柔和,带来更高的安全性。

3）为适应环保的要求，有的牵引车采用蓄电池进行驱动。与内燃机驱动的牵引车相比，电动牵引车的比功率相对较小，目前多用于中、小型牵引车。

（3）转向系统设计。有杆式飞机牵引车一般采用液压动力转向系统，并具备四轮转向控制功能。其主要由液压泵、转向阀和转向油缸等组成。一般转向系统设计要求具有前轮、四轮和"蟹行"三种转向方式，如图 2-9 所示。

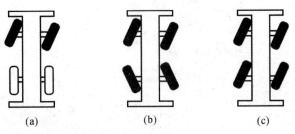

图 2-9　有杆式飞机牵引车转向模式类型
(a)前轮转向模式；(b)四轮转向模式；(c)"蟹行"转向模式

（4）制动系统设计。液压动力制动分为两个系统，即行车制动和驻车制动，其结构与原理与无杆式飞机牵引车类似。行车制动由液压泵、制动总泵、制动分泵和储能器组成；驻车制动由手制动阀、储能器和驻车制动分泵等组成。

3. 牵引杆

飞机牵引杆是特制的中间带有缓冲装置和扭力剪切装置的专用杆，如图 2-10 所示。它具有传递动力；减缓牵引车对飞机的冲击；在牵引飞机的过程中，若使飞机转弯角过度时，将切断其杆上的扭力剪切销而保护飞机等作用。

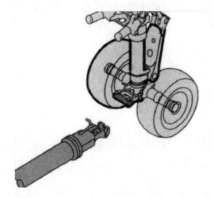

图 2-10　飞机牵引杆和前起落架的连接

2.2　除冰车设计

飞机除冰车是寒冷地区机场或航空公司必备的飞机运行安全保障车辆。停放在机场上的飞机，一旦遇到冰雪天气，飞机表面就会结冰。为保证航班的正常运营，要求飞机在起飞前半小时内必须除冰。飞机除冰车的主要功能就是清除待起飞飞机机身、机翼表面上的结霜、积雪和结冰，即利用飞机除冰车上的设备将加热到指定温度的除冰液或无需加热的防冰液以一定的压力喷射到飞机结冰、积雪部位,进行除冰、防冰作业。

目前,国内外的飞机除冰车按其行走方式可分为自行式除冰车、车载前挂式除冰车和拖挂式除冰车三种。其中,自行式除冰车应用得最为普遍,如图 2-11 所示。

图 2-11 自行式飞机除冰车

2.2.1 机场除冰车总体设计

机场除冰车的设计、制造及试验应该按照国际除冰车及国家高空作业车、消防车和机动车等相关标准执行,以满足作业条件,对于车辆的各种零、部件的设计及选用应充分考虑其标准化和通用化,以便于更换与维修。其总体设计要求应该满足以下几方面。

1. 使用环境设计要求

(1) 大气压力:99.8~103 kPa;

(2) 环境温度:-40~+50℃;

(3) 相对湿度:20%~100%(平均80%);

(4) 抗风能力:45 m/s;

(5) 抗地震能力:水平加速度 $0.39g$,垂直加速度 $0.159g$;

(6) 安全因数:结构件安全因数大于 2,稳定性安全因数大于 2。

2. 底盘技术设计要求

(1) 底盘应该采用满足飞机除冰作业的特殊需求的商用底盘或专用底盘,其基本使用要求满足最小转弯半径<10 m,整体寿命>10 年,汽车底盘满载最大时速≥30 km/h,作业时稳定行驶速度≤5 km/h;

(2) 底盘排放标准应该符合欧三标准及欧三标准以上;

(3) 底盘驾驶舱应配备雨刷器,车辆上设有专用车辆应具有的警示灯光装置;

(4) 底盘上布置设计大功率通信系统,要求该系统能够在恶劣天气、高噪声和有风的环境下实现工作篮与驾驶员的双方人员通信,该设备要求具备独立音量控制,能够提供连续、双向不用手持的作业功能;

(5)各功能控制元件要求必须采用图案和中/英文标识。

3. 工作篮及机械臂技术设计要求

(1)工作篮承重量≥200 kg,要求工作篮中安装夜间照明设备,以满足夜间工作需要。同时,工作篮还应设有固定喷射器的支架及安全带;

(2)在工作篮上应配备防撞装置和接近航空器预警装置,以防撞击损坏航空器;

(3)在升降、移动工作篮的启动和停止动作中应平稳而没有任何冲击;

(4)工作篮连接臂可实现折叠至驾驶室前端,载人从地面直接进入工作篮;

(5)在进行喷射作业过程中,在工作篮上可以进行除冰液流量及射程的连续范围内的调节;

(6)机械臂至少可以在±160°范围内旋转,回转速度要求为 0~1.5 r/min,工作篮收回到停放位置时,应处于底盘驾驶室前方中心线上;

(7)机械臂升降、回转等动作应直接由液压驱动控制进行,或由发电机提供动力驱动,机械臂应能从旋转点上升达到最高高度;

(8)机械臂最大举升作业高度(工作篮底平面距地面)≥13 m,举升臂最大水平≥8.5 m。

4. 除冰液罐设计要求

(1)除冰液罐要求使用≥3 mm 的不锈钢材料制作。除冰液罐与车辆底盘采用柔性连接,避免底盘震动引起的应力,罐体的寿命应该>10 年;

(2)除冰液罐上方应该设有清洗、检修、通气和溢流等功能的孔;

(3)除冰液罐上方应该设有液体容量指示装置;

(4)除冰液箱容积应该≥6 500 L。

5. 加热及喷射系统设计要求

(1)采用的加热方式应该满足加热时间的最低要求,即当罐体满载 0℃除冰液时,喷嘴喷出的除冰液温度达到 80℃所需时间不超过 5 min;

(2)加热系统应能够实现全自动加热控制工作;

(3)加热器出口处温度应≥80℃,并且加热器应装备一个温度控制器,使加热器出口能够保持一定温度;

(4)加热系统应该有加热器油压力,除冰液温度、压力等状态仪表;

(5)除冰液不足应具备报警功能;

(6)喷射水泵压力应该≥1.1 MPa;

(7)喷射器的最大流量要求>200 L/min,最大喷射射程要求>18 m。

6. 安全及应急装置设计要求

(1)液压系统必须设计有防止过载及压力过高的安全保护装置;

(2)应设计有防止因液压管路破裂而发生臂架下滑的保护装置;

(3)设有回转限位装置,防止回转机构的超量回转;

(4)工作篮中设有防止误操作的保护装置和明显的标识,并设有在紧急状态下停止臂架运动的控制装置;

(5)喷枪应具有保护操作者免受烫伤的防护设施,喷枪同时具有可拆卸安全接头;

(6)应急装置应具有能在主动力或控制系统出现故障时,通过机械及其他方式将工作篮收回的操纵装置；

(7) 车辆应该具备发动机紧急停车按钮,应该配备倒车及工作篮升降蜂鸣器。

2.2.2 除冰车加热系统设计

除冰车加热系统主要由控制面板1、燃油喷头2、鼓风机3、加热炉体4和后端盖5组成,如图2-12所示。其中加热炉体内部装有盘形导热水管,炉壳内部涂有保温材料。实际工作过程中通过控制面板控制燃油喷嘴的工作数量和喷油量组成不同的工作挡位,以应对不同的加热需求。

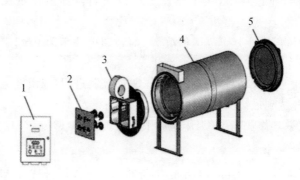

图2-12 加热系统结构图
1—控制面板；2—燃油喷头；3—鼓风机(前端盖)；4—加热炉体；5—后端盖

加热系统需要根据技术要求进行设计。设计通常包括抗震性、炉体结构和尺寸、加热时间、盘管耐压性、燃料、加热能力和安全保护功能要求。

其中,炉体结构和尺寸需综合考虑加热系统外形尺寸和出水量要求确定。加热能力根据出水流量和进出水温度确定。根据外层盘管的除冰液质量、内层盘管的除冰液质量可以得到热交换器的双层盘管的水的总质量。总质量等于内、外层除冰液质量之和。

加热时间的确定可以先根据热量计算公式 $Q=cm\Delta T$ 近似计算得出在恒流量条件下的热量。根据所需要的总热量以及不考虑流动除冰液的流动、双层盘管内的水温升高需要的热量,加热的总时间可以计算出来。

其中,热效率按照《燃油常压热水锅炉热效率的简易计算》简易公式估算：

$$\eta = 97.6 - 0.044\,6\theta_{py} - 0.8F_s/B$$

其中,η 为燃油常压热水炉热效率；θ_{py} 为排烟温度；F_s 为散热表面积；B 为每小时燃料消耗量。

2.2.3 除冰车液压举升机构设计

飞机除冰车的高空作业装置是用来运送工作人员和工作装备到指定高度进行作业的,以车载式较多。高空作业装置主要包括工作臂、回转平台、工作斗、液压系统和操纵装置等。要求高空作业装置操作平顺、工作稳定、自动调速和安全可靠。

高空作业装置通过液压系统实现。因此液压及其控制系统的设计是系统设计的重要环节。而选择与确定液压控制回路则是关键。液压控制系统能够平稳实现微波加热板的向上、向下的平动,便于实现频繁的换向。

飞机除冰车的液压系统包括储液箱、离心泵、电机和相关管路等。为了使活塞杆快速平稳地运动,选择调速回路来控制活塞杆的运动速度,否则将使活塞杆对液压缸有很大的冲击。为此在进油时,用与单向阀串连的节流阀来控制进油量从而控制活塞杆工进时的速度。当工退时,用在回油路上连接的节流阀来控制出油量从而控制活塞杆工退时的速度。

接下来选择换向回路。系统工作分为工进、工退和停歇。因此,换向机构应该选择能够实现停歇的换向阀。由于换向阀要频繁换向,如果采用手动,将无法保证时间间隔的均匀性,而且使工人处于烦琐的劳动中。而采用电磁阀则可以很好地解决上述问题,而且可以提高系统的自动化程度。

在选择压力控制回路方面,为了不使液压泵频繁地启动、停歇,选用在液压泵旁路安装溢流阀,使液压泵输出的多余油液通过溢流阀流回油箱,而且还能够使液压缸工作平稳。

方案设计完成以后,要对液压系统的零部件进行设计和选用。主要根据液压元件的负载确定液压缸、液压盖的尺寸、泵马达的流量及管道的尺寸。

2.2.4 低速行走系统设计

目前,机场主要采用移动除冰的方式,即除冰车上配装除冰设备,操作者在除冰车配置的高空作业工作台内根据需要的作业高度进行升降、旋转及伸缩。为保证操作者的高空作业安全,要求底盘低速行走、稳定性好及对高空作业无任何冲击。为此,必须解决除冰车行驶时的平稳起步、限制行驶车速的问题,以减少对高空作业的晃动。而在非除冰作业时段,要求除冰车底盘又能具有正常底盘的功能,满足汽车高速、远距离行驶的特点。如何保证除冰车正常行驶、除冰车作业行走的可靠性及正常行走和低速作业行走之间平稳顺利的切换是除冰车设计的关键。

低速行走系统通常以汽车底盘的发动机作为动力源,通过发动机输出的动力驱动低速行走系统。低速行走系统由行走液压泵、液压马达、复合传动箱和调速系统等组成。在机械传动方式下,传动箱的输入传动轴与输出传动轴直接连接,车辆为机械行驶状态;在液压传动方式下,传动箱的输入传动轴通过配置于箱体上的两个双作用汽缸配合操作,实现与输出传动轴脱离,输入传动轴驱动箱体一侧的液压泵,液压泵通过控制与液压马达之间形成的闭式液压回路驱动箱体另一侧的液压马达,再通过复合传动箱内的传动机构驱动输出传动轴,即以液压传动方式平稳控制车辆的行走速度。液压行驶方式和机械行驶方式可通过安装在驾驶室内的控制手柄及转换开关实现平稳切换。液压行驶时,行驶速度由手柄控制;机械行驶时,行驶速度由油门的脚踏板控制。如图2-13所示为典型的低速行走系统。

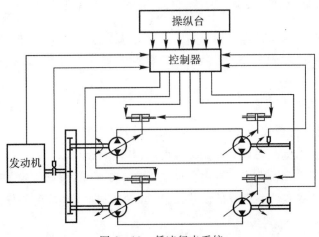

图2-13 低速行走系统

2.3 客梯车设计

机场客梯车是一种用作旅客上、下飞机的专用机动设备。目前市场上主流的是有动力客梯车,部分厂家为了迎合市场需求,以及部分机场、航空公司为成本考虑,选择无动力客梯车,工作时由人力将客梯车推动,进而与飞机对接。本书主要以有动力客梯车为主,介绍其基本组成与设计原理。

有动力客梯车一般是由底盘(带撑脚油缸)及上装两部分组成,底盘起到行走及工作时支撑稳定的作用,上装部分主要由铝制阶梯组成,根据客梯车的配置不同,服务高度不同,整体上装略有差异,上装最前面装有防撞胶筒及传感器等,保障与飞机对接时的安全性,上装部分装有照明灯,能保证在晚上进行航班保障。

客梯车根据功能不同可分为普通客梯车和专用客梯车。普通客梯车设计主要是根据机场服务飞机机型不同,对上装部分高度参数进行设计的,其主要设计要求是方便乘客上、下飞机。专用客梯车除了完成上装部分的参数设计外,还需根据客户的特殊需求完成相关的配套设计。图2-14(b)是沙特皇室专用的客梯车,与传统客梯车不同,该型客梯车采用了自动扶梯技术,将舒适性发挥到极致。

(a) (b)

图2-14 客梯车类型

(a)普通客梯车;(b)专用客梯车

2.3.1 客梯车总体设计

客梯车一般是在二类底盘或专用底盘的基础上变形而成的,通常主要由底盘3、动力传动装置4、液压举升机构2、副车架、电器控制系统和客梯1等结构组成。其结构如图2-15所示。

1. 客梯车结构形式

(1)客梯车底盘结构形式。客梯车底盘可分为传统二类底盘或专用底盘。传统二类底盘一般采用符合国家技术标准的货车底盘改装而成,并按照客梯车需要选择不同类型的底盘,这种底盘车辆配置和零件互换性好。专用底盘如图2-16所示,根据客梯车的需要单独设计,这类底盘可以简化二类底盘的不必要的设备,结构可以做到更简化,底盘布置可以更灵活,减少二类底盘存在的干涉问题。

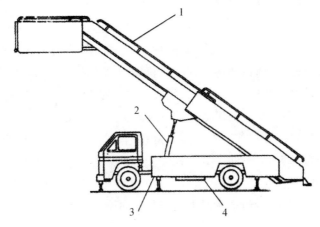

图 2-15 客梯车结构图
1—客梯；2—液压举升机构；3—底盘；4—动力传动装置

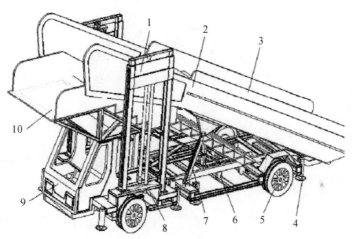

图 2-16 专用客梯车底盘结构图
1—三节主升降机构；2—滑动梯；3—旋转梯；4—支撑脚；
5—车轮；6—后底盘；7—旋转梯举升机构；8—前底盘；9—车头；10—对接梯

客梯车底盘在设计过程中，为保证运行可靠，其底盘系统主要包含传动系统、行驶系统、转向系统和制动系统。

1）传动系统。其主要作用是将发动机动力传递给客梯车的驱动轮及液压升降系统，保证客梯车的正常行驶及工作。

2）行驶系统。其主要作用是承载客梯车整体质量并传递、承受客梯车行驶状况下受到来自路面的冲击，吸收振动。

3）转向系统。其主要作用是保证驾驶员能够按照自己设想的路线达到客梯车工作位置，为旅客上、下飞机提供服务。

4）制动系统。其主要作用是保证车辆能及时减速或停车，保证客梯车行驶安全。

(2)客梯车上装举升机构选型。目前,客梯车上装举升机构较为常见的有直推式举升机构、连杆组合式举升机构和剪叉式举升机构三种。

1)直推式举升机构。直推式举升机构由液压缸直接推动旋转梯上升,这种举升机构具有结构相对简单、效率高、所占空间小及成本低等优点,普遍应用在各型客梯车上装举升机构中,但由于受最大举升高度限制,所以普遍应用在飞机舱门高度在 6 m 以下的各类机型上。直推式举升机构的结构如图 2-17 所示。直推式举升机构按照油缸与车厢连接点位置的不同可分为前置式和中置式;按照举升油缸的级数不同分为单级式和多级式;按照油缸数目不同可分为单缸式和双缸式。前置式举升机构一般采用单缸;中置式举升机构既可采用单缸也可采用双缸。在相同举升载荷条件下,前置式举升机构需要的举升力较小,举升时上装部分横向刚度也大,但油缸活塞的工作行程较长;中置式举升机构具有结构布置简单、结构紧凑、油缸行程小、举升效率高和易于加工的优点,但举升时上装部分横向刚度较差。

图 2-17 中置直推式举升机构结构图

2)连杆组合式举升机构。连杆组合式举升机构如图 2-18 所示,其主要由三角臂、举升底架和客梯构成的连杆机构与油缸组合而成。相较于直推式举升机构,连杆组合式举升机构增加了举升底架。在工作时,液压油缸的连杆推动底架使旋转梯转动。此类举升机构具有举升平顺性好、油缸活塞行程短、活塞行程可成倍增加、举升刚度好和结构简单等诸多优点,但在应用过程中举升机构容易产生较大的应力。

3)剪叉式举升机构。剪叉式举升机构是用途广泛的高空作业专用设备,其剪叉式结构为升降平台的升降结构,对起升高度较大的升降平台有较高的稳定性、宽大的作业平台及较高的承载能力,因此高空作业范围更大、作业效率更高、更安全。剪叉式举升机构由于受布置影响,普遍应用在食品车、货物举升车中,但随着大型客机的普遍应用,飞机舱门高度不断地增高,剪叉式举升机构也逐渐应用在客梯车上。如图 2-19 所示为一种剪叉式客梯车的结构形式。

第2章 航空专用车辆设计

图 2-18 连杆组合式举升机构图

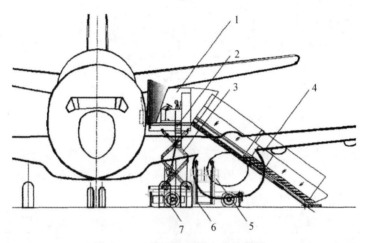

图 2-19 剪叉式客梯车的结构图

1—司机室；2—主平台；3—主升降机构；4—旋转尾梯；5—副升降平台；6—副升降机构；7—底盘

客梯车上装举升机构的选择设计是客梯车技术的核心问题。在设计过程中举升机构必须考虑举升机和最大举升高度（角度）这两项参数。在针对客梯车上装举升机构的设计中，应考虑液压系统是否满足承受举升质量作用下的举升力；同时，液压缸行程能否满足客梯需求的最大举升高度（角度），以及液压系统中液压缸类型选择及配套问题。

2. 客梯车主要参数的确定

(1) 主要尺寸参数。客梯车主要尺寸参数（见图 2-20）包含轴距 L、轮距、外廓尺寸（总长 R、总宽 B、总高 H）、平台最大离地高度 H_s、底盘总长 S、前悬 L_F 和后悬 L_R 等参数。由于目前大部分自行式客梯车都是在二类货车底盘上改装而成，因此其轴距、轮距、前悬、后悬、接近角和离去角等参数均保持不变。若采用自制底盘，客梯车的轴距和轮距往往是根据需求进行设计的，在设计过程中应注意各部件不能发生运动干涉，还应注意底盘的最小离地间隙应该达到机场地面的设计要求，并对设计的底盘要求完成车身倾覆实验和传动轴动平衡实验。

上装客梯的尺寸及工作高度的确定主要依据客梯车的服务高度和底盘的承载质量，为防止客梯车发生纵向倾覆，客梯车上装平台最大离地高度应考虑最大装载质量情况下汽车质心位置变化情况,同时考虑在客梯举升过程中,为防止客梯与底盘或地面发生干涉,应考虑底盘后悬长度、客梯最大举升角和客梯举升最大高度位置时后端与地面的最小离地间隙等因素,可通过修正客梯长度和举升机构位置来满足上述参数要求。

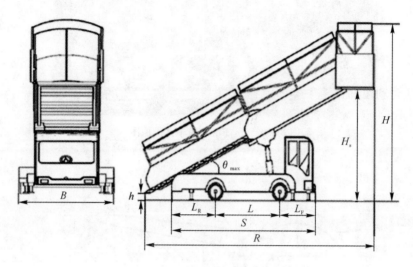

图 2-20　剪叉式客梯车的结构图

(2) 最大举升角的确定。客梯车最大举升角 θ_{max} 是指当客梯举升至设计极限位置时,客梯底部与底盘车架平面的夹角(见图 2-20)。其角度大小取决于客梯平台设计的最大举升高度,以保证客梯车能够与飞机舱门对接良好。

此外,在客梯举升至最大举升角 θ_{max} 时,客梯后端应保证与地面预留一定间距 h,以避免客梯倾斜时与底盘纵梁或地面发生运动干涉。设计时,客梯车上装最大举升角可在 30°～40° 之间选取。

(3) 质量参数确定。客梯车质量参数包括最大载客人数、整车整备质量 m_0、最大总质量 m_a、质量利用系数 η_g 和质心位置等。

1) 最大载客人数。最大载客人数是指客梯车的装载能力,它是客梯车一个十分重要的性能参数。其主要根据使用条件、用户要求、客梯承载能力和底盘允许的承载能力综合确定。在客梯车最大载客人数设计过程中应先将提供底盘厂家的额定装载质量进行分档,再根据客户参数要求进行底盘选取;若二类底盘的参数不符合客户要求或匹配性不佳,可考虑专用自制底盘。一般有动力式客梯车最大载客人数在 40～60 人之间。

2) 整车整备质量 m_0。客梯车整备质量是指装备齐全,加满燃料、液压油、冷却液和制动液的空车质量,它等于汽车底盘的整备质量与汽车改装部分质量之和,是客梯车总体设计的重要设计参数之一。

客梯车改装部分质量主要包括取力装置质量、客梯质量、液压系统质量、举升机构质量及其他改装部分质量。在进行总体设计时,根据改装零部件称重或质量估算分析的方法估算改装部分质量参数。

3) 最大总质量 m_a。客梯车最大总质量 m_a 是指装备齐全,包括驾驶员,并按照规定承载最

大载客人数后的全部质量,其计算公式为

$$m_a = m_o + m_e \tag{2-1}$$

式中:m_e——汽车最大载客质量(包含驾驶员),其中载客质量可按 65 kg/人计算。

4)质量利用系数 η_g。客梯车质量利用系数 η_g 是指汽车最大载客质量 m_e 与整车整备质量 m_o 之比,即

$$\eta_g = \frac{m_e}{m_o} \tag{2-2}$$

客梯车质量利用系数 η_g 是衡量客梯车设计与制造水平的一个重要的指标。η_g 越大说明该车设计、材料应用及制造水平越高。目前市场上自行式客梯车的质量利用系数在 0.5~0.7 之间。一般提高 η_g 的主要措施是在保证汽车使用性的情况下,减轻客梯车专用装置的质量或使用轻量化的专用底盘两种方法。

5)质心位置。质心位置是客梯车重要的设计参数之一,一般情况下是指客梯车在空载、客梯在收缩情况下和满载、客梯上升至最大极限位置时的质量中心位置。客梯车的质心位置对客梯车的使用性能(制动性和操纵稳定性)有较大影响。特别是客梯车在上升至最大极限位置时,要求其质心接近其底盘质心位置,确保其静态稳定性。

2.3.2 客梯车举升机构的结构与设计

举升机构设计是客梯车设计的核心部分,因此选择时一定要考虑全面、合理。在设计过程中应该考虑以下几点因素。

(1)车辆的使用条件与环境,车辆举升机构应保证设计的客梯车与飞机舱门高度的适应性,应该保证梯身的最前端与飞机舱门的底部能够实现良好对接。

(2)在设计过程中,对举升机构的结构选取,应该充分考虑使用性能、使用条件、制造过程中的制造工艺及制造成本等因素。

(3)在满足最大举升角的要求下,设计油缸的行程,考虑其举升过程中能否承受最大举升力。

1. 举升机构设计分析

以威海广泰 WGKT44 型客梯车举升机构为例进行介绍。

(1)总布置参数的确定。客梯车总布置参数主要包括举升总质量、最大总质量和最大举升角等。

如图 2-21 所示为威海广泰 WGKT44 型客梯车所采用的双液压油缸直推式的举升机构的运动分析图。图中 $\triangle OAB$ 为举升机构的初始位置,整体重心点为 C_0。$\triangle OAB'$ 为举升机构的最大举升位置,C 点为整体重心点。由整体结构布置可知:$a=188$ mm,$b=3\,514$ mm,$b_0=3\,185$ mm,$L_1=870$ mm。

(2)油缸总行程 L 的计算。油缸总行程 L 应该满足最大举升角 θ_{max} 的设计要求,威海广泰 WGKT44 型客梯车最大举升角为 35°。因此油缸总行程 L 可从图 2-21 的 $\triangle OAB'$ 中根据余弦定理解出,即

$$L = \sqrt{OA^2 + OB'^2 - 2OA \cdot OB'\cos(\theta_{max} + \theta_2)} - L_1 \tag{2-3}$$

式中:

$$OA = \sqrt{a + b^2} = 3\,520 \text{ mm}$$

$$\theta_1 = \arctan\frac{a}{b} = \arctan 0.054 = 3.1°$$

$$\theta_2 = \arctan\frac{\sqrt{L_1^2 - (b-b_0)^2} + a}{b_0} - \theta_1 = 16.2°$$

$$OB' = \frac{b_0}{\cos(\theta_1 + \theta_2)} = 3\,375 \text{ mm}$$

通过将上述参数结果带入式(2-3)得液压缸的总行程 $L = 640$ mm。

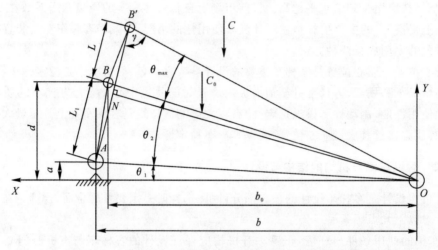

图 2-21 威海广泰 WGKT44 型客梯车举升机构运动分析图

(3)举升机构受力分析。旋转梯举升机构液压缸在举升的过程中,举升质量对铰接点的力矩应在举升力的作用范围之内。如图 2-22 所示,分析该旋转梯举升机构的最大受力情况。

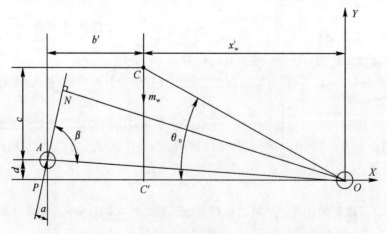

图 2-22 威海广泰 WGKT44 型客梯车举升机构受力分析图

1)油缸举升力 P。客梯车的油缸举升力必须保证最大举升质量时所需的举升力矩,也就是举升力 P 与举升质量 m_w 分别产生的力矩为 M_p 和 M_w,两者相等,即

$$M_p = M_w \tag{2-4}$$

油缸举升力矩为

$$M_p = P \cdot OA \cdot \sin\beta \tag{2-5}$$

最大举升力阻力矩为

$$M_w = m_w \cdot x_w^i \tag{2-6}$$

代入式(2-4),得

$$P \cdot OA \cdot \sin\beta = m_w \cdot x_w^i$$

故油缸举升力为

$$P = \frac{x_w^i}{OA \cdot \sin\beta} m_w \tag{2-7}$$

式中：m_w——举升总质量，等于旋转梯 m_a 和滑动梯 m_s 之和，即

$$m_w = m_a + m_s = 1\,300\ \text{kg} + 1\,100\ \text{kg} = 2\,400\ \text{kg}$$

x_w^i——质心至 O 点水平坐标；$x_w^i = OC \cdot \cos(\theta_0 + \theta)$，$OC = 2\,015$ mm。当 $\theta = 0°$ 时，x_w^i 为最大值，即

$$x_{wmax}^i = OC \cdot \cos\theta_0 = 2\,015 \cdot \cos 30° = OC' = 1\,745\ \text{mm}$$

通过将 x_{wmax}^i 带入式(2-7)，可得

$$P_{max} = \frac{x_{wmax}^i}{OA \cdot \sin\beta} m_w \tag{2-8}$$

β——液压缸轴心线与底盘 OA 之间的角度，在举升过程中 β 为变量，因此油缸举升力也随之成为变量。

2) 液压油缸直径确定。液压油缸推力与油缸直径的关系为

$$P_{max} = \frac{\pi d_1^2}{4} p \tag{2-9}$$

式中：p——液压缸最大压力，MPa。一般客梯车液压系统工作压力在 $15 \sim 20$ MPa。

将式(2-9)代入式(2-8)可得

$$\frac{\pi d_1^2}{4} p = \frac{x_{wmax}^i}{OA \cdot \sin\beta} m_w \tag{2-10}$$

即可求出油缸直径为

$$d_1 = \sqrt{\frac{4 x_{wmax}^i m_w}{\pi OA \sin\beta\, p}} \tag{2-11}$$

按式(2-11)计算，可知威海广泰 WGKT44 型客梯车的油缸直径为 50 mm。

2. 举升机构评价参数

举升机构评价参数主要包含举升力系数 K、最大举升角 θ_{max}、起始油压 p_0、油压特性曲线和油压波动系数 α。

(1) 举升力系数 K。举升力系数指单位举升重力所需要的油缸推力，即

$$K = \frac{F}{m_w g} \tag{2-12}$$

式中：F——油缸的有效推力，N；

m_w——举升质量，kg。

K 值随举升位置的变化而变化。评价性能时,一般选取初始位置值 K_0 和最大值 K_{max},一般 K 值较小为好。

(2) 最大举升角 θ_{max}。最大举升角指举升机构使旋转梯旋转的最大角度。

(3) 起始油压 p_0。起始油压指开始举升时的压力。在一般规律中,随着旋转梯举升过程的推进,由于举升质点与旋转点的距离越来越小,相应的阻力矩也应越来越小。但在机构连接处常常会有摩擦力和惯性力,从而产生相应的阻力矩,并且其在机构开始举升时作用最大。因此,起始油压应该低于最大压力 p_{max},即

$$p_0 \leqslant 0.85 p_{max}$$

(4) 油压特性曲线。举升过程中,p 是 θ 的函数,即 $p = f(\theta)$。理想的 $p = f(\theta)$ 曲线如图 2-23 所示。其中,a 处是起始压力,b 处是最大压力,c 处是最小压力。

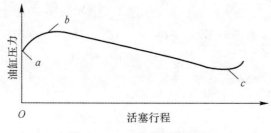

图 2-23 油压特性曲线图

(5) 油压波动系数 α。油压波动系数指液压系统油压变动情况,即

$$\alpha = \frac{p_{max}}{p'} \tag{2-13}$$

式中:p_{max}——液压系统最大工作压力,MPa;

p'——液压系统平均工作压力,MPa。

当 $\alpha \leqslant 0.2$ 时,油压特性曲线比较理想。

依据上述基本指标,可对举升机构进行优化设计。举升力系数 K、起始油压 p_0 和油压波动系数 α 可作为优化目标函数,最大举升角 θ_{max} 可作为约束条件。

2.3.3 客梯车底盘与上装部分设计

目前,有些客梯车需要实现变轴距功能,而传统的二类底盘已不能满足上述要求,因此,在现有客梯车结构与工作原理的基础上,改进了车身结构,提出了可伸缩底盘结构。可伸缩底盘结构包括前底盘、后底盘。其中前底盘为由多根纵向梁和横向梁组成的边梁式结构。

如图 2-24 所示,组合后的形式为边梁式结构。后底盘具有的两根凸形截面纵向梁的前部以可移动的方式分别插入设置有凹形截面纵向梁前底盘的内部;前、后底盘的相对伸缩运动由支撑后底盘的电动车桥驱动车轮带动;脚撑分别安装在前、后底盘伸出梁外部;车轮按照汽车分布规则,设置在前、后底盘相应位置。

在自制底盘和上装部分的设计过程中,主要考虑分析底盘和上装部分在变化过程中的载荷影响,分析底盘在收缩和拉伸状态下底盘与上装铰接部分是否有运动干涉,分析上装在升降过程中的抗倾覆能力。而上述因素的分析主要是基于质心位置变化进行分析的,根据中华人

民共和国民用航空行业标准——MH/T 6029—2003《登机客梯车》规定的客梯车设计标准，分析质心位置对载荷和侧倾的影响。

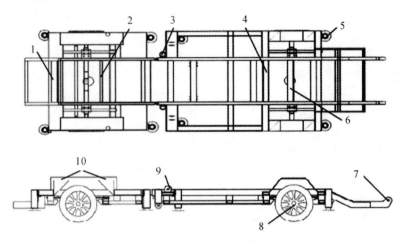

图 2-24　可变轴距客梯车底盘结构

1—前横梁；2—前底盘；3—滑动脚支撑；4—后底盘；5—固定角支撑；
6—电动车桥；7—旋转梯铰接处；8—车轮；9—旋转梯举升位置；10—主升降装置固定位置

1．质心位置确定

在分析客梯车质心位置时，主要分析客梯车在客梯举升到最大高度、滑动梯伸出量最大时的质心位置。因为，此时客梯车前倾趋势最大，此时的质心位置对客梯车的使用寿命造成很大的影响，同时此时质心位置也会对汽车倾覆有较大影响，严重影响到乘客的生命安全及飞机的安全。

在计算客梯车在举升状态下的质心时，应确保客梯车的阶梯及平台都为满载情况，分析客梯车梯身及平台结构等效重心水平位置。

(1) 质心水平位置计算。质心水平位置的计算是通过分析计算客梯车各总成的质量和各总成到客梯车支点（以旋转梯绕底盘旋转点为支点）的距离完成的。其计算公式为

$$a = \frac{\sum(g_i X_i)}{\sum g_i} \tag{2-14}$$

式中：a——质心到支点的水平距离；

g_i——客梯车各总成载荷；

X_i——客梯车各总成到支点的水平距离。

(2) 质心垂直位置计算。同理，质心垂直位置的计算是通过分析计算客梯车各总成的质量和各总成到地面的垂直距离完成的。其计算公式为

$$h = \frac{\sum(g_i h_i)}{\sum g_i} \tag{2-15}$$

式中：h——质心到前轴的水平距离；

g_i——客梯车各总成载荷；

h_i——客梯车各总成到地面的垂直距离。

其中,客梯车上装部分主要包括旋转梯、滑动梯、对接平台、阶梯上乘客和对接平台上乘客等几部分。在设计过程中若质心到支点的水平距离 a 大于客梯车支点到前脚撑水平距离,则会导致客梯车在满载工况下车身及平台结构总体等效重心不在前、后脚撑范围之内,在前脚撑外侧,此时客梯车前脚撑将受到很大的压力,对客梯车使用寿命造成很大影响,同时对旅客生命及飞机财产安全造成影响。如图 2-25 所示,此类采用二类底盘的客梯车就存在上述问题。为提高客梯车在满载情况下的安全性,目前部分客梯车采用自制可变轴距底盘,该类客梯车在满载工况下车身及平台结构总体等效重心在前、后脚撑范围之内,此时各脚撑受力均匀,安全性大大提高,如图 2-26 所示。

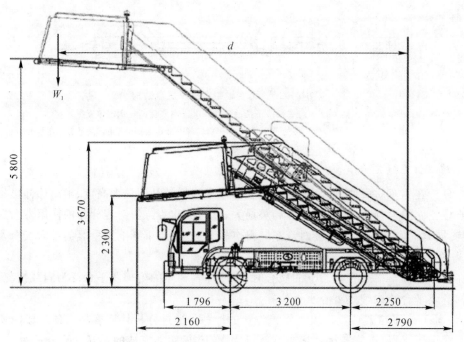

图 2-25 传统客梯车质心计算方法(单位:mm)

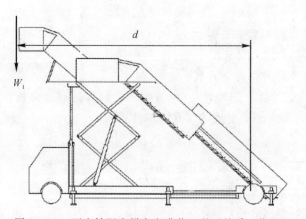

图 2-26 可变轴距客梯车在满载工况下的质心位置

2. 抗侧向倾覆设计

客梯车由于工作车速较慢,工作环境(机场路面)又较为平坦,且由于机场处于特殊地形环境,同时四周建筑都有相应的高度限制,因而机场的风速都较大,所以容易使客梯车发生侧翻现象。因此抗侧向倾覆设计主要是满足客梯车车身的抗风设计,在进行抗风设计分析时,应该以客梯车处于最劣工况下(即脚撑撑起,梯身及平台空载且升至最高)进行抗风性分析,依据伯努利方程,有

$$p = \frac{\rho v^2}{2} \tag{2-16}$$

根据客梯车在风载作用下侧翻的临界状态可表示为

$$M_0 = M_R \tag{2-17}$$

式中:M_0——作用于客梯车结构上的总倾翻力矩,N·m;

M_R——总抗倾翻力矩,N·m。

其中总倾翻力矩为

$$M_0 = \frac{\rho v^2}{2}(S_1 H_1 + S_2 H_2 + \cdots + S_n H_n) \tag{2-18}$$

式中:ρ——空气密度,等于 1.29 kg/m²;

v——风速,m/s;

S_1——车身侧面积,m²;

H_1——车身侧面形心离地高度,m;

S_2——驾驶室侧面积,m²;

H_2——驾驶室侧面形心离地高度,m;

S_n——客梯车其他部件侧面积,m²;

H_n——客梯车其他部件侧面形心离地高度,m。

总抗倾翻力矩为

$$M_R = Gd \tag{2-19}$$

式中:G——车辆总质量,N;

d——车辆重心离支点的水平距离,m,如图 2-27 所示。

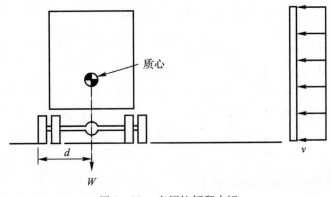

图 2-27 车辆抗倾翻力矩

通过将汽车的尺寸参数和质心参数带入式(2-18)和式(2-19)，由式(2-17)可求得该型客梯车的最大抗风设计参数，根据中华人民共和国民用航空行业标准——MH/T 6029—2003《登机客梯车》，要求对客梯车的抗风性满足在风速小于或等于75 km/h的情况下正常使用。可通过降低质心、减少客梯车总成迎风面积即增加轮距的手段提高抗风能力。

2.4 行李传送车设计

行李传送车是装卸行李、包裹和散件货物的机动传送设备，是主要用于保障各类机型的航班行李、货物和邮件进出飞机底舱，或用于不同高度点之间传送货物的专用设备。通用行李传送车用于货舱门高度在1.2~4.2 m之间的各型飞机，装卸散装行李、包裹等物件。

其传送装置采用带传动结构，具有结构简单、传动中心距大、传动平稳、吸收缓冲、传动形式多样和可靠性高等优点，行李传送车输送带传动支架升降范围宽、承载能力强、适用面广，可满足各类机型的使用要求。

根据行李传送车的动力来源可以将其分为内燃式、电动式和拖曳式。

行李传送车应依据中华人民共和国民用航空行业标准《MH/T 6030—2014》中关于散装货物装载机的相关规定进行设计。

2.4.1 行李传送车总体设计

民用航空行李传送车如图2-28所示，主要由传送带、传送带架、举升机构和底盘四部分组成。

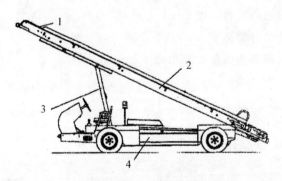

图2-28　行李传送车
1—传送带；2—传送带架；3—举升机构；4—底盘

行李传送车总体结构设计应满足以下几方面要求：
(1) 前起升高度为1 200~4 200 mm，后起升高度为600~1 200 mm；
(2) 纵向均匀分布载荷应不小于135 kg/m；
(3) 传送带架作业时最大传送角度应不小于24°；
(4) 液压系统、液压元件应符合GB/T 3766和GB/T 7935的规定。

2.4.2 行李传送车举升系统设计

民航用的行李传送车的举升机构，因其特殊的工作环境在其向飞机装卸货物时，举升机构本身承重较大，其结构自身也占有一定的质量及空间，其直接影响到整车的结构布局及倾斜性能的优劣，可以说举升结构的优劣直接反映整车举升倾斜行为的成败，是行李传送车的关键所在。

1. 举升系统类型

现在常见的举升机构大部分为液压举升机构，比如在自卸汽车领域，一般都采用比较成熟的液压举升机械结构，根据液压缸与被举升部件两者之间的连接方式，举升结构主要可以划分为剪刀架结构式、直推式及连杆组合式三类。

（1）剪刀架结构式。该举升机构使用两个液压缸担任系统的动力输出元件，直接与剪刀架相连并直接安装在其两侧，而相互铰接的剪刀架则直接固定在底盘表面，如图 2-29 所示。

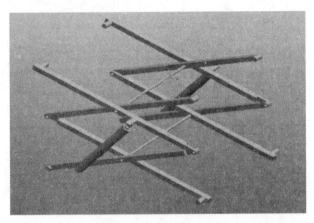

图 2-29　剪刀架举升机构

（2）直推式。液压缸直接推动被举升部件完成升降动作的形式，称为直推式举升机构，可以根据布局位置的不同，分为前置及中置直推式举升结构，分别如图 2-30 和图 2-31 所示。

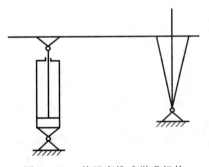

图 2-30　前置直推式举升机构

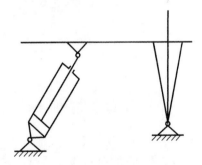

图 2-31　中置直推式举升机构

（3）连杆组合式。举升液压缸通过三角板或者其他形式的连杆组合结构，推动被举升件完成升降倾斜作业的形式，称为连杆组合式举升机构。常见的有液压缸前推连杆式、液压缸后推连杆式和液压杠杆式（见图 2-32）；液压缸浮动连杆式如图 2-33 所示。

（4）各类举升机构优、缺点。

1）剪刀架结构的优点是空间横向跨度大，有较安全的刚度；缺点是液压缸位置的初始举升力较大，液压缸的举升行程较大。

2) 连杆式举升结构中,液压缸前推连杆式和液压缸后推连杆式由于拥有较大的横向空间,所以其横向刚度比较可靠,举升转动过程平顺,但是其缺点是举升臂较大,举升的行程短;液压缸浮动连杆式举升机构的缺点是液压缸需要很大的举升臂,举升的行程较短,油管较大。

3) 液压杠杆式举升机构相较于连杆式结构则更显简单紧凑、举升速度快,且制造过程相对较为简单,安装位置条件要求不高。

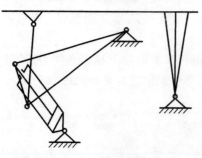 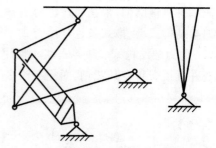

图 2-32 液压杠杆式举升机构　　　　图 2-33 液压缸浮动连杆式举升机构

2. 行李传送车举升机构形式的确定

考虑到行李传送车的工作对象、工作环境及使用功能要求,决定采用一种新的前推式放大举升机构。由于行李传送车要求前、后都可以调节,所以后端也采用一种类似的举升机构,让其可以自由调节,如图 2-34 所示。

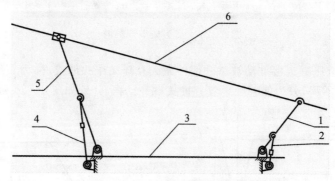

图 2-34 行李传送车举升机构
1—后举升架;2—后套电动推杆;3—车架;4—前电动推杆;5—前举升架;6—传送带架

这种举升机构的特点是在直推式举升机构的基础上,在原来液压缸及被举升的部件之间,增加一个放大行程的杆件,这种结构具有以下的几个优点:① 其结构简单,容易布置;② 举升机构组成三角形,具有一定的稳定性;③ 该机构可以在举升杆行程不大的情况下,使举升部件具有大范围活动的能力。

2.4.3　行李传送车皮带架设计

1. 传送带架总体设计

传送带架由驱动马达、驱动轮、从动轮、张紧装置、防碰撞装置、支撑装置、护栏和导向挡板等部件构成,完成货物的运输,结构如图 2-35 所示。

图 2-35 传送带架结构图

1—驱动马达;2—驱动轮;3—防碰撞装置;4—导向挡板;5—护栏;6—张紧装置;7—从动轮;8—支撑装置

传送带架设计要求如下：

(1) 传送带宽度不小于 600 mm；

(2) 传送带架一侧应安装可伸缩或折叠的护栏,护栏应高于传送带面 850 mm,折叠后低于传送带面；

(3) 为安装护栏侧应安装导向挡板,挡板立起后应高于传送带面 100 mm；

(4) 传送带的传送速度为 0.6～1.5 m/s。

2. 传送带驱动装置

行李传送车驱动系统包括支撑装置、设置在所述支撑装置传动侧内部的液压马达、设置在所述支撑装置传动侧外部的链和链轮以及横向设置在所述支撑装置中部的驱动轮,小链轮与液压马达的输出轴采用键连接。驱动装置如图 2-36 所示。

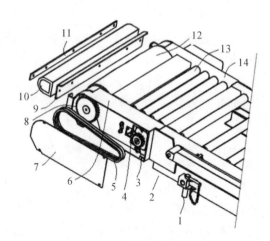

图 2-36 传送带驱动装置

1—插销总成;2—支撑装置;3—小双排链轮;4—马达;5—双排链;6—左支撑板;
7—护板;8—大双排链轮;9—连接板;10—防撞板;11—外挡板;12—驱动轮;13—滚筒;14—右支撑板

3. 传送带张紧装置

皮带输送机是靠皮带与驱动滚筒之间的摩擦来完成传动的,用张紧装置能让皮带与驱动滚筒之间的摩擦力始终处于最佳状态。如果皮带松了,轻则皮带来回跑偏,重则滚筒打滑,皮带开不起来;如果皮带太紧,造成皮带拉伸过度,减少使用寿命。行李传送车皮带张紧装置包括张紧组合总成、皮带、封板、调节螺栓、调节螺栓座和转动轴,如图2-37所示。

张紧组合总成装在传送架左、右封板上,皮带穿过两个中滚筒,调节螺栓座固定在张紧组合滚轮的筋板上,调节螺栓穿过调节螺栓座连接张紧组合滚轮,用螺丝把调节螺栓座和调节螺栓锁紧后,可调节皮带的松紧。

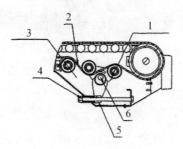

图2-37 皮带张紧装置
1—张紧组合总成;2—皮带;3—封板;4—调节螺栓;5—调节螺栓座;6—转动轴

4. 挡板装置

为防止行李的翻转困难、滑出传送带或刮伤现象的发生,在皮带架上设有挡板装置(见图2-38)。行李传送车皮带挡板装置包括传送架右边梁、尼龙导向轮、旋转中心、插销和固定螺丝销;其特征是:其中,传送架右边梁上设有2个尼龙导向轮;2个尼龙导向轮中间设有旋转中心、插销和固定螺丝销;旋转中心上设有固定螺丝销;插销设在旋转中心一侧。

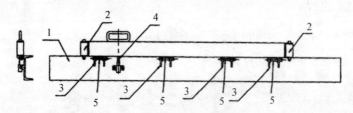

图2-38 挡板装置
1—传送架右边梁;2—尼龙导向轮;3—旋转中心;4—插销;5—固定螺丝销

其工作原理为挡板向上翻转90°时,插销4将挡板固定在传送架上,挡板前、后两端各安装一个尼龙导向轮2及挡板采用不锈钢矩形管,挡板可以上、下翻转时,支点以四个固定螺丝销5为中心,挡板向上翻转90°后,将插销4与传送架侧边的固定插销孔对齐,并向下插入插销4,挡板即可固定在传送架侧边。

2.4.4 行李传送车载荷设计

中华人民共和国民用航空行业标准《MH/T 6030—2014》中规定:行李传送车纵向均匀分布

载荷应不小于 135 kg/m,能一次传送面积为 600 mm×800 mm、质量不小于 400 kg 的货物。

举升机构动力性的一个重要指标就是举升力系数：

$$K = \frac{F}{G} \tag{2-20}$$

式中：F—— 推杆的最大举升力；

G—— 传送带架质量和货物质量总和。

举升力系数 K 值越小,举升机构的性能越好。K 值的大小是随着举升角的变化而变化的,举升机构在初始位置时,虽然是空载举升,但是由于举升角小,所以阻力较大；当举升机构运行到最高处时,传送带架开始装卸货物,货物到达行李传送带架最前端时,对举升机构压力也很大,因此可以对初始位置和最高处时的举升机构各构件的受力进行理论分析。

如图 2-39 所示,为了便于对传送带架进行静力学研究,在微小的误差允许的条件下,根据传送带车的设计思想及机构特点,作如下假设：

(1) AK 传送带的质心在 AK 杆的几何中心位置；

(2) AK 杆的质量与 AD、EK、HF、BC 的质量差距较大,所以 AD、EK、HF、BC 杆的质量影响将不考虑,其中,传送架的各物理量的表示方法参见表 2-1。

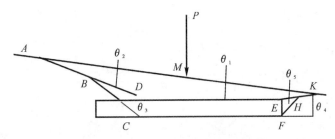

图 2-39 举升机构初始位置受力图

表 2-1 皮带架各物理参数

系数	含义	系数	含义
F_A	前举升架与传送带架连接处 A 点的受力	θ_2	初始举升时,传送带架与前举升架之间的角度
F_{Kx}	前举升架与传送带架连接处 K 点 x 方向的受力	θ_3	初始举升时,前举升架与电动推杆之间的角度
F_{Ky}	前举升架与传送带架连接处 K 点 y 方向的受力	F_K	后举升架与电动推杆连接处 K 点的受力
L_{AK}	初始举升时 A,K 两点之间的距离	F_{Ex}	后举升架与车架连接处 E 点 x 方向的受力
L_{AM}	初始举升时 A,M 两点之间的距离	F_{Ey}	后举升架与车架连接处 E 点 y 方向的受力
θ_1	初始举升时传送带架的倾斜角度	L_{EH}	初始举升时 E,H 两点之间的距离
P	传送带架整体的质量	L_{EK}	初始举升时 E,K 两点之间的距离
F_B	前举升架与电动推杆连接处 B 点的受力	θ_4	初始举升时,后举升架与电动推杆之间的角度
F_{Dx}	前举升架与车架连接处 D 点 x 方向的受力	θ_5	初始举升时,后举升架与车架之间的角度
L_{AD}	初始举升时 A,D 两点之间的距离	P_M	传送带架前段货物的质量
L_{BD}	初始举升时 B,D 两点之间的距离	F_{Dy}	前举升架与车架连接处 D 点 y 方向的受力

1. 初始位置受力分析

取传送带架为研究对象,如图 2-39 所示为举升机构的初始举升位置受力分析图,此时传送带架的角度为 5°,前举升电动推杆的角度为 $\theta = \theta_1 + \theta_2 + \theta_3 = 19°$。

如图 2-40 所示为初始位置时各构件的受力图,基于朗贝尔原理,构建传送架结构及各部分杆件的初始位置静力学平衡方程。

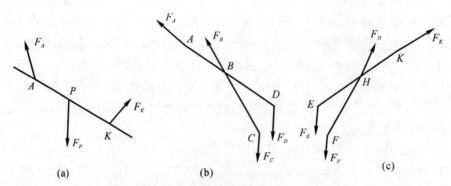

图 2-40 举升机构初始位置各构件受力图
(a)AK 杆受力图;(b) 前举升架受力图;(c) 后举升架受力图

(1) 以传送带架 AK 杆为研究对象,可得

$$\left. \begin{array}{l} \sum M_A = 0 \\ F_{Ky}L_{AK}\cos\theta_1 - PL_{AM}\cos\theta_1 - F_{Kx}L_{AK}\sin\theta_1 = 0 \end{array} \right\} \quad (2-21)$$

$$\left. \begin{array}{l} \sum F_x = 0 \\ -F_A\sin\theta_1 + F_{Kx} = 0 \end{array} \right\} \quad (2-22)$$

$$\left. \begin{array}{l} \sum F_y = 0 \\ F_A\cos\theta_1 + F_{Ky} - P = 0 \end{array} \right\} \quad (2-23)$$

(2) 以前举升架为研究对象,由力矩平衡和受力平衡可得

$$\left. \begin{array}{l} \sum M_B = 0 \\ F_A L_{AB}\cos\theta_2 + F_{Dy}L_{BD}\cos(\theta_1+\theta_2) - F_{Dx}L_{BD}\sin(\theta_1+\theta_2) = 0 \end{array} \right\} \quad (2-24)$$

$$\left. \begin{array}{l} \sum F_x = 0 \\ F_A\sin\theta_1 + F_B\cos(\theta_1+\theta_2+\theta_3) + F_{Dx} = 0 \end{array} \right\} \quad (2-25)$$

$$\left. \begin{array}{l} \sum F_y = 0 \\ -F_A\cos\theta_1 + F_B\sin(\theta_1+\theta_2+\theta_3) + F_{Dy} = 0 \end{array} \right\} \quad (2-26)$$

(3) 以后举升架为研究对象,由力矩平衡和受力平衡可得

$$\left. \begin{array}{l} \sum M_E = 0 \\ F_H L_{EH}\sin\theta_5 - F_{Ky}L_{EK}\cos\theta_4 - F_{Kx}L_{EK}\sin\theta_4 = 0 \end{array} \right\} \quad (2-27)$$

$$\left. \begin{array}{l} \sum F_x = 0 \\ F_{Ex} - F_H\cos(\theta_4+\theta_5) - F_{Kx} = 0 \end{array} \right\} \quad (2-28)$$

$$\left.\begin{array}{l}\sum F_y = 0\\ F_{Ey} + F_H\sin(\theta_4+\theta_5) - F_{Ky} = 0\end{array}\right\} \quad (2-29)$$

通过联立以上方程组,可求得举升机构初始位置各点的受力情况。

2. 举升位置受力分析

当举升架位于最高位置,最前端有货物时,取传送带架为研究对象,如图2-41所示为举升机构的受力分析图。

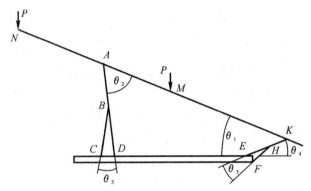

图 2-41 最高位置受力图

(1) 以传送带架 AK 杆为研究对象,可得

$$\left.\begin{array}{l}\sum M_K = 0\\ P_N L_{NK}\cos\theta_1 - F_A L_{AK}\cos\theta_1 - P_M L_{MK}\cos\theta_1 = 0\end{array}\right\} \quad (2-30)$$

$$\left.\begin{array}{l}\sum F_x = 0\\ -F_A\sin\theta_1 + F_{Kx} = 0\end{array}\right\} \quad (2-31)$$

$$\left.\begin{array}{l}\sum F_y = 0\\ F_A\cos\theta_1 + F_{Ky} - P_N - P_M = 0\end{array}\right\} \quad (2-32)$$

式中: P_M——传动带架前端货物的质量。

(2) 以前举升架为研究对象,由力矩平衡和受力平衡可得

$$\left.\begin{array}{l}\sum M_D = 0\\ F_A L_{AD}\cos\theta_2 - F_B L_{BD}\sin\theta_3 = 0\end{array}\right\} \quad (2-33)$$

$$\left.\begin{array}{l}\sum F_x = 0\\ F_A\sin\theta_1 + F_B\cos(\theta_1+\theta_2+\theta_3) + F_{Dx} = 0\end{array}\right\} \quad (2-34)$$

$$\left.\begin{array}{l}\sum F_y = 0\\ -F_A\cos\theta_1 + F_B\sin(\theta_1+\theta_2+\theta_3) + F_{Dy} = 0\end{array}\right\} \quad (2-35)$$

(3) 以后举升架为研究对象,由力矩平衡和受力平衡可得

$$\left.\begin{array}{l}\sum M_E = 0\\ F_H L_{EH}\sin\theta_5 - F_{Ky}L_{EK}\cos\theta_4 - F_{Kx}L_{EK}\sin\theta_4 = 0\end{array}\right\} \quad (2-36)$$

$$\left.\begin{array}{l}\sum F_x = 0 \\ F_{Ex} - F_H\cos(\theta_4 + \theta_5) - F_{Kx} = 0\end{array}\right\} \quad (2-37)$$

$$\left.\begin{array}{l}\sum F_y = 0 \\ F_{Ey} + F_H\sin(\theta_4 + \theta_5) - F_{Ky} = 0\end{array}\right\} \quad (2-38)$$

通过联立以上方程组,可求得举升机构初始位置个点的受力情况。

从计算出的关键点数据可以分析出结构中危险点的位置,在结构设计时对该点进行加强。

2.4.5 行李传送车稳定性设计

设计时如果底盘前、后桥安装有减震装置,应设计液压支腿并且设有安全互锁装置,以防支腿没有完全收起时车辆行驶。

行李传送车在最恶劣的工况,且抗倾翻力矩为1.2倍的倾翻力矩时,应能承受风速不小于75 km/h 的风力冲击,风速按式(2-39)计算。

$$v = \sqrt{\frac{2p}{\rho}} \quad (2-39)$$

$$p = \frac{L}{1.2} \cdot \frac{mg}{S_1 H_1 + S_2 H_2 + S_n H_n} \quad (2-40)$$

式中:v——风速,m/s;

p——风力压强,Pa;

ρ——空气密度,1.293 kg/m³;

L——倾翻力矩,m;

M——整车装备质量,kg;

g——标准重力加速度,9.8 m/s²;

S_1——传送架侧面积,m²;

H_1——传送架侧面形心距地面高度,m;

S_2——驾驶室侧面积,m²;

H_2——驾驶室侧面形心距地面高度,m;

S_n——其他迎风部件侧面积,m²;

H_n——其他迎风部件侧面形心距地面高度,m。

2.5 摆渡车设计

机场摆渡车是一种连接机场内候机厅和远机位飞机的大承载量、低运速的短途运输设备。机场摆渡车主要用于机场乘客的短途转运,多应用于大、中型机场中,机场摆渡车能够在机场航班班次较多且机场廊桥无法满足乘客登机时使用,通过使用机场摆渡车将旅客短途运送至远处停机处进行登机。

由于机场摆渡车的使用范围仅限于机场停机坪,其外形、尺寸不受公路法规限制,所以大多采用前置发动机、前轮驱动和低地板结构形式。目前机场摆渡车从设计和生产过程看,大体可分为三种:第一种是采用重型鞍式牵引头加大型客车车厢组成的半挂系列;第二种是城市大型客车的变形车[见图2-42(a)];第三种是根据机场需要专门设计和制造的摆渡车[见图2-42(b)]。

图2-42 摆渡车类型
(a)大型客车改装的摆渡车;(b)专用设计摆渡车

2.5.1 摆渡车总体设计

机场摆渡车虽然在功能上具有客车的基本功能和性能,但由于其使用环境的特殊性,属于一种典型的专用车辆,不受客车标准法规的一些限制,而是尽可能满足机场客户的特殊需要(例如在车身结构设计上,车身长度可接近14 m,宽度达到3 m)。摆渡车设计开发难度不大,在总体设计上,要求摆渡车基本满足低速(≤25 km/h)、低地板(270~335 mm)、大容量(载客超过130人)和较高的可靠性(每天连续运行14~16 h)。因此对于摆渡车的设计主要考虑其动力性匹配设计和车身结构设计。

1. 摆渡车主要参数的确定

(1)主要尺寸参数。摆渡车主要尺寸参数(见图2-43)包含轴距 L、轮距 b、外廓尺寸(总长 S、总宽 B、总高 H)、前悬 L_F 和后悬 L_R 等参数。

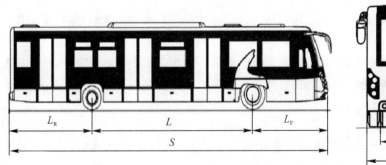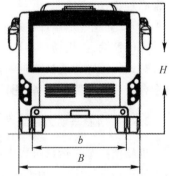

图2-43 摆渡车的尺寸参数图

在设计过程中机场摆渡车应该满足《机场旅客摆渡车》(GB/T 31030—2014)中关于摆渡车尺寸的参数标准要求。为保证摆渡车具有较大的承载空间,一般乘客区面积不小于23 m²,一般外廓尺寸设计远远大于传统客车,但受安全性影响,外廓尺寸应不大于14 000 mm×3 200 mm×4 000 mm。由于摆渡车在机场区间进行服务,行驶路段较为平坦,所以为方便乘客上下车,汽车离地间隙可以适当缩小,但不能小于127 mm,接近角和离去角不能小于4°。

(2)质量参数确定。摆渡车质量参数包括最大载客人数、整车整备质量 m_0、最大总质量 m_a 和轴荷分配。

1)最大载客人数。最大载客人数是指摆渡车的主要性能指标,该指标主要根据客户参数要求进行底盘和车身设计,摆渡车在设计过程中较少地考虑乘客的舒适性,汽车内部设计上站位较多,座位数较少(一般≥6个)。因此,摆渡车设计的最大载客人数一般≥120人。但最大载客人数根据摆渡车最大总质量确定。

2)整车整备质量 m_0。摆渡车整备质量是指装备齐全,加满燃料、液压油、冷却液和制动液的空车质量。

3)最大总质量 m_a。摆渡车最大总质量是指装备齐全,包括驾驶员,并按照规定承载最大载客人数后的全部质量。

4)轴荷分配。根据《机场旅客摆渡车》(GB/T 31030—2014)的要求,机场摆渡车轴荷应当不超过车轴最大设计轴荷,转向轴负荷率应当符合 GB7258 的规定。轮胎的承载能力应当不超过轮胎最大设计载荷,即转向轴轴荷分别与摆渡车总质量的比值应当不小于20%,驱动轴轴荷应当不小于总质量的25%。

(3)动力参数确定。摆渡车由于受机场行驶环境的影响,为保证行驶安全,一般机场允许其行驶安全车速<30 km/h。因此,摆渡车的设计最高车速往往低于60 km/h。在进行动力性匹配设计中,应该保证选用发动机最大功率,在变速器最低挡位下,能够实现摆渡车在满负荷下所需的驱动力要求。

2. 摆渡车其他设计要求

(1)应用方便性设计。由于摆渡车载客量较大,所以要求在设计中主要考虑乘客上、下车方便性设计。根据《机场旅客摆渡车》(GB/T 31030—2014)的要求,摆渡车乘客舱门数量不能少于4个,并采用双边对开门设计,驾驶舱门数量不能少于2个,乘车区高度要求为一级踏步。为考虑乘客多样性,方便照顾老弱病残乘客,要求车门位置附近提供摆放轮椅的位置,并带有固定装置,方便上、下。

(2)安全及警示设计。摆渡车应当在车体顶部至少安装一个黄色警示灯,并且应当在乘客区适当位置设置《机场旅客摆渡车》(GB/T 31030—2014)中要求连通驾驶区的紧急报警,且应当对该装置进行适当防护和标识,防止旅客意外触发。为保障车内乘客的安全,一般摆渡车内乘客区域加装监控设备,用以对机场摆渡车车内乘客情况进行实时监控。

2.5.2 摆渡车动力系统参数设计

机场摆渡车在运行过程中需要考虑到各种复杂恶劣的工况对其造成的影响。因此,在机场摆渡车的设计中,合理地选用机场摆渡车的动力配置,用以满足机场摆渡车大承载需求十分重要。摆渡车动力系统参数设计主要考虑发动机功率的选择和变速器及主减速器传动比的设计。

当摆渡车直线行驶时,通过驱动力与行驶阻力平衡方程,有

$$F_t = F_f + F_i + F_w + F_j \tag{2-41}$$

式中:F_t —— 车辆驱动力;

F_f —— 车辆滚动阻力;

F_i—— 车辆坡度阻力;

F_w—— 车辆行驶空气阻力;

F_j—— 车辆行驶加速阻力。

由于摆渡车主要应用在路面平坦的机坪,所以在摆渡车动力性分析中无须考虑路面坡度阻力。

1. 摆渡车发动机参数选择

摆渡车在平坦路面上运行时,发动机功率主要克服车辆行驶时所受的阻力之和。在不考虑风速影响的情况下,汽车直线行驶的发动机功率满足

$$P_m = \frac{1}{\eta_T}\left(\frac{mgfv_V}{3\,600} + \frac{C_D A v_V^3}{76\,140} + \frac{\delta m v_V}{3\,600} \cdot \frac{dv}{dt}\right) \tag{2-42}$$

式中:P_m—— 发动机功率;

m—— 汽车总质量;

η_T—— 传动系统传动效率;

f—— 滚动阻力系数;

v_V—— 车辆的运行速度,汽车与空气的相对速度为 v_a,当风速为 0 时,$v_V = v_a$;

C_D—— 空气阻力系数;

A—— 迎风面积;

ρ—— 空气密度;

δ—— 汽车旋转惯量换算系数。

摆渡车的最高车速是计算发动机性能参数的重要指标。根据摆渡车设计的最高车速和摆渡车设计的最大总质量等已知参数,当摆渡车达到最高车速时,车辆的驱动力和行驶阻力达到平衡,此时,汽车行驶阻力只有滚动阻力和空气阻力,因此有

$$P_{m\_max} = \frac{1}{\eta_T}\left(\frac{mgf}{3\,600}v_{V\_max} + \frac{C_D A}{76\,140}v_{V\_max}^3\right) \tag{2-43}$$

式中:P_{m_max}—— 发动机最大功率;

v_{V_max}—— 车辆运行的最高速度。

若摆渡车在满载情况下,车辆以 1 挡、最低稳定车速 10 km/h 匀速运行,则可判断摆渡车发动机最大扭矩需求为

$$T_{m\_max} = \frac{r}{i_{g1} i_0 \eta_T}\left(mgf + \frac{100 C_D A}{21.15}\right) \tag{2-44}$$

式中:T_{m_max}—— 发动机最大扭矩;

r—— 车轮滚动半径;

i_{g1}—— 变速器 1 挡传动比;

i_0—— 主减速器传动比。

2. 摆渡车传动比参数选择

摆渡车传动比选择是在选定发动机后,再根据发动机最大转速、扭矩参数和摆渡车的行驶要求进行选定的。

(1)最小传动比选择。最小传动比选择根据已选发动机的最高转速和摆渡车的最高设计车速进行确定,其设计方法为

$$i_g i_0 \leqslant \frac{0.377 n_{\max} r}{v_{V\_\max}} \quad (2-45)$$

式中：$n_{\max}$——发动机最高转速。

（2）最大传动比选择。最大传动比选择根据摆渡车最低稳定车速确定，确保摆渡车在最大载荷下能够以最低稳定车速行驶，其设计方法为

$$i_{g1} i_0 \geqslant \frac{F_{a\max} r}{\eta_T T_{m\_\max}} \quad (2-46)$$

式中：$F_{a\max}$——摆渡车最大负荷下的行驶阻力。

2.5.3 摆渡车车身与底盘布置设计

摆渡车车身一般采用全承载式设计，采用这种设计方式便于满足低入口、低地板设计，满足机场摆渡车设计要求。同时，全承载式设计还可实现提高材料利用率达5%以上，在降低材耗、减轻自重的情况下，全承载车身结构整体抗扭曲强度可提高3~6倍，能有效提高整车抗侧翻能力，提高整车的碰撞安全性。与非全承载式车身相比，全承载车身结构设计空间利用率高，可有效地提高乘客乘坐空间。

1. 摆渡车车身设计

摆渡车全承载式车身结构如图2-44所示，由底架和车身的前后围、左右侧围及顶盖构成一个整体框架，通过各个结点使整车框架前后上下左右相接，形成封闭的力环结构（常在悬架或动力悬置区域局部强化）。由于车轮开口处不能形成封闭，需用轮罩骨架和侧围骨架特别加强，所以轮罩骨架也是重要的承载部件。

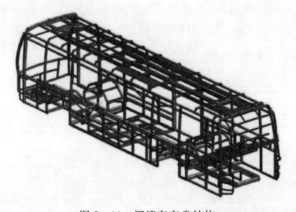

图2-44 摆渡车车身结构

以威海广泰WGBD08型摆渡车（见图2-45）为例，该车采用全承载式桁架结构车身，车身采用异型钢管焊接式。车身两侧设计有6个双外摆乘客门。在乘客上、下车时，全部打开，最大限度减少上车拥堵，缩短乘客上、下车时间。乘客区与驾驶区分隔开来，分别设有空调系统，在乘客区尾部设立单独的空调机舱，很大程度地降低噪声，增加乘客乘坐的舒适度。

（1）侧围骨架设计。侧围总成分左、右两大片，若不考虑右侧带有的前、中、后三门，左、右侧围基本对称。构成一般有窗立柱、乘客门立柱、腰梁、腰梁以下的座椅搁梁和斜撑等。根据参考车身尺寸[车长(14 300 mm)、车宽(3 140 mm)、车高(2 800 mm)]，优先确定车轴位置、

乘客门立柱位置,再按封闭环原则确定窗立柱的位置,且侧窗等分是不优先的,车窗玻璃纵向最大可达 1 400 mm。

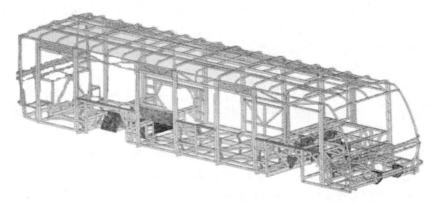

图 2-45　威海广泰 WGBD08 型摆渡车车身结构

车身侧围前、后采用桁架结构来提高整车的抗弯性能;同时摆渡车发生碰撞或侧翻等事故时,窗立柱要承受较大载荷,窗立柱应采用尺寸规格大一些的材料,使其有足够的强度和刚度来确保车内必须的安全空间;立柱与横梁交汇处,立柱要设计成贯通形式。

(2)顶盖骨架设计。顶盖骨架设计主要考虑以下几方面:

1)顶盖骨架一般由顶部贯穿横梁、边纵梁和前后拱顶支撑梁等组成,多采用横纵梁或左右双矩管梁布置。

2)顶梁纵梁适合设计成中间疏、两边密的形式。

3)设计时,尽量保持车顶横梁贯穿车顶不断开,这样可以保持力流的连续性,有利于提高车顶的抗弯、抗扭能力。

4)顶横梁不允许采用双梁并接结构,在保证车顶横梁有足够强度和刚度的条件下,尽量略去其他多余横梁。

(3)前后围设计。摆渡车前、后围骨架设计尽量具有一定的造型曲线,以实现车身的美观性。在设计过程中,在保证强度和刚度的条件下,前、后围骨架尽量设计得简约些,其受载荷较小的立柱也应设计得简单以便于布置。在前、后围设计中,尽可能地把弧杆件设计成平面弧杆件,这样便于加工制作,保证杆件的精度,还有利于降低成本。一般前围骨架设计立柱 2~4根,后围骨架设置 4 根,前围可根据具体情况增加支立柱,横梁设置 3~4 根即可。

(4)车身底架设计。车身底架设计是车身设计工作中最简单的部分,因为基本上不涉及曲线和曲面的内容。车身底架设计遵循总布置所定义的面和线的边界条件,如驾驶区地板高度、乘客区地板高度和车内踏步高度等;遵循结构力学原则,如力的连续传递原则、结构受力件的主次原则。并且,根据座椅的安装和固定方式,合理设计地板骨架结构。

2. 摆渡车底盘布置设计

摆渡车底盘布置一般采用模块化设计,将汽车底盘分为动力总成装配模块、前悬架及驾驶区模块、中部模块和后悬架装配模块。

(1)动力总成装配模块设计。动力总成装配模块一般布置发动机及变速器结构,同一系列、相同结构的动力总成其装配设计尺寸可保持一致,不受其他底盘部件资源影响。在其布置时多体现在前悬设计尺寸的一致性,但不同结构(纵置与横置)或形式(立式与卧式)的动力总成将对结构布置产生一定影响。一般摆渡车动力总成采用纵置布置形式。

(2)前悬架及驾驶区模块设计。前悬架及驾驶区模块主要为满足《机场旅客摆渡车》(GB/T31030—2014)标准的要求,主要满足驾驶员门出口尺寸及驾驶员操作空间布置要求,以及驱动系统布置要求。一般在设计时同一系列或平台产品均可保持一致,不受其他底盘部件资源影响,在其布置时多体现在前悬设计尺寸的一致性。

(3)中部模块设计。中部模块主要为满足车身功能(车身附件及座椅布置等)结构要求及乘客门尺寸布置要求,一般采用低地板布置形式设计,根据不同总体尺寸(轴距)而变化,一般相邻横断面间距尺寸为 1 000~1 500 mm。

(4)后悬架装配模块设计。后悬架装配模块主要为满足悬架装配要求的结构模块,同一系列、相同悬架结构的装配其设计尺寸可保持一致,但不同悬架结构或形式将会使该模块发生较大变化。例如,威海广泰 WGBD08 型摆渡车前、后悬架采用全车 2+4 空气悬架结构,空气悬架可分为三个挡位,使整车具有不同的工作高度,分别为低位、中位和高位。低位也称"屈膝",是指停车时底盘自动降低,以方便旅客上下车,低位时本车地板离地高度仅为 270 mm;中位是正常工作高度,是行车位,地板离地高度为 335 mm;高位用于特殊工况,如进出维修车间、转场等。

复习思考题

2-1 设计牵引车时,质量如何确定?比较有杆式飞机牵引车和无杆式飞机牵引车的区别。

2-2 简述抱轮牵引车和拉轮牵引车的操作流程。

2-3 设计飞机牵引车时,对其传动系统有什么要求?

2-4 飞机除冰车设计的技术指标主要包括哪些方面?

2-5 除冰车加热系统的结构包括哪几部分?

2-6 什么是客梯车的最大举升角?它是如何确定的?

2-7 客梯车举升机构设计参数有哪些?应该如何确定举升机构液压油缸直径?

2-8 客梯车应该如何确定其质心位置?

2-9 行李传送车举升机构由哪几部分组成?

2-10 简述举升力系数对行李传送车结构性能的影响。

2-11 摆渡车如何确定最大和最小传动比?

第 3 章　自卸车辆设计

自卸汽车是利用本车发动机动力驱动液压举升机构,将其车厢倾斜一定角度,使货厢具有自动倾卸货物的功能,并依靠车厢自重使其复位的专用汽车。

自卸汽车主要运输砂、石、土、垃圾、建材、煤、矿石、粮食和农产品等散装并可散堆的货物。其最大优点是实现了卸货的机械化,从而提高卸货效率,减轻劳动强度,节约劳动力。因此得到迅速发展与普及,并日趋完善,成为系列化、多品种的专用车辆。

由于自卸汽车具有卸货机械化的特点,通常又与装载机或皮带运输机配套使用,实现全部装卸机械化,所以可以大大缩短装卸时间,提高运输效率,减轻劳动强度,并可节省大量劳动力。其分类如下。

(1)按用途分类。自卸汽车按用途可分为两大类:一类属于非公路运输用的重型和超重型(装载质量在 2×10^4 kg 以上)自卸汽车,主要承担大型矿山、水利工程等运输任务,通常与挖掘机配套作业,这类汽车又称为矿用自卸汽车;另一类属于公路运输用的轻、中、重型普通自卸汽车,它主要承担砂石、泥土和煤炭等运输任务。

(2)按装载质量级别分类。分为轻型、中型和重型自卸汽车。按我国规定:装载质量在 1×10^3 kg 以上、3×10^3 kg 以下(包括 3×10^3 kg)的称为轻型自卸汽车;装载质量在 3×10^3 kg 以上、不足 8×10^3 kg 的称为中型自卸汽车;装载质量在 8×10^3 kg 和 8×10^3 kg 以上的称为重型自卸汽车。

(3)按卸货方向分类。有后倾式、侧倾式、三面倾卸式、底卸式及货厢升高后倾式等多种类型。其中以后倾式应用最为广泛;在道路狭窄、卸货场地较小的情况下,使用侧倾式自卸汽车比较方便;三面倾卸式和底卸式仅适用于少数特殊场合;货厢升高后倾式适用于货物堆集、变换货位和往高处卸货的场合。

(4)按倾卸机构分类。按倾斜机构不同可分为直推式自卸汽车和连杆-液压缸并用式自卸汽车。直推式自卸汽车是举升液压缸直接推举货厢,使之倾翻卸货的自卸汽车,直推式自卸汽车又可分为单缸式、双缸式及多级缸式三种;连杆-液压缸并用式自卸汽车是举升液压缸通过连杆机构与货厢相连的,举升货厢使之倾翻卸货,它是普通自卸汽车中使用最为广泛的一种形式。

(5)按传动类型分类。根据传动类型不同,自卸汽车分为机械传动、液力机械传动和电传动三种类型。机械传动主要适用于装载质量 3×10^4 kg 以下的自卸汽车,电传动常用于装载质量在 8×10^4 kg 以上的重型自卸汽车。

(6)按货厢结构分类。自卸汽车按底板横断面形状可分为矩形式、船底式和弧底式。按栏板结构分为一面开启式、三面开启式和簸箕式。

3.1 自卸车辆总体设计

3.1.1 整车形式与结构特点

普通自卸汽车一般是在载货汽车的基础上改装而成的,也就是利用载货汽车除货厢以外的各总成(底盘可能稍加改动),附以专门设计的货厢、副车架、液压倾卸机构及其动力传动装置。由载货汽车改装的自卸汽车,由于底盘的整备质量有所增加,其装载质量比原载货汽车稍有减少,而汽车总质量和轴荷分配都要基本上保持原载货汽车的设计要求。

普通自卸汽车的底盘一般为发动机前置、后桥驱动的布置形式。自卸汽车总质量小于 1.9×10^4 kg,一般采用 4×2 驱动形式;总质量超过 1.9×10^4 kg,采用三轴 4×2 或 4×2 的驱动形式。驾驶室为长头或平头形式。

举升机构的动力传动装置从变速器总成的顶部或侧面安装取力器输出动力。取力器直接带动油泵或通过传动轴带动油泵,从而产生液压驱动力。常见的倾卸装置结构如图 3-1 所示,主要由倾卸机构、液压驱动系统和附件系统三部分组成。倾卸机构主要由货厢 13、副车架 10、铰链轴 12 及倾卸杠杆机构 11 等组成;液压驱动系统主要由取力器 3、传动轴 4、液压泵 6、管路系统 8、举升油缸 9 及分配阀 7 等组成;附件系统由安全撑杆、举升限位装置、后厢板自动启闭装置、货厢下落导向板及副车架连接装置等组成。

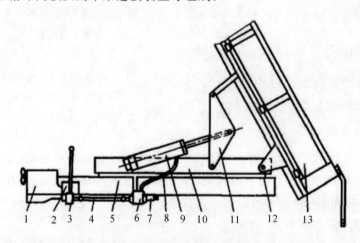

图 3-1 倾卸装置结构
1—发动机;2—变速器;3—取力器;4—传动轴;5—车架;6—液压泵;
7—分配阀;8—油管;9—举升油缸;10—副车架;11—杠杆机构;12—铰链轴;13—货厢

矿用重型自卸汽车由于载重量大、运距短、道路条件恶劣和车速较低等原因,一般不能用普通载货汽车改造,而需要专门设计底盘。整车基本采用短轴距后卸货形式。其驾驶室一般为平头偏置式。单座驾驶室平行布置在发动机的一侧,具有许多优点,如拓宽视野、通风好、便于动力维修和整车面积利用率高等。传动系分为机械传动、液力机械传动或电传动。悬架大多采用钢板弹簧、橡胶悬架或硅油悬架。制动系均为动力制动。其中,中、小吨位车多采用气压制动,大吨位车则多采用油气制动,并已出现先进的高压全液压制动。货厢举升机构普遍采用前端直推式。

3.1.2 整车尺寸参数的确定

自卸汽车主要尺寸参数包括轴距、轮距、外廓尺寸、前悬、后悬、接近角和离去角等,如图 3-2 所示。

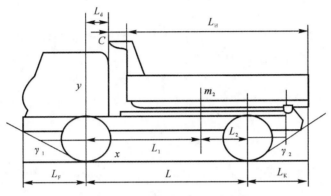

图 3-2 自卸汽车主要尺寸参数

由于自卸汽车多在二类货车底盘上改装而成,因此其轴距 L、轮距 B、前悬 L_F、接近角 γ_1 等参数均可不变。货厢与驾驶室的间距常在 100～250 mm 范围内选取。货厢长度 L_H 应根据额定装载质量和主要运输的货物密度确定。

3.1.3 质量参数的确定

自卸汽车质量参数包括最大装载质量 m_e、整备质量 m_0、最大总质量 m_a、质量利用系数 η_G、容积利用系数 η_V 及质心位置等。

1. 最大装载质量 m_e

此参数根据用途、使用条件、用户要求及所选用底盘允许承载能力综合确定。同时应注意到吨位的合理分档与产品的系列化。目前我国承担公路运输的自卸汽车装载量一般为 $4.5 \times 10^3 \sim 1.9 \times 10^4$ kg;而承担市区或市郊短途运输的自卸汽车最大装载质量多为 $3 \times 10^3 \sim 9 \times 10^3$ kg。

2. 整备质量 m_0

此参数指的是装备齐全并且加满油水的空车质量。它等于底盘的整备质量与汽车改装部分质量(包括取力装置、液压系统、举升机构、副车架、货厢及其他改装附件的质量)之和。在总体设计时,常常根据同类样车及总成来进行零部件称重或质量分析,从而初步估算出改装部分质量和整备质量。

3. 最大总质量 m_a

此参数指的是自卸汽车按规定装满货物、坐满司乘人员的情况下的质量。具体可按下式计算:

$$m_a = m_0 + m_e + m_r \tag{3-1}$$

式中:m_0 —— 自卸汽车整备质量,kg;

m_e—— 最大装载质量,kg;

m_r—— 额定司乘人员质量,可按 65 kg/人计算。

4. 质量利用系数 η_G

质量利用系数为最大装载质量 m_e 与整备质量 m_0 之比,即

$$\eta_G = \frac{m_e}{m_0} \quad (3-2)$$

该系数是一项评价汽车设计、制造水平的综合性指标。质量利用系数越大,表明该车材料消耗少,材料利用率高。提高质量利用系数的主要措施在于设法减轻倾卸机构与货厢质量。因此,新车型设计时,就应力求采用新工艺、新材料和新技术,不断减轻汽车自重,提高性能。承担公路运输 1.5×10^4 kg 以下的中、重型自卸车的质量利用系数为 $1.1 \sim 1.5$;1.5×10^4 kg 以上矿用自卸车的质量利用系数为 $1 \sim 1.15$。改装自卸车的质量利用系数一般均比基本车型低。

5. 容积利用系数 η_V

容积利用系数又称单位容积装载质量,取决于常运货物的种类。其确定原则是,既要充分利用汽车额定载重能力,又要避免在运输密度比较大的货物时出现严重超载。常见散装货物的密度可参考表 3-1。普通自卸汽车的容积利用系数平均为 $1.65 \times 10^3 \sim 1.85 \times 10^3$ kg/m³,矿用重型自卸汽车的容积利用系数平均为 $1.8 \times 10^3 \sim 2.2 \times 10^3$ kg/m³。矿用重型自卸汽车一般都是与电铲配合工作的,其货厢容积应与电铲铲斗容积成一定比例关系。

货物的安息角是指松散物料自然散落形成堆状后堆面的斜坡角,即物料自身之间的摩擦角。货物静止时的安息角为静安息角,货物处于运动状态时的安息角为动安息角。

表 3-1 散装货物的密度和安息角

货物名称	密度 kg/m³	安息角/(°) 运动	安息角/(°) 静止	货物名称	密度 kg/m³	安息角/(°) 运动	安息角/(°) 静止
无烟煤	700~1 000	27~30	27~45	碎石	1 320~2 000	35	—
褐煤	600~800	35	35~55	砾石	1 500~1 900	30	30~45
焦炭	360~630	35	50	黏土(小)	700~1 500	40	50
磁铁矿石	2 300~3 500	30~35	40~45	黏土(湿)	1 700	—	27~45
褐铁矿石	1 200~2 100	30~35	40~45	粗沙(干)	1 400~1 650	30	—
赤铁矿石	2 000~2 800	30~35	40~45	细沙(干)	1 400~1 900	—	50
锰矿石	1 700~1 900	—	35~45	水泥	900~1 700	35	40~45
铜矿石	1 700~2 100	—	35~45	土豆	680	15	—
石灰石	1 200~1 500	30~35	40~45	玉米	—	28	35
生石灰	1 700~1 800	25	40~45	小麦	730	25	35
白云石	1 200~2 000	35	—	甜菜	650	20~50	

6. 质心位置

自卸汽车的质心位置是指满载或空载时整车质量中心位置。由于质心位置对汽车附着性能和稳定性能等具有重要影响,因此是一项重要的指标。质心位置可分为空载质心和满载质心两种。设计时应力求使改装自卸车的质心位置尽量接近原车的质心。质心的计算公式如下。

(1)质心水平位置。质心的水平位置计算:

$$L_1 = \frac{m_2 L}{m_a} \tag{3-3}$$

式中:L——自卸汽车轴距,m;

L_1——质心距前桥水平距离,m;

m_a——自卸汽车最大总质量,kg;

m_2——自卸汽车后桥轴载质量,kg。

(2)质心垂直位置。质心的垂直位置计算:

$$h_g = \frac{\sum m_i y_i}{m_a} = \frac{m_d y_d + \sum m_{iG} y_i + m_e y_e}{m_a} \tag{3-4}$$

式中:m_i——各总成质量,kg;

m_d——底盘质量,kg;

m_{iG}——改装部分各总成质量,kg;

m_e——最大装载质量,kg;

y_d——底盘质心坐标;

y_i——改装部分各总成质量质心坐标;

y_e——装载质量质心坐标。

3.1.4 其他性能参数

1. 货厢最大举升角

货厢最大举升角即货厢最大倾斜角,是指货厢举升至极限位置时,货厢底部平面与地平面之间的夹角。这个参数取决于所运输货物的静安息角的大小。统计资料表明,多数货物的静安息角在40°~45°的范围。因此,为了保证卸货干净,一般自卸车最大举升角常取为50°~60°。此外,还需注意在最大举升角时,货厢后板下垂最低点与地面保持一定卸货高度。

2. 举升时间和降落时间

举升时间是指满载时从举升货厢开始至货厢升到最大举升角所需的时间。降落时间是指空载时货厢从最大举升角位置降至车架上所需的时间。上述两项参数过大将影响运输生产率;过小则增大液压系统的负荷。因此,在一般设计中,举升时间要求为15~25 s,降落时间要求为8~15 s。

3. 自卸汽车行驶与卸货时的稳定性能

行驶稳定性的计算应包括满载上坡不产生后翻的核算,满载下坡制动时不产生前翻的核算,以及满载侧坡直线行驶不产生侧翻的核算。

卸货稳定性的计算应包括在水平路面上倾卸不后翻的校核,以及在自卸汽车最大爬坡度道路上倾卸时,不产生后翻的校核。

3.2 自卸车辆举升机构设计

3.2.1 举升机构的类型与选择

自卸汽车的举升机构均是依靠液压能作为举升动力,由货厢、副车架、货厢铰链、举升油缸及其杠杆系统等组成。根据举升油缸与货厢的连接方式不同,举升机构可分为直推式和油缸与杆系组合式两大类。

1. 直推式

直推式举升机构利用液压油缸直接举升车厢倾卸。该机构布置简单、结构紧凑、举升效率高。但由于液压油缸工作行程长,故一般要求采用单作用多级伸缩式套筒油缸。

直推式举升机构按照油缸与车厢连接点的位置不同可分为前置式与后置式两种,如图3-3所示。按照举升油缸的级数不同可分为单级式与多级式,按照油缸数目不同可分为单缸式与双缸式。

前置式一般采用单缸,后置式既可采用单缸,也可采用并列双缸。在相同举升载荷条件下,前置式需要的举升力较小,举升时车厢横向刚度大,但油缸活塞工作行程长。后置双缸直推式举升机构具有布置简单、结构紧凑、油缸行程小、举升效率高、举升稳定性好和易于加工等众多优点,故应用较广,但举升时横向刚度较差。

采用多级伸缩式油缸制造成本较高、密封性要求也高。

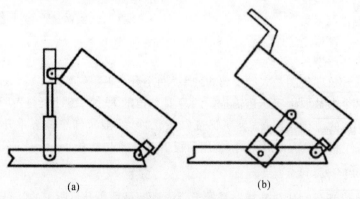

图3-3 直推式举升机构的布置
(a)前置式; (b)后置式

2. 油缸与杆系组合式

连杆组合式举升机构一般由三角臂、副车架和车厢构成的连杆机构与油缸组合而成。此类举升机构具有举升平顺,油缸活塞的工作行程短、活塞行程可成倍增大,举升刚度好,可采用结构简单、密封性好、易于加工的单缸，布置灵活多样等许多优点，因而广泛应用于现代中、轻型自卸汽车。

常用的连杆组合式举升机构如图3-4所示，其布置形式有两种，即油缸前推式（称T式）和油缸后推式（称D式），T式又称马勒里机构，D式又称加伍德机构。以T式和D式连杆组合式举升机构为基础，还可以演变出多种各具特色的组合式举升机构，如油缸前推杠杆组合式、油缸后推杠杆组合式和油缸浮动连杆组合式等。

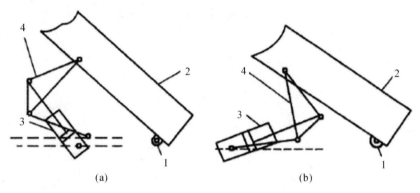

图3-4 连杆组合式举升机构
(a)油缸前推式；(b)油缸后推式
1—铰支座；2—车厢；3—油缸；4—三角臂

直推式和油缸与杆系组合式两大类举升机构各项性能综合比较见表3-2。

表3-2 直推式和油缸与杆系组合式两大类举升机构比较

类别项目	直推式	油缸与杆系组合式	类别项目	直推式	油缸与杆系组合式
结构布置	简便、易于布置	比较复杂	系统密封性	密封环节多，易渗漏，密封性差	密封环节少，不易渗漏，密封性好
系统质量	较小	较大	工作寿命	磨损大，易损坏，工作寿命短	不易损坏，工作寿命长
建造高度	较低	较高	制造成本	较高	较低
油缸加工工艺性	多级缸，加工精度高，工艺性差	单级缸，制造简便，工艺性好	系统倾卸稳定性	较差	较好
油压特性	较差	较好	系统耐冲击性	较好	较差

各类典型自卸汽车举升机构特性比较见表3-3。

在自卸汽车设计中，举升机构选型是一个核心性的问题，必须确保举升力和最大举升角度这两项基本要求。应因车而异，综合考虑选择最适宜的机构形式。在选型中可参考表3-2和表3-3提供的各类举升机构的特性。

表 3-3 各类典型自卸汽车举升机构特性比较

结构形式		车型举例	性能特征	结构示意图
直推式	单缸 前置	斯太尔 1291·280/K38 卡玛斯-5511	结构紧凑、举升效率高、工艺简单、成本较低，采用单缸时横向刚度不足，采用多节伸缩缸时密封性稍差	
	单缸 后置	斯太尔 991·200/K38 CA340		
	双缸	QD351 EQ340		
油缸与杆系组合式	油缸前推连杆组合（马勒里机构）	五十铃 TD50ALCQD QD362	横向刚度好、举升转动圆滑平顺	举升力系数小、省力，油压特性好，但缸摆角大，活塞行程稍大	
	油缸后推连杆组合（加伍德机构）	五十铃 TD50A-D QD352 HF352		转轴反力小，举升力系数大，举升臂较大，活塞行程短	
	油缸前推杠杆组合式	SX360		举升力小，构件受力改善，油缸摆角大	
	油缸后推杠杆组合式	日产 PTL81SD		举升力适中，结构紧凑但布置集中后部，货厢底板受力大	
	油缸浮动连杆组合式（强力型）	YZ-300		油缸进出油管活动范围大，油管长，副车架受力改善，举升力系数较小	
	俯冲式	73型		杆系结构极简单，造价低，但油缸必须增大容量	

3.2.2 举升机构运动与受力分析及参数选择

1. 直推式举升机构分析及参数选择

以东风 HZC3130 型 7 500 kg 自卸汽车为例,其举升机构采用双缸三级直推式举升机构,如图 3-5 所示。

(1)机构运动分析。该车总布置基本参数为最大装载质量 $m_e = 7\,500$ kg,举升总质量 $m_w = 8\,504$ kg,最大举升角 $\theta_{max} = 55°\pm 2°$。用作图法进行机构运动分析,其结果如图 3-5 所示。图中 △OAB 为举升初始位置,其举升总质量质心为 C_0;△OAB′ 为举升终了位置,其举升总质量质心为 C。由总布置获得几何参数 a, b, b_0, L_1。

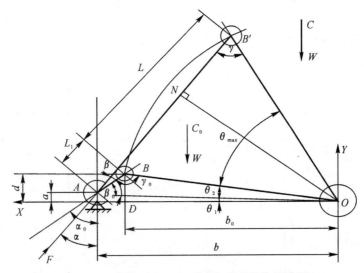

图 3-5 东风 HZC3130 型自卸举升机构运动图

油缸总行程 L 应保证最大举升角 θ_{max} 的设计要求。可根据余弦定理,从 △OAB′ 中解出。

$$L = \sqrt{OA^2 + OB'^2 - 2OA \cdot OB' \cos(\theta_{max} + \theta_2)} - L_1 \quad (3-5)$$

通过几何计算,得 $L = 1\,670$ mm。

根据 $L = 1\,670$ mm,选取油缸型号为 3TG-D100×L1670,其三级行程分别为 $L_1 = 560$ mm,$L_2 = 555$ mm,$L_3 = 555$ mm。

(2)举升机构受力分析与参数选择。自卸汽车的油缸举升力应保证最大举升质量时所需的举升力矩。为此,对东风 HZC3130 型自卸汽车举升机构的最大受力状况(即举升初始状态)进行受力分析,如图 3-6 所示。

通过受力分析求得油缸举升力 F,各级油缸直径 d_1, d_2, d_3,以及各级油缸力矩比系数 η_1,η_2, η_3 等主要参数如下。

1)油缸举升力 F。油缸举升力 F 对货厢翻转中心 O 产生的举升力矩 M_F 与举升总质量 m_w 对 O 点的阻力矩 M_w 应取得平衡,即

$$M_F = M_W \quad (3-6)$$

油缸举升力矩为

$$M_F = F \cdot OA \sin\beta \quad (3-7)$$

最大举升阻力矩为

$$M_{\text{W}} = m_{\text{w}} g X_{\text{Wi}} \tag{3-8}$$

代入式(3-6)得

$$F \cdot OA \sin\beta = m_{\text{w}} g X_{\text{Wi}}$$

油缸举升力为

$$F = \frac{X_{\text{Wi}}}{OA \sin\beta} m_{\text{w}} g \tag{3-9}$$

式中：m_{w}——举升总质量，等于最大装载质量与货厢质量 m_{s} 之和，本例中 $m_{\text{w}} = m_{\text{e}} + m_{\text{s}} = 8\,504$ kg；

X_{Wi}——质心至翻转中心水平坐标，它是随货厢举升角 θ 变化的函数，当 $\theta = 0°$ 时，X_{Wi} 为最大值，本例中 $X_{\text{Wmax}} = OC' = 1.7$ m；

β——油缸轴心线与底座 OA 的夹角，因为在举升过程中 β 为变量，所以油缸举升力也随之成为变量。

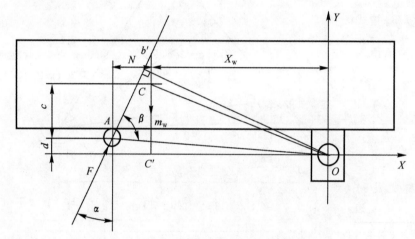

图 3-6 HZC3130 型自卸汽车举升机构受力分析图

2) 油缸直径的确定。油缸举升力与油缸直径的关系式为

$$F = \frac{\pi d_i^2}{4} p \tag{3-10}$$

式中：p——液压系统最大工作压强，本例中取 $p = 10$ MPa。

将式(3-10)代入式(3-9)，即可求得各级油缸之最小直径：

$$\frac{\pi d_i^2}{4} p = \frac{X_{\text{Wi}}}{OA \sin\beta} m_{\text{w}} g$$

因此有

$$d_i = \sqrt{\frac{4 X_{\text{Wi}} m_{\text{w}} g}{\pi OA \sin\beta p}} \tag{3-11}$$

按式(3-11)可以计算出各级油缸的最小直径，然后再通过标准化来选定油缸直径系列为 $d_1 = 100$ mm，$d_2 = 80$ mm，$d_3 = 60$ mm。

由式(3-10)计算出各级油缸初举升力分别为

$$F_1 = \frac{\pi d_1^2}{4}p = 7\,850 \text{ N}$$

$$F_2 = \frac{\pi d_2^2}{4}p = 5\,024 \text{ N}$$

$$F_3 = \frac{\pi d_3^2}{4}p = 2\,826 \text{ N}$$

3) 各级油缸力矩比系数。各级油缸刚刚要伸出时候的力矩比系数等于相应的举升力矩与阻力矩之比：

$$\eta_i = \frac{M_{Fi}}{M_{Wi}} \tag{3-12}$$

举升力矩 M_{Fi} 按式(3-7)求得：

$$M_{F1} = F_1 \cdot OA\sin\beta_1 = 13\,700 \text{ N}\cdot\text{m}$$
$$M_{F2} = F_2 \cdot OA\sin\beta_2 = 9\,000 \text{ N}\cdot\text{m}$$
$$M_{F3} = F_3 \cdot OA\sin\beta_3 = 4\,860 \text{ N}\cdot\text{m}$$

阻力矩 M_{Wi} 按式(3-8)求得：

$$M_{Wi} = m_W g X_{Wi} = m_W g X_{W\max}\cos\theta$$

所以

$$M_{W1} = 14\,460 \text{ N}\cdot\text{m}$$
$$M_{W2} = 13\,760 \text{ N}\cdot\text{m}$$
$$M_{W3} = 9\,500 \text{ N}\cdot\text{m}$$

代入式(3-12),得

$$\eta_1 = 1.89,\ \eta_2 = 1.31,\ \eta_3 = 1.02$$

计算结果见表 3-4。

表 3-4　东风 HZC3130 型举升机构特性参数汇总表

	名　称	符　号	计　算　结　果			
运动参数	货厢举升角	$\theta/(°)$	0	17.81	35.85	55
	油缸与底座夹角	$\beta/(°)$	69.65	74.86	67.61	58.77
	油缸行程	L/mm	0	560	1 115	1 670
	各级缸径	d/mm	100	80	60	
力学参数	各级油缸初举	F/N	78 500	50 240	28 260	
	升力举升力矩	$M_F/(\text{N}\cdot\text{m})$	13 700	9 000	4 846	
	力矩比系数	η	1.89	1.31	1.02	

2. T 式举升机构的运动与受力分析及参数选择

T 式举升机构应用逐渐广泛,其具有省力、油压特性好、液压系统压力随举升角变化平缓等优点。但是它也有油缸摆角大、油缸行程大等缺点。下面以 HT2310D 型 2 t 小型自卸汽车为例,运用作图法与分解法来进行 T 式举升机构运动与受力分析,如图 3-7 所示。

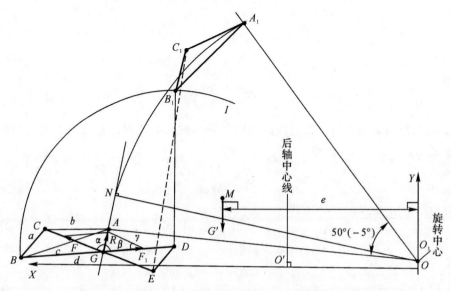

图 3-7 HT2310D 型自卸车 T 式举升机构运动与受力分析

首先用作图法初定各铰支点坐标及油缸行程 L，作为初步设计的参数。然后通过解析法精确计算各坐标随举升角变化的函数关系，从而求解出倾翻力 R、油缸举升力 F 和拉杆受力 F_1 等。

(1) 作图法。

1) 确定原始参数。最大装载质量 $m_e = 2\,000$ kg，最大举升角 $\theta_{max} = 50°$。

初定三角臂三边长度 a,b,c 及拉杆长度 d。既要考虑三角臂对运动的放大作用，又要适当控制活塞行程。因此，确定三角臂的三边比例关系约为 $a:b:c = 1.5:3:4$。

2) 建立坐标系。将中心 O_1 在大梁上平面内的投影 O 作为坐标原点，将货厢翻转中心 O_1 选在靠近后悬架后支座点上方附近。X 轴沿大梁上平面并指向汽车的前进方向。

3) 确定三角臂与货厢的连接铰点 A 的坐标。选取 X_A 主要考虑三角臂合适的布置空间，避免三角臂最前端点 B 与变速器及取力器总成可能发生干涉。在保证此条件的情况下，应尽可能选取较大的 X_A 值，从而增大举升力臂 ON。在不与货厢底部产生干涉的前提下，选取 Y_A 为机构允许的最大值。

4) 确定油缸固定铰支点 E 及拉杆固定铰支点 D 的坐标。E,D 两点坐标决定油缸作用力 F 及拉杆作用力 F_1 的作用线位置。确定的原则为，在铰支点安装结构允许的前提下尽可能拉开两点的间距，从而尽可能减小 $(\alpha+\beta)$，以使 F 与 F_1 形成更大的合力 R。

5) 确定油缸行程。油缸行程也就是举升最高位置与原始位置油缸实际伸出总长度之差。因此，需要通过作图法来作出三角臂举升的最高位置。

A. 将 O_1A 绕旋转中心 O_1 转 $\theta_{max}=50°$ 至 O_1A。

B. 以 A_1 为圆心、c 为半径作弧，以 D 为圆心、BD 为半径作 BI 弧，两弧交 B_1 点。

C. 分别以 A_1，B_1 为圆心，b,a 为半径作弧，得到交点 C_1 高举升位置。$\triangle A_1B_1C_1$ 即为三角臂的最高举升位置。

D. 连接 EC_1，即油缸活塞杆最大伸出长度。$EC_1 - EC = L$，本例中 $L = 550$ mm。

(2) 解析法。T 式举升机构运动与受力的解析分析如图 3-8 所示。

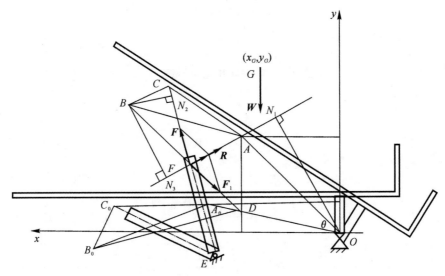

图 3-8 T 式举升机构解析法分析

1) 求解 A 点坐标 (x_A, y_A):

$$\left. \begin{array}{l} x_A = x_{A_0}\cos\theta - y_{A_0}\sin\theta \\ y_A = x_{A_0}\sin\theta + y_{A_0}\cos\theta \end{array} \right\} \quad (3-13)$$

式中: x_{A_0}, y_{A_0} —— 当 $\theta = 0°$ 时的 A_0 点坐标值。

同理可求得举升质量的质心 G 点的坐标:

$$\left. \begin{array}{l} x_G = x_{G_0}\cos\theta - y_{G_0}\sin\theta \\ y_G = x_{G_0}\sin\theta + y_{G_0}\cos\theta \end{array} \right\} \quad (3-14)$$

2) 求解举升角 θ 时的 B 点坐标。已知 (x_A, y_A),(x_D, y_D),$AB = c$,$DB = d$,故 (x_A, y_A) 可从式(3-15)求解:

$$\left. \begin{array}{l} (x_B - x_D)^2 + (y_B - y_D)^2 = d^2 \\ (x_B - x_A)^2 + (y_B - y_A)^2 = c^2 \end{array} \right\} \quad (3-15)$$

3) 求解举升角 θ 时的 C 点坐标。已知 (x_A, y_A),(x_B, y_B),$BC = a$,$AC = b$,故 (x_C, y_C) 可从式(3-16)求解:

$$\left. \begin{array}{l} (x_C - x_B)^2 + (y_C - y_B)^2 = a^2 \\ (x_C - x_A)^2 + (y_C - y_A)^2 = b^2 \end{array} \right\} \quad (3-16)$$

4) 求解 BD 与 CE 的交点 F 的坐标。

A. 直线 BD 的方程。

已知 (x_B, y_B) 及 (x_D, y_D)

得

$$(y_B - y_D)x - (x_B - x_D)y + y_B(x_B - x_D) - x_B(y_B - y_D) = 0 \quad (3-17)$$

B. 直线 CE 的方程。

已知 (x_C, y_C) 及 (x_E, y_E)

得

$$(y_C - y_E)x - (x_C - x_E)y + y_C(x_C - x_E) - x_C(y_C - y_E) = 0 \quad (3-18)$$

C. 求交点 F 坐标。

将式(3-17)与式(3-18)联立求解，即可求出(x_F, y_F)。

5) 求翻倾力 R。取货厢为分离体，对翻转中心 O 取矩：

$$\sum M_O = 0$$

即

$$R \cdot ON_1 = W_{x_G}$$

式中：$W_{x_G} = m_W g$，m_W 为举升总质量，kg。

因此

$$R = \frac{x_G}{ON_1} W \quad (3-19)$$

$$ON_1 = \frac{|y_F(x_A - x_F) - x_F(y_A - y_F)|}{\sqrt{(y_F - y_A)^2 + (x_F - x_A)^2}} \quad (3-20)$$

6) 求油缸举升力 F。取三角臂 ABC 为分离体，对 B 点取矩：

$$\sum M_B = 0$$

即

$$F \cdot BN_2 = R \cdot BN_3$$

因此

$$F = \frac{BN_3}{BN_2} R \quad (3-21)$$

$$BN_3 = \frac{|x_B(y_A - y_F) + y_B(x_F - x_A) + y_F(x_A - x_F) - x_F(y_A - y_F)|}{\sqrt{(y_F - y_A)^2 + (x_F - x_A)^2}} \quad (3-22)$$

$$BN_2 = \frac{|x_B(y_E - y_C) + y_B(x_C - x_E) + y_C(x_E - x_C) - x_C(y_E - y_C)|}{\sqrt{(y_C - y_E)^2 + (x_C - x_E)^2}} \quad (3-23)$$

7) 求拉杆拉力 F_1。由于 F_1 与 F，R 三汇交力系平衡且已知 F，R，所以 F_1 可以求出。

8) 从不同 θ 值中求出 F_{max} 及 F_{1max} 作为零件设计强度计算载荷。

3. D 式举升机构的运动与受力分析及参数选择

(1) 举升机构的特点及工作原理。该机构具有后铰支轴轴向反力小、举升力系数大、活塞行程短和举升臂放大系数大等优点。但其同时也具有三角臂机构庞大、货厢受力点偏后因而受力欠佳的缺点。D 式举升机构的工作原理如图 3-9 所示。

工作时，活塞杆 OB 伸长，从而推动三角臂 ABC 与拉杆 OA 一边旋转一边升高。三角臂通过铰接点 C 使货厢绕后铰接点 K 翻转，来实现货厢举升卸货。货物卸完后，液压操纵手柄扳到下降位置，货厢在自重的作用下使油缸回油并复位。

(2) 受力分析。如图 3-10 所示，后推式连杆放大举升机构的油缸推力 P 通过三角臂 DBK 间接作用到货厢上。油缸两端通过铰链 A，B 分别与车架、三角臂相连。拉杆两端通过铰链 A，K 分别与车架、三角臂相连。三角臂通过铰链 D 与货厢相连。

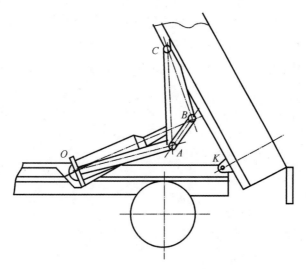

图 3-9 D 式举升机构示意图

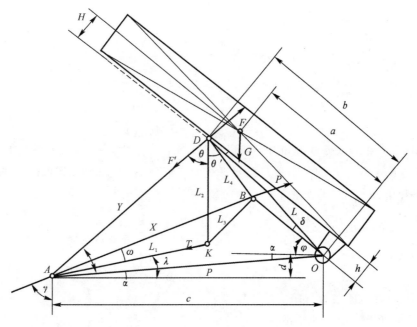

图 3-10 D 式举升机构受力分析

由图 3-10 可知：

$$OD = L = \sqrt{h^2 + b^2}, \quad OA = \rho = \sqrt{d^2 + c^2}$$

$$\tan\delta = \frac{h}{b}, \quad \tan\alpha = \frac{d}{c}$$

式中：L——铰点 D, O 间距离，mm；

ρ——铰点 A, O 间距离，mm；

δ——OD 与货厢底面夹角，mm；

α——OA 与大梁平面夹角，°。

1) 三角臂对货厢举升力 F 的计算。以三角臂为分离体,作用于其上的三个力 F', F 与 T 构成平面汇交力系,因此三力作用线必通过 A 点,且 $F'=F$。

再以货厢为分离体,忽略各铰链处摩擦阻力矩,对铰点 O 取矩,即 $\sum M_O = 0$,则

$$F = \frac{Ga\cos\varphi - G(H+h)\sin\varphi}{(b\sin\varphi + h\cos\varphi)\cos(\beta+\alpha) + (b\cos\varphi - h\sin\varphi)\sin(\beta+\alpha)} \quad (3-24)$$

式中:G—— $G = m_W g$,m_W 为货厢和货物总质量,kg;
β—— 推力 FOA 与 FOA 夹角,即 $\angle DAO$;
φ—— 货厢举升角。

在 $\triangle AOD$ 中,$Y^2 = L^2 + \rho^2 - 2L\rho\cos(\varphi + \alpha + \delta)$

得

$$Y = \sqrt{L^2 + \rho^2 - 2L\rho\cos(\varphi + \alpha + \delta)} \quad (3-25)$$

又有

$$\frac{L}{\sin\beta} = \frac{Y}{\sin(\varphi + \alpha + \delta)}$$

得铰点 A,D 间距离:

$$Y = \frac{L\sin(\varphi + \alpha + \delta)}{\sin\beta} \quad (3-26)$$

因此

$$\beta = \arcsin\frac{L\sin(\varphi + \alpha + \delta)}{\sqrt{L^2 + \rho^2 - 2L\rho\cos(\varphi + \alpha + \delta)}} \quad (3-27)$$

由式(3-24)和式(3-25)可知对于任意一个给定的货厢举升角 φ,都可由上述公式求出三角臂所能产生的举升力 F 的大小和 F 与水平线的夹角 $(\beta+\alpha)$。同时,还可以由式(3-26)计算出每一举升角 φ 所对应的 Y 值。

2) 油缸行程计算。在 $\triangle DAK$ 中,$L_1^2 = L_2^2 + Y^2 - 2L_2 Y\cos\theta$

得

$$\theta = \arccos\frac{L_2^2 + Y^2 - L_1^2}{2L_2 Y} \quad (3-28)$$

式中:L_1—— 拉杆 AK 长度,mm;
L_2—— 三角臂 DK 边长,mm;
θ—— 推力 F 与 DK 夹角,°。

又

$$L_2^2 = L_1^2 + Y^2 - 2L_1 Y\cos\beta' \quad (3-29)$$

得

$$\beta' = \arccos\frac{L_1^2 + Y^2 - L_2^2}{2L_1 Y}$$

式中:β'—— 推力 F 与拉杆夹角,°。

在 $\triangle ABD$ 中,$X^2 = Y^2 + L_4^2 - 2L_4 Y\cos(\theta + \theta')$

因此铰点 A,B 间距离:

$$X = \sqrt{Y^2 + L_4^2 - 2L_4 Y\cos(\theta + \theta')} \tag{3-30}$$

式中：θ'——三角臂结构参数，即 $\angle BDK$；

L_4——三角臂 DB 边长，mm。

由式(3-28)和式(3-30)可求出每一举升角所对应的 X 值。如果设最小举升角对应油缸长为 X_1，最大举升角对应油缸长为 X_2，则油缸的行程 S 为

$$S = X_2 - X_1 \tag{3-31}$$

3) 油缸推力计算。在 $\triangle ABK$ 中，有

$$L_3^2 = X^2 + L_1^2 - 2XL_1\cos\omega \tag{3-32}$$

$$\omega = \arccos\frac{X^2 + L_1^2 - L_3^2}{2XL_1} \tag{3-33}$$

式中：L_3——三角臂 BK 边长，mm；

ω——油缸推力 F_1 与拉杆夹角，°。

以三角臂为分离体，忽略各铰链处摩擦阻力矩，对 K 点取矩，即

$$\sum M_K = 0$$

则

$$F'L_1\sin\beta' = F_1 L_1\sin\omega$$

由于

$$F' = F$$

得

$$FL_1\sin\beta' = F_1 L_1\sin\omega$$

所以

$$F_1 = F\frac{\sin\beta'}{\sin\omega} \tag{3-34}$$

式中：F_1——油缸对三角臂的推力，N；

F——拉杆对三角臂拉力，N。

油缸与垂线夹角为

$$\gamma = 90° - \alpha - \beta + \beta' - \omega \tag{3-35}$$

由式(3-34)和式(3-35)即可求出油缸推力 F_1 和油缸与垂线夹角 γ。

4) 拉杆拉力计算。以三角臂为分离体，在忽略各个铰链处摩擦阻力矩的情况下对 B 点取矩，即

$$\sum M_B = 0$$

则

$$F'X\sin(\beta' - \omega) = TL_1\sin\omega$$

又由于

$$F' = F$$

所以

$$T = F\frac{X\sin(\beta' - \omega)}{L_1 \sin\omega} \tag{3-36}$$

T 与水平面夹角：

$$\lambda = \alpha + \beta - \beta' \tag{3-37}$$

由式(3-36)和式(3-37)即可求出拉杆拉力 T 和相应的夹角 λ。

现在对于每一个给定的货厢举升角 φ，都可以求出货厢翻倾力 F、油缸推力 F_1、拉杆拉力 T、油缸行程 S 以及油缸与垂线夹角 γ 等。根据这些数据，可进行机构的设计、零件的强度校核以及液压系统选型设计。

如图 3-11 所示为东风 HQC3092 型自卸车 D 式举升机构设计实例。

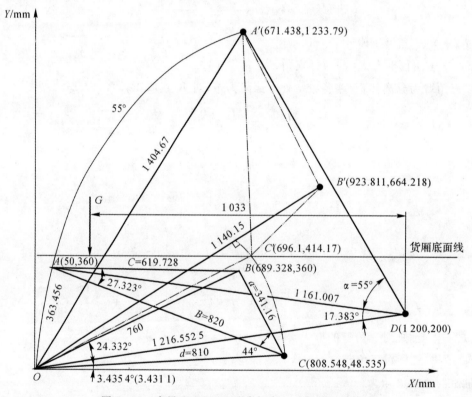

图 3-11 东风 HQC3092 型自卸车 D 式机构运动图

3.3 自卸车辆液压系统设计

自卸汽车的液压系统由三部分组成，即动力部分、操纵部分和执行部分，如图 3-12 所示。

(1)动力部分主要有取力器、油泵及连接两者的传动机构。

(2)操纵部分用来控制举升油缸实现车厢倾翻，它应具有举升、举升中停、降落、降落中停 4 个动作。其控制阀多采用三位四通阀，操纵控制阀的方式有手动机械杠杆式、手动液压伺服式和气动操纵式 3 种。

(3)执行部分包括举升油缸和货厢等。

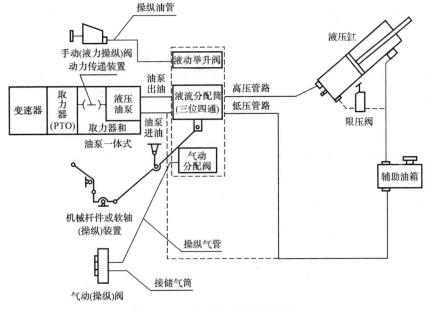

图 3-12 自卸汽车的液压系统

3.3.1 液压系统结构布置

典型的中、小型自卸车液压系统的结构布置如图 3-13 所示。该系统由液压能产生部件、工作部件与操纵控制部件三大部分组成。

(1) 液压能产生部件包括取力器 2、油泵及单向阀 3、油箱 7 及油泵传动机构。取力器通常与变速器直接安装成一体。油箱的安装位置则比较灵活,主要视副车架与货厢间的空间便于安装维护液压管路系统并尽量缩短油管长度。

(2) 工作部件包括液压分配阀、限位阀及操作系统。

(3) 操纵控制部件多安装在汽车前部的驾驶室内部或后部,既要方便操纵与维护,又要减少管路的迂回。

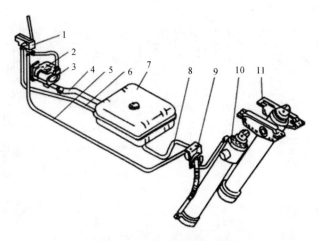

图 3-13 自卸车液压系统结构布置

1—转阀;2—取力器;3—油泵及单向阀;4—进油管;5—高压油管;
6—低压油管;7—油箱;8—低压回油管;9—分流块;10—油缸;11—油缸支座

3.3.2 液压举升机构操纵方式的选择

液压分配阀是控制系统的核心,分为滑阀和转阀两大类。转阀多用于低压、小流量的轻、中型自卸车上。分配阀又分为常开式和常压式两种,常开式分配阀在车厢不举升时,油泵的压力油经分配阀后又返回油箱,在系统中不产生高压,因此可减轻油泵磨损,并可防止自卸车在行驶中意外举升货厢造成事故,故常开式分配阀在自卸车上应用最广。分配阀选择的依据是液压系统的额定工作压力和流量,同时应与选定的操作方式相适应。

分配阀操作机构的形式有机械操纵式、液压操纵式和气动操纵式,以气动操纵式应用最广。

(1)机械操纵式。驾驶员通过机械杠杆或钢丝软轴直接拨动液压分配阀实现换向。这种操纵方式可靠性好、通用性强、维修方便,但是它杆件较多、布置复杂。对于可翻转式驾驶室不宜采用这种操纵方式。

(2)液压操纵式。通过手动液压操纵阀建立油压来打开或关闭液动举升阀实现换向,实现车厢的举升和下降。此种阀没有中停位置,故必须切断油泵动力才能实现中停。液压操纵式方向控制阀的优点是可实现远距离控制,操纵可靠,在我国引进生产的斯太尔重型自卸车上大都采用了此种操纵系统。其不足之处是反应较慢,没有中停位置。

(3)气动操纵式。利用汽车储气筒的压缩空气,通过气动操纵阀控制操纵气管,驱动气动分配阀上的气缸工作,实现分配阀换向,使车厢实现举升、下降和中停。该系统操纵简便、功能齐全、反应灵敏、结构先进,因此广泛应用于中、重型具备气源的自卸汽车。它的缺点是气动转化成液动需要两套管路,维修麻烦。操纵方式选择以后就可选择合适的液压方向控制阀,该阀通常采用三位四通阀。

3.3.3 液压举升机构的工作原理

图3-14为某一黄河牌自卸汽车所采用的液压举升系统原理图。该系统由手动气阀液压油泵、气控举升阀、举升缸、限位阀及管路等组成。

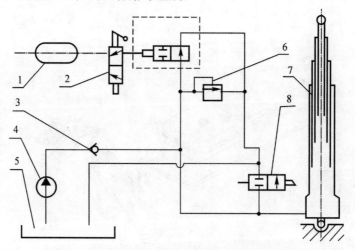

图3-14 黄河牌自卸汽车液压举升系统原理图
1—汽车储气筒;2—手动气阀;3—单向阀;4—油泵;5—油箱;6—气控举升阀;7—举升缸;8—限位阀

(1) 准备(空载)。先使自卸车处于驻车制动状态,并将变速器置于空挡。启动发动机,踩离合器结合取力器使油泵进入工作状态。此时液压油经油泵、单向阀和气控举升阀流回油箱。

(2) 举升。取力器与油泵仍处于结合状态,油泵继续工作。拧动手动气阀使汽车储气筒中高压气体操纵气控举升阀,使之关闭,此时举升油路为油箱5→油泵4→单向阀3→三通→举升缸7,从而实现举升。当车厢举升至极限位置时,油缸达到最大行程,油缸角度的变化将顶动限位阀,将高压油路与限位阀回油路接通而卸荷,油泵空载,举升停止,货厢处于举升最高位置。

(3) 举升中停。在举升状态下只能将取力器与油泵4分离,切断动力,这时液压油被锁死在举升缸下腔的管路中,使车厢可保持在任意举升位置,实现举升中停。

(4) 降落。将取力器与油泵4分离,切断动力,然后拧动手动气阀使储气筒中高压气体卸压,气控举升阀6常通,则举升缸靠车厢重力将其腔下的液压油通过举升阀6流回油箱5。

(5) 降落中停。在降落状态下(此时取力器与油泵为分离状态),拧动手动气阀使储气筒中高压气体将气控举升阀6关闭,则液压油又被锁死在举升缸下腔的管路中,使车厢可保持在任意降落位置,实现降落中停。

如图3-15所示为另外一种自卸汽车液压系统的工作原理图,这种结构多用于国产5 t自卸汽车。该系统由取力器、油泵、液压控制阀、油缸、限位阀、油箱、操纵系统及管路等组成。与上述黄河牌自卸汽车所用液压系统的不同之处在于其液压操纵方式的不同,该系统采用的是液压操纵方式,即通过手动转阀建立油压来打开或关闭液动举升阀实现换向。

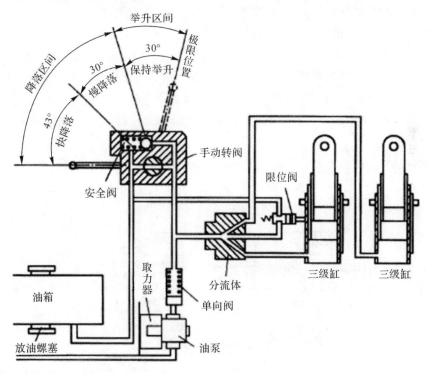

图3-15 5 t自卸汽车液压举升系统原理图

该型国产5 t自卸汽车的工作原理如下。

(1) 空载。将转阀手柄置于水平初始位置。启动发动机,结合取力器使油泵进入工作状态。此时液压油经油泵、单向阀和液压换向阀流回油箱。

(2) 举升。将转阀手柄逐渐向上转动,关闭换向阀。此时从油泵经单向阀来的高压油,经分流体后分别进入左、右油缸实现举升。油缸举升到最大行程时拨动限位阀,将高压油路与回油路接通而卸荷,举升停止,货厢处于举升最高位置。

(3) 保持。将转阀手柄置于"保持举升区间",并切断取力器停止油泵工作。此时压力油被锁死在油缸内,可按需使货厢处于任意举升位置并保持。

(4) 降落。降落分缓慢降落与快速降落。将转阀手柄推至慢落位置,回油路仅部分打开,实现车厢缓慢降落。若将转阀手柄推到底,则回油路被全部打开,油缸下腔油液经分流体向油箱快速回油。

3.3.4 液压系统主要元件的性能参数计算与选型

自卸车所采用的油缸、油泵和液压阀等液压系统元件均为高度标准化、系列化与通用化,且由专业化液压件厂集中生产供应。因此在自卸车改装设计中只需进行液压元件选型计算。其主要内容包括油缸的直径与行程,油泵的工作压力、流量、功率,以及油箱容积与管路内径等。

1. 油缸选型与计算

油缸是液压系统的执行元件,自卸车所采用的油缸一般为活塞式和浮柱式两类。活塞式均为单向作用,其特点是缸体长度大、伸缩长度小、使用油压低(一般不超过 14 MPa)。浮柱式为多级伸缩式油缸,一般有 2~5 个伸缩节,其结构紧凑,并具有短而粗、伸缩长度大、使用油压高(可达 35 MPa)、易于安装布置等优点。浮柱式油缸又分为单向作用式与双向作用式。直推式举升机构多采用单向作用式多级油缸;而杆系组合式举升机构多采用单向作用式单级油缸。

图 3-16 和图 3-17 分别为单向作用式单级油缸和单向作用式多级浮柱式油缸的典型结构。

举升油缸选型主要依据是自卸车举升机构所需的最大举升力 F_{max} 和最大举升角 θ_{max}。根据最大举升力 F_{max} 可计算确定油缸缸径,根据最大举升角 θ_{max} 可以确定油缸的工作行程。

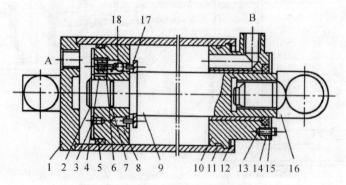

图 3-16 单向作用式单级油缸结构

1—缸筒;2,12—挡圈;3—压板;4—弹簧座;5—Y 形垫圈;6—弹簧;7,11—O 形密封圈;8—活塞;9—活塞杆;10—油缸端盖;13—油封;14—紧固螺栓;15—油封端盖;16—连接头;17—限位盘;18—限位阀钢球

第3章 自卸车辆设计

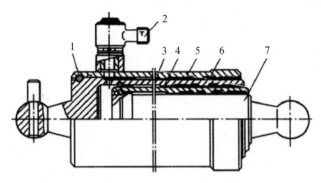

图 3-17 单向作用式多级浮柱式油缸结构
1—钢丝锁止环；2—管接头；3—第一节油缸；4—第二节油缸；5—第三节油缸；6—密封圈；7—柱塞

(1) 举升油缸缸径。举升机构最大举升力计算方法为

$$F_{\max} \leqslant p \frac{\pi d^2}{4} \eta \quad (\text{N}) \tag{3-38}$$

式中：η——液压系统效率，通常按 $\eta = 0.8$；

p——液压系统额定工作压力，MPa，可按 10 MPa，13.6 MPa，15.7 MPa，20.6 MPa，35 MPa 等档次选取，p 越高，对密封性要求越高，成本亦随之上升；

d——举升油缸活塞直径，m。

举升油缸缸径的计算方法为

$$d \geqslant \sqrt{\frac{4 F_{\max}}{p \pi \eta}} \tag{3-39}$$

(2) 举升油缸最大工作行程。油缸最大工作行程 L 可根据举升机构选型及设计的内容（前已述及）确定，即

$$L = S_{\max} - S_0 \tag{3-40}$$

式中：$S_{\max}$——举升油缸在最大举升角 $\theta_{\max}$ 时，油缸两铰支点间距离，m；

S_0——举升油缸在举升角 $\theta = 0°$ 时，油缸两铰支点间距离，m。

2. 油泵选型计算

自卸车常用油泵有齿轮式油泵与柱塞式油泵两类。齿轮泵多为外啮合式下齿轮泵，比柱塞泵流量大但油压低。柱塞泵最大的特点是油压高（油压范围为 16～35 MPa）且在最低转速下仍能产生全油压，故可缩短举升时间。一般中、轻型自卸车上多采用齿轮泵，常用系列有 CB，CBX，CG，CN 等；重型自卸车常采用柱塞泵。

(1) 油泵工作压力 p。

$$p = \frac{F_{\max}}{10^6 A} \quad (\text{MPa}) \tag{3-41}$$

式中：$F_{\max}$——油缸最大举升力，N；

A——油缸横截面积，m^2。

(2) 油泵理论流量 Q_T。

$$Q_T = \frac{60\Delta V}{\eta_V t} \quad (\text{L/min}) \tag{3-42}$$

式中：ΔV—— 油缸最大工作容积，$\Delta V = (S_{max} - S_0)\frac{\pi d^2}{4} \times 10^6$，L；

t—— 举升时间，s，一般要求 $t < 20$ s；

η_V—— 油泵容积效率，$\eta_V = 0.85 \sim 0.9$。

(3) 油泵排量 q。

$$q = \frac{Q_T}{n_e} \times 10^6 \quad (\text{mL/r}) \tag{3-43}$$

式中：Q_T—— 油泵流量，L/min；

n_e—— 油泵额定转速，r/min。

(4) 油泵功率 N。

$$N = \frac{pQ_e}{\eta_t} \quad (\text{W}) \tag{3-44}$$

式中：p—— 油泵最大工作压力，Pa；

Q_e—— 油泵额定流量，m^3/s；

η_t—— 油泵总效率，$\eta_t = 0.8$。

在液压油泵的排量 q 和流量 Q_T、额定转速 n_e 和液压系统最高工作压力 p 确定后，即可根据这些参数从标准油泵系列中进行油泵的选型。

3. 油箱容积与油管内径计算

(1) 油箱容积 V 的计算。一般要求油箱容积 V 不得小于油缸全部工作容积 ΔV 的 3 倍，即

$$V \geqslant 3\Delta V \tag{3-45}$$

(2) 油管内径计算。根据流量和流速的关系式：

$$\frac{Q_T \times 10^6}{60} = \frac{\pi d^2}{4} \times v \times 10^3$$

得高压管路内径：

$$d_1 \geqslant 4.6\sqrt{\frac{Q_T}{v_1}} \quad (\text{mm}) \tag{3-46}$$

式中：Q_T—— 油泵理论流量，L/min；

v_1—— 高压管路中油的流速，m/s。

低压管路内径：

$$d_2 \geqslant 4.6\sqrt{\frac{Q_T}{v_2}} \quad (\text{mm}) \tag{3-47}$$

式中：v_2—— 低压管路中油的流速，m/s。

根据油液在管路中的流动阻力，一般推荐自卸车高压管路油流速 $v_1 \geqslant 3.6$ m/s；低压管路油流速 $v_2 \geqslant 1$ m/s。在高、低油管的内径 d_1 和 d_2 确定后，应结合系统工作压力进行高、低油管的选型。

复习思考题

3-1 自卸汽车的概念是什么？其最大举升角如何确定？

3-2 自卸汽车的类型有哪些？

3-3 自卸汽车的倾卸装置包括哪几部分？

3-4 直推式与杆系组合式倾卸机构各有哪些优、缺点？

3-5 举升机构在设计时应满足哪两项最基本的要求？

3-6 用解析法与作图法如何确定直推式、D式与T式的油缸工作行程？

3-7 用解析法与作图法如何确定直推式、D式与T式的油缸举升力？

3-8 自卸汽车液压系统选型计算的主要内容有哪些？如何计算？

第4章 罐式车辆设计

4.1 概　　述

4.1.1 罐式汽车的定义与用途

罐式汽车是指装有罐状容器的运货汽车。其专门用来装运散装的液状、粉状、粒状及气体等具有定流动性的货物,如液体燃料、润滑油料、液体化学品、水泥、饲料、饮食品和水等。罐式汽车在汽车运输中发挥着重要的作用,有良好的经济效益和社会效益,是一种发展较快的专用汽车。

罐式汽车具有以下特点。

(1)提高装卸运输效率。罐体是一种特殊的集装容器,便于集中装卸和装卸机械化,缩短汽车装卸货物的停歇时间,加快车辆周转,增加装运质量,提高运输效率。

(2)保证货运质量。罐体一般都是可密闭的容器,罐内货物受外部环境影响较小,货物在运输过程中受到较好的保护,不易变质、污染和泄漏。特别是装运具有质量要求的饮料、食品和化工等物品,罐式汽车是最理想的运输工具。

(3)利于运输安全。采用罐式汽车装运易爆、易燃、有毒或腐蚀性强的物品时,可以大大减少意外事故的发生概率,实现安全装卸和运输。

(4)改善装卸条件,减轻劳动强度。普通货车装运液状、粉状或粒状物品时,大都采用坛、箱、袋等器皿进行包装,从工厂到使用地点,需经过多次装卸,而且工作条件差,劳动强度大。特别是在装运粉尘飞扬或有害物品时,既污染环境又有损装卸人员的身体健康。采用罐式汽车运输上述物品,则可明显改善工作条件、减轻劳动强度。

(5)节约包装材料,降低运输成本。采用罐式汽车运输散装物品,便于实现装卸、运输、贮存的机械化,不仅节省了劳动力,而且节约了大量的包装材料及费用,车辆装运货物的量相对增加,降低了运输成本。

罐式汽车的罐状容器一般是专用的,只能装运规定的物品,而且由于资源的限制,运输往往是单向的,故汽车实载率有所降低。为了便于某些物品的装卸,还需设有专用设备。罐体的维修费用较高。尽管如此,罐式汽车仍在现代汽车运输中显示出越来越大的优越性,得到了广泛的应用。

4.1.2 罐式汽车的分类

罐式汽车的种类很多,通常按其罐式容器的用途、结构、安装形式及卸货方式进行分类。

1. 按用途分

(1)液罐汽车。用来装运燃油、润滑油、重油、碱类、液体化肥、水和饮食品等液态物品的罐式汽车。

(2)粉罐汽车。用来装运水泥、面粉和石粉等粉状物品的罐式汽车。

(3)气罐汽车。用来装运氮气和石油气等液化气态物品的罐式汽车。

(4)颗粒罐车。用来装运谷物、豆类、颗盐、砂糖和粒状塑料等颗粒状物品的罐式汽车。

(5)其他专用罐车。具有其他专用功能的罐式汽车。如消防车、混凝土搅拌车、洒水车和吸污车等。

2. 按罐式容器在车辆上的安装形式分

(1)卧式罐车。卧式罐车的罐式容器纵轴线与汽车底盘纵轴线平行或倾斜较小的角度,如图4-1所示。罐体可以是一个单室,也可分隔为多个单室。卧式罐车具有结构简单、材料利用率高、质量小和质心低的优点,是目前应用最广泛的一种罐式汽车。

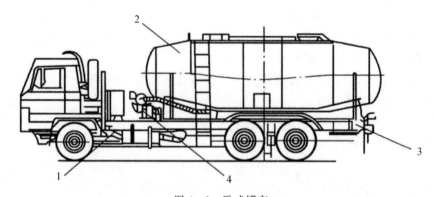

图4-1 卧式罐车
1—汽车底盘;2—罐体总成;3—管道及卸料系统;4—空气压缩机

(2)立式罐车。立式罐车的罐式容器纵轴线与汽车水平面垂直,如图4-2所示。车辆上可以装一个或多个立式罐体。立式罐车具有卸货彻底,便于单元组合,易形成标准化、系列化生产等优点,但质心较高,结构复杂,制造成本高,应用较少。

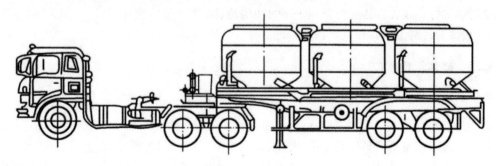

图4-2 立式罐车

(3)斗式罐车。斗式罐车如图4-3所示(为斗式半挂罐车)。它的上半部是一个水平的直圆筒,下半部是多个垂直于车辆底盘的锥筒,圆筒与锥筒相交,形成一个上圆下锥的斗式罐体。

斗式罐车综合了卧式罐车和立式罐车的优点,适应范围广,是一种发展较快的罐式汽车。

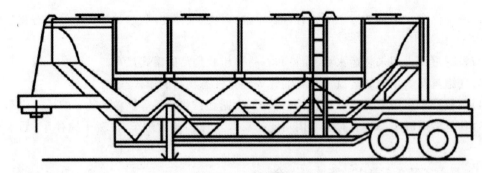

图 4-3 斗式半挂车

3. 按罐式容器内的需用压力分

(1)低压罐式车。低压罐式汽车主要用来装运水、轻质燃油、润滑油和动植物油等物品,其罐体承受的内压力一般为 0.098 MPa 以下。

(2)中压罐式车。中压罐式汽车主要用来装运苛性碱、浓硫酸和沥青等物品,其罐体承受的内压力一般为 0.147～0.294 MPa。

(3)高压罐式车。高压罐式汽车主要用来装运液化石油气、液氯等物品,其罐体承受的内压力一般为 1.177～3.532 MPa。

气罐汽车的罐体内压力大于 1.1 MPa 时,需按照 GB 150—1998《钢制压力容器》及有关规定进行设计。其他罐体内压力低于 0.6 MPa 的液罐汽车、粉罐汽车等可以不按此规定进行设计。

4. 按罐式容器的卸货方式分

按罐式容器的卸货方式分为重力卸货、动力卸货和真空卸货等罐式汽车。

4.2 罐式车辆罐体结构设计

罐式汽车一般都是在普通车辆的底盘上改装而成的,即在普通车辆的底盘上安装罐式容器和专用设备等。罐式容器一般是一个可封闭的罐体,其截面形状有圆形、椭圆形、腰鼓形和矩形等,罐体的材料也据其装运货物的特性而异。

4.2.1 罐体承载形式

根据罐体与车辆的连接方式和承载形式,有半承载式罐体和承载式罐体两种。

1. 半承载式罐体

半承载式罐体的车辆是将罐体刚性地固定在汽车(或挂车)的车架上,汽车(或挂车)的载荷主要由车架承担,而罐体只承受一小部分载荷。通常,罐体支座与车架通过 U 形连接螺栓和止推板构成的刚性固定装置刚性地固定在一起,或通过弹性元件及连锁构成的弹性固定装置弹性地固定在一起。支座的数量视罐体的总质量和长度而定,罐体支座与罐体焊接在一起。其他附属装置也相应地布置在车身上。

罐体容量较小或越野罐式汽车多采用半承载式结构。

2. 承载式罐体

承载式罐体是国内外重型罐式汽车的发展趋势,是罐体与车架合并成一体的无车架结构,如图 4-4 所示。罐体不仅承受着其内部所装运物品的作用力,还起着车架的作用,由罐体承受着全部载荷。

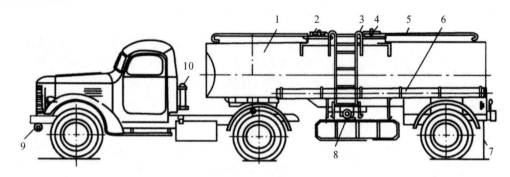

图 4-4 承载式罐体

1—油罐;2,4—加油口;3—扶梯;5—连通气管;6—输油软管;7—接地链条;8—放油阀;9—排气管及消声器;10—灭火器

装有承载式罐体的罐式汽车的结构简单,省去了车架及相应的连接件,充分利用了罐式构件自身的强度,减轻了罐式汽车的整备质量;同时,还可有效地降低车辆的质心高度。特别是对于强度和刚度较大的承压罐体来说,优点更为突出。但是这种罐体的设计、制造要求较高。承载式罐体多用在装载质量较大的全挂车和半挂车上,有利于提高车辆的行驶稳定性和操纵性,提高车辆的运输效率。

4.2.2 罐体的截面形状

罐体的截面形状是降低车辆质心的重要措施。要根据整车的总体布置、造型协调、质心高度和装运物品的种类等因素,选用适合某种罐式汽车的最佳截面形状。表 4-1 为典型罐体的截面形状及其特点。

表 4-1 典型罐体的截面形状及其特点

序号	形状名称	截面形状	特 点
1	圆形	○	表面积小,材料最省,容积效率最高,容器壁中的拉应力最小,刚性好,特别适用于高压罐体,工艺性好;但质心较高,液体对四壁的冲击力较大
2	椭圆形	⬭	质心较低,稳定性好;但容积效率较低,工艺性较差
3	腰鼓形	⬭	质心低,稳定性较好;但容积效率较低,工艺性差

续表

序号	形状名称	截面形状	特　点
4	倒凸形	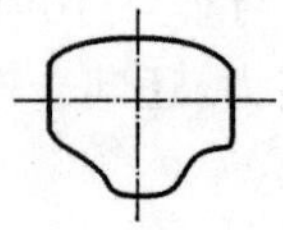	质心更低,可以充分利用车架中的空间,集污性好,横向稳定性好;但工艺性很差
5	矩形	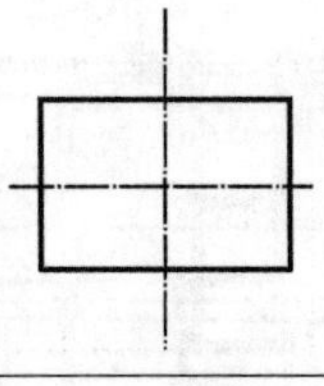	质心最低,可降低罐体的高度乃至降低整个车辆的高度,液体对罐体的冲击力小,工艺性好;但表面积大,材料消耗多,容积效率低,罐体的棱角部位易产生应力集中,集污性差
6	菱形	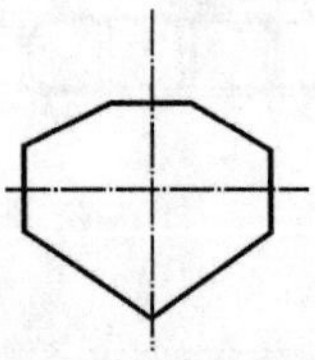	质心更低,可以利用车架中的空间,集污性好,卸货彻底,工艺性较好;但表面积较大,容积效率较低

4.2.3 罐体的结构计算

罐体的结构、材料、容积、截面形状、制造工艺和使用条件对其强度都有较大的影响。罐体的容积须大于额定装运货物的容积,罐体壳内应力须小于设定条件下的许用应力。

1. 罐体的壁厚

罐体的壁厚计算方法为

$$S = \frac{pR_k}{k\sigma} + 1 \tag{4-1}$$

式中：S——罐体壁厚,mm；

p——罐体内压力,kPa；

R_k——罐体截面曲率半径,mm；

k——焊缝强度系数(对于弧焊 $k = 0.8$)；

σ——材料许用应力；

1——腐蚀的增加厚度,mm。

计算值向大的方向取整数,并按钢板厚度标准值取值。为满足制造、运输和安装时的刚度需求,GB 150—1998《钢制压力容器》规定压力容器的最小厚度为,碳素钢、低合金钢 2 mm,高合金钢 3 mm。最小厚度不包括腐蚀裕量,设计厚度应为计算厚度与最小厚度中的较大值与腐蚀裕量之和。

2. 罐体的封头厚

罐体的封头厚计算方法为

$$S_c = \frac{pD_c c}{2k\sigma} + 1 \tag{4-2}$$

式中：S_c——罐体的封头厚，mm；

$D_c = \dfrac{A+B}{2}$，A，B 为椭圆长、短直径，mm；

c——封头形状系数；

k——焊缝强度系数，k 取 1，当封头由几部分焊接成时，k 取 0.8。

3. 动载荷计算

罐式汽车在行驶过程中，其罐体的受力比较复杂，不仅受结构形式等因素的影响，也受装运货物的影响。装运液态货物时，罐式汽车状态的变化就有很大的影响。

汽车制动时的动载荷 p_s 由液体的动压力 p_d 和静压 p_1 组成，即

$$p_s = p_d + p_1 \tag{4-3}$$

$$p_d = 0.005 l G_1 \tag{4-4}$$

式中：l——罐体或每一隔室的长度，m；

G_1——液体自重，kN。

汽车转弯时的速度越高，转弯半径越小，离心力 F_a 越大：

$$F_a = \dfrac{m_a v_a^2}{r} \tag{4-5}$$

式中：m_a——汽车总质量；

v_a——汽车速度；

r——汽车转弯半径。

液罐汽车转弯时，液体在离心力的作用下会偏向外侧，特别是液罐装载不满时，液体向外侧偏移而使液体的质心升高和外移，导致外侧悬架过载，汽车容易失去稳定性，当离心力与力臂形成的侧倾力矩等于或大于汽车总质量与力臂形成的恢复力矩时，车辆将产生翻倾。

4.3 油罐汽车设计

油罐汽车按其功能不同可以分为运油汽车和加油汽车两种。

4.3.1 运油汽车设计

运油汽车一般指运输轻质燃油、重油、润滑油和植物油等的罐式汽车，也可作储存油料用车。

1. 总体结构

如图 4-5 所示为轻质燃油半挂运油汽车。其主要装置有油罐、油管、呼吸阀、放油阀、液位指示器、静电消除装置及灭火器等。

如图 4-6 所示为该车油罐罐体结构示意图，罐体分隔成前、后互不相通的两个舱，每个舱各有一个出入孔，每个出入孔盖上都有一个加油口，而呼吸阀只装在前舱的出入孔盖上，用连通气管在罐体外将两舱连通，共用一个呼吸阀。尾部的接地链条用来将运油车在行驶中产生的静电导入大地。输油软管处安装接地导线，其末端装有接地棒。放油时要将接地棒插入地下，以便将放油时产生的静电导入大地。灭火器通常配置两个，安装于汽车驾驶室后部的两

侧。排气管和消声器不能接近油罐,要移至汽车前保险杠下,以免引起火灾。

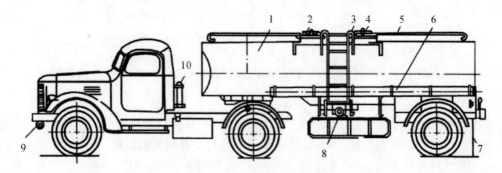

图 4-5　半挂运油汽车

1—油罐;2,4—加油口;3—扶梯;5—连通气管;6—输油软管;
7—接地链条;8—放油阀;9—排气管及消声器;10—灭火器

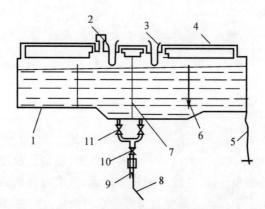

图 4-6　半挂运油车油罐结构示意图

1—罐体;2—呼吸阀;3—加油口;4—连通气管;5—接地链条;
6—防波板;7—隔板;8—接地导线;9—放油软管;10—放油阀;11—底阀

2. 罐体结构设计

大型罐体多为承载式,且分隔成几个互不相通的舱,如图4-6所示。罐内都设有若干块横向防波板,以加强罐体刚度及减弱车辆行驶中油料对罐壁的冲击。防波板可直接焊在罐体内,也可做成可拆卸的。罐体上部的出入孔直径不小于500 mm,以便于工作人员出入检查和维修。

放油阀一般设在罐体尾部,便于放油。若是多舱罐体,每舱下部有一个底阀,再与放油阀相通,可以各舱单独放油,也可同时放油。罐体内表面通常是经过喷砂处理后再进行涂(喷)锌以防止罐体内表面腐蚀的。

确定罐体形状时,应有利于降低整车质心高度,减少自身质量,增大容积效率,减小空气阻力,并与驾驶室外形相称,整体造型美观等。一般罐内压力小于 0.1 MPa 时,罐体横截面取椭圆形;压力大于 0.1 MPa 时,多用圆形横截面。

圆形横截面罐体的实际总容积(见图4-7)为

$$V = \frac{\pi}{4} D_i^2 \left(L + \frac{L_1 + L_2}{3} \right) - V_0 \, (\text{m}^3) \qquad (4-6)$$

式中： D_i——圆柱形罐体内径,m;
　　　L——圆柱形筒体长度,m;
　　　L_1,L_2——封头长度,通常 $L_1 = L_2$,m;
　　　V_0——罐内附件的体积总和,m^3。

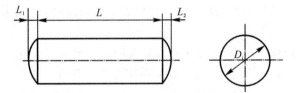

图 4-7　圆形横截面罐体容积计算图

椭圆形横截面罐体的实际总容积(见图 4-8)为

$$V = \frac{\pi ab}{4} \left(L + \frac{L_1 + L_2}{3} \right) - V_0 \, (\text{m}^3) \qquad (4-7)$$

式中： a,b——椭圆长、短轴长度,m;
　　　L——圆柱形筒体长度,m;
　　　L_1,L_2——封头长度,m;
　　　V_0——罐内附件的体积总和,m^3。

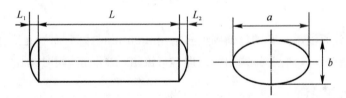

图 4-8　椭圆形横截面罐体容积计算图

3. 其他装置

(1)呼吸阀。呼吸阀能根据罐内气压的大小自动调节,并与大气保持平衡。其作用是减少油料蒸发,防止罐体变形。调定压力(表压力)一般高压为 14.7～24.5 kPa,低压为 －4.9～9.8 kPa。一般大型油罐各舱均装一个呼吸阀,中、小型油罐可以只装一个呼吸阀。

(2)液位报警器。当液体加入罐时,罐内气体经排气管和双音哨排出时,双音哨发出哨声,表示罐内液面还未到达额定液位,可继续加液;当液面到达额定液面高度时,浮球随液面升起堵住排气管的进气口,哨声停止,表示罐体已装满,应停止装液。报警器安装在出入孔盖上。

(3)液位指示器。液位指示器能随时测量和显示液位的高度和液量,可防止加液超量。常用的液位指示器通常有油量标尺(直观式液位指示器)、浮球式液位计、油量表和油量传感器 3 种形式。

(4)静电消除措施。运油汽车和加油汽车在自吸装油、给设备加油及运输途中都易产生静电。轮胎是绝缘体,产生的静电不能导入大地,由此可能引起的静电放电是影响运油汽车和加油汽车安全的危险因素,故必须考虑疏导静电。

消除静电应从运油汽车和加油汽车的设计和使用两方面着手,通常采取的措施如下。

1) 接地。运油汽车和加油汽车上的专用设备,如油罐、管道、附件等与车架之间要用导线或导体相连,最后通过金属链条或专用导电橡胶板条与地面接触,将车体和专用设备上的静电荷导入大地。一般搭铁线电阻不应大于 5 Ω,链条接地长度应大于 200 mm。此外,在加油或装油时,导线最好与金属钎相接,再将钎插入地内。

2) 限定油液流速。通常规定易燃性液体的流速不应超过 4 m/s。

3) 高电导率涂层。罐体内壁为防腐蚀采用的涂层应是高电导率涂层,绝不允许采用非金属高阻抗涂层。

4) 中和静电。即电离周围介质,产生极性相反的离子来中和静电。常用的有感应式静电中和器(消静电管,如图 4-9 所示)和放射性静电中和器。静电中和器一般安装在加油汽车过滤器的出口管路上。

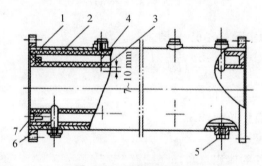

图 4-9 消静电管结构

(5) 放油阀。普通油罐汽车的放油阀大多采用 φ50 mm 球阀,布置在罐体尾部的下方,并与放油管相接。当打开放油阀时,罐内油液即自行流出;关闭放油阀时,油液即停止外流。

4.3.2 加油汽车设计

加油汽车除能实现运油功能外,还能实现如下功能:

(1) 能为本车油罐加油;
(2) 能将本车的燃油加给其他容器;
(3) 能不经本车油罐将一个容器的燃油注入另一容器内,起移动泵站作用;
(4) 能抽回加油软管中的燃油;
(5) 能把燃油在本车内循环、搅拌,即所谓倒油。

如图 4-10 所示为一大型加油汽车的油路系统,通过操纵各种阀门的开启或关闭,即可以实现上述 5 种功能。

当开启底阀 2 和阀门 16,7,5,10 时,罐中油液经油泵、管道、阀门 7、过滤器 3、流量计 11、阀门 10 或 5 给受油容器加油;当开启阀门 16,19 时,罐内油液经阀门 16、油泵 15、阀门 19 返回油罐进行内部循环,搅匀罐内油液;当开启阀门 19,6,9 时,加油软管中的剩余油料通过油泵 15、阀门 19 吸回到油罐内;当开启阀门 4,13 时,可起泵站作用,即将油库或其他储油设备的油料经本车油泵通过阀门 13 输给受油设备;当开启阀门 4,19 时,可以为本车油罐自吸装油。

阀门 17,18 可用来排放罐内的水分和沉淀的杂质。

第 4 章 罐式车辆设计

加油汽车根据受油对象的不同,可分为普通加油车和飞机加油车两种。普通加油车能够实现给自身油罐加油和给地面储油罐加油的功能。飞机加油车是一种多功能加油车,但它通常是在飞机场专门为飞机加油的,在性能和结构上还有一些特殊要求。

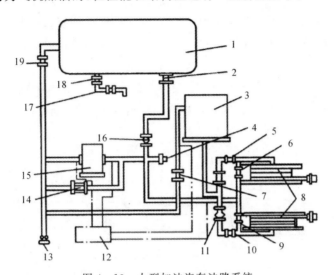

图 4-10 大型加油汽车油路系统

1—油罐;2—底阀;3—过滤器;4,5,6,7,9,10,13,16,17,18,19—阀门;
8—绞盘总成;11—流量计;12—仪表板;14—安全阀;15—油泵

1. 加油汽车结构

加油汽车通常由汽车底盘、罐体、油管、各种阀、各种工作仪表、过滤器、静电消除装置、软管绞盘总成、加油枪及驱动装置等组成。加油汽车的罐体与运油汽车的罐体相似,具有运油汽车罐体的基本装置。

如图 4-11 所示为一大型加油车罐体结构图。横向隔板 1 将罐体分成 3 个舱,每个舱内设有横向防波板。罐体宽度较大时,可再设纵向防波板 2。防护栏 6 和侧防护架 7 用来保护加油口、呼吸阀等不受意外碰伤,以免造成燃油外溢。大型罐体还可在其内部设置立柱 8,以提高罐体刚度。

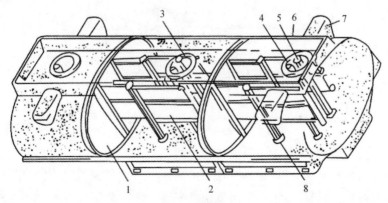

图 4-11 承载式罐体内部结构

1—横向隔板;2—纵向防波板;3—出入孔盖;4—加油口;5—呼吸阀;6—防护栏;7—侧防护架;8—立柱

加油汽车为了具备给受油设备加油、自吸装油、循环搅油、移动泵站作用和吸回加油软管中的油液等5种功能,输油管路也较运油汽车更为复杂,并设有油泵。如图4-12所示为一大型加油车的管路系统。该车有4个舱,每个舱底都装有一个底阀装置,并且为了放油方便,在汽车左、右两侧及尾部各设置一个放油阀,以便适应车辆在不同方位时进行加油作业。底阀装置设于每舱底部,并与输油管道相接,如图4-13所示。底阀装置包括底阀和紧急关闭阀两部分。在进行加油(即放油)作业时,打开底阀;在运输时,关闭底阀。紧急关闭阀经常处于打开状态,只有在装卸作业中出现意外情况时才关闭。若底阀用手操纵不方便时,可采用气动操纵的底阀,但必须同时设手动螺杆,以防在气控失灵的情况下,用手动螺杆能使底阀开启。

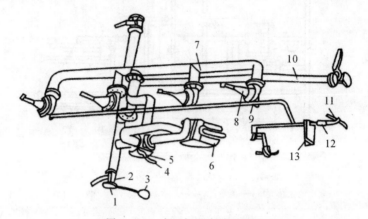

图4-12 大型加油车输送管路
1—软管接头;2—放油阀;3—放油口盖;4—操纵手柄;5—四通阀;6—油泵;7—油管;
8—底阀滤网;9—底阀装置;10—放油管;11—紧急关闭阀操纵杆;12—紧急关闭阀操纵杆锁扣;13—固定板

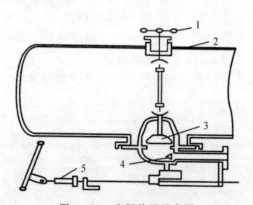

图4-13 底阀装置示意图
1—底阀操纵机构;2—锥体;3—底阀;4—紧急关闭阀;5—紧急关闭阀操纵机构

放油阀常用的有球阀、蝶阀等。目前各类加油汽车大多用铝合金球阀。放油阀的操纵形式有手动、液动、气动和电动等,根据总布置要求确定。手动形式简单,在无特殊要求时,一般采用手动。为提高机械化程度,也可采用液动或气动。液动力源可取本车动力转向系统的压力油液,气动力源可取本车制动气源。电动形式容易引起火灾。

2. 加油汽车油路系统

(1) 油路系统要求与组成。根据加油汽车实际性能要求,通常是按加油汽车的各种功能,确定一个最佳油路系统,满足作业需要,并力求结构简单,工作可靠,工艺性良好,容易实现"三化",管路较短。

以图4-10所示大型加油汽车的油路系统为例,介绍设计中需注意的一些问题。

该车的加油管路中有阀16、油泵15、球阀7、过滤器3、流量计11、球阀5和10、绞盘总成8及加油枪等。油液是经过滤并计量后给受油容器加油的。为防止系统压力超过规定值,在油泵进出口之间并联了一个安全阀14。过滤器安装在油泵出油管路上,也可安装在油泵进油管路上。流量计设置在油液过滤后的油路上,用于监测加油量。为了监测主要部件的工作情况和某些加油性能,在油路上可设置一些监测仪表。如在油泵出口安装压力表,监测油泵的工作压力;在油泵进口安装真空压力表,监测油泵进口真空度大小,随时掌握油泵的工作情况;在过滤器上安装压差表,监测过滤器进出口压力差,若压力差大于某一值,表示滤芯已堵塞,应立即进行清理,若压力差小于某一值,表示滤芯已被击穿,应予以更换。

(2) 油路系统的布置。油路系统在汽车上布置时,为充分利用汽车上的空间位置和方便操纵,通常将整个油路系统分为两大部分。油路前段主要作为输送油液的油路,一般布置在汽车车架附近,称作车架油路;在油路后段,操纵阀较为集中,又有仪表、过滤器和绞盘等部件,一般集中布置在操纵室内,故把它称作操纵室油路。

1) 车架油路的布置。车架油路布置通常随油泵位置而定。油泵位置应尽量靠近动力源,缩短传动距离,但要保证加油汽车的通过性能。

如图4-14所示为一辆大型加油汽车的车架油路布置图。由于油泵7是由汽车发动机驱动,所以油泵在汽车车架内侧,靠近前部。油路应沿车架下平面布置。

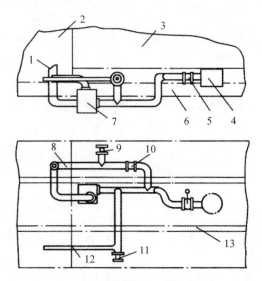

图4-14 大型加油车车架油路

1—接操纵室油路;2—操纵室;3—油罐;4—底阀;5—球阀;
6,13—车架;7—油泵;8—输油管;9,11—阀;10—安全阀;12—回油管

2)操纵室油路的布置。操纵室油路布置时,要使常用的主要阀门便于操纵,仪表便于观察,过滤器便于拆装和维修,绞盘便于软管卷绕。操纵室油路的布置主要取决于操纵室的大小及绞盘的配置形式。加油车一般设置两个绞盘,有集中式和分置式两种布置形式。图 4-15 (a)是两绞盘集中配置的整体式配置形式,流量计、阀门等布置在绞盘两侧,来自车架油路的油液经过滤器、消静电管后由中间向外侧分左、右两路进入绞盘软管,这种布置的优点是绞盘结构简单、紧凑,但流量计和阀门在两侧,不便于观察和操纵;图 4-15(b)是两绞盘分开配置的分置式配置形式,油液经过滤器、消静电管后分两路自两绞盘内侧进入绞盘软管,这种布置的优点是流量计和阀门集中在绞盘之间,便于观察和操纵。

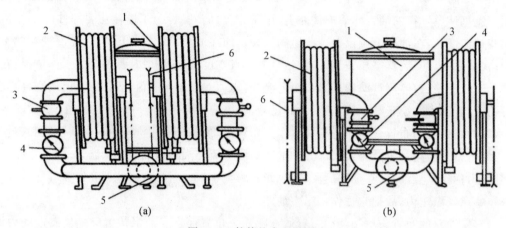

图 4-15 软管绞盘配置形式
(a)整体式配置;(b)分置式配置
1—过滤器;2—绞盘;3—球阀;4—流量计;5—消静电管;6—链轮

3. 油路系统主要参数计算

(1)油路压力损失的计算。油液流过管路,管路截面的变化,弯头、管壁粗糙情况等方面的原因,对油流产生阻力,故而产生压力损失。要使加油达到规定的流量,必须有相应的能量以提供油液克服阻力的需要。油路压力损失是计算油泵的功率或扬程、系统的工作压力及加油流量等的重要依据之一。油路的压力损失 p 包括沿程压力损失 p_λ 和局部压力损失 p_ξ 两部分,即

$$p = p_\lambda + p_\xi \tag{4-8}$$

沿程压力损失是油液在各段直管中流动产生的压力损失,可用式(4-9)计算:

$$p_\lambda = \sum \lambda \frac{L}{d} \frac{v^2}{2g} \gamma \tag{4-9}$$

式中:λ——阻力系数,取决于雷诺数及管道内壁的粗糙度,可参考有关设计手册;
L——每段直管长度,m;
d——直管内径,m;
v——油液流速,m/s;
g——重力加速度,$g = 9.8 \text{ m/s}^2$;

γ—— 油液重度,$kg/(m^2 \cdot s^2)$。

局部压力损失是油液经过流量计、过滤器、弯管和阀门等产生的压力损失,可用式(4-10)计算:

$$p_\zeta = \zeta \frac{v^2}{2g} \gamma \qquad (4-10)$$

式中:ζ—— 局部阻力系数,与管道的过渡形状有关,可查手册,也可以按表4-2进行选择。

表 4-2 加油汽车几种常用部件的局部压力损失

部件名称	加油枪	流量计	过滤器	消静电管	球阀
p_ζ	$< 3.5 \text{ m} \times 9.8\rho$	$< 2.5 \text{ m} \times 9.8\rho$	$< 2.5 \text{ m} \times 9.8\rho$	≈ 0	$< 0.5 \text{ m} \times 9.8\rho$

(2) 油泵的选择。在计算出管道的压力损失后,根据贝努利方程可求出油泵所需的扬程或有效功率。油泵的有效功率可用式(4-11)计算:

$$P_e = \frac{H_e Q \gamma}{1\,000} \qquad (4-11)$$

式中:H_e—— 油泵扬程,m,可根据伯努利方程求得;

Q—— 油泵流量,L/min。

油泵选择的主要根据是加油车的流量和扬程。选择时,应力求质量轻、体积小、运行安全可靠。通常采用压力较低、排量较大的自吸式离心泵。但是普通油泵对加油汽车的适应性较差,因而常根据加油汽车的性能要求和汽车上的空间位置大小自行设计。圆弧齿轮泵具有体积小、运转平稳、效率高和寿命长等特点,因而得到广泛应用。

在油路系统的最大扬程 H_{max} 和最大流量 Q_{max} 确定后,可用式(4-12)计算油泵的扬程和流量:

$$H = (1.10 \sim 1.15) H_{max} \qquad (4-12)$$
$$Q = (1.10 \sim 1.15) Q_{max} \qquad (4-13)$$

然后根据油泵的扬程和流量以及系统的工作压力进行油泵的选型和设计。

(3) 管道内径。在管道流量 Q 确定后,其内径 d 就可用式(4-14)计算:

$$d = 2\sqrt{\frac{Q}{\pi v}} \times 10^3 \text{(mm)} \qquad (4-14)$$

油液流速 v 的大小要从安全、经济和结构三方面综合考虑。在安全性方面,油液流速还受油液中静电值的限制。油液流速高其静电值大,流速越快,危险性越大,一般流速超过 4 m/s 就有不安全性。从经济性和结构方面考虑:管径小,流动损失大,经济性差;流速过低,流阻减少;而管径增大,结构上又不合理。一般燃油经济流速为 0.1 ~ 1 m/s。因此推荐燃油的最佳流速为 0.1 ~ 1 m/s,最大不应超过 4 m/s。

(4) 管道壁厚。管道壁厚 s 应满足强度条件,可用式(4-15)计算:

$$s = \frac{pd}{2[\sigma]} \text{(mm)} \qquad (4-15)$$

式中:p—— 设计压力,MPa;

$[\sigma]$——材料许用压力,MPa;

d——油管内径,mm。

按式(4-15)计算所得壁厚较薄,还应按工艺要求和材料规格加以修正。

(5)加油软管。加油软管的选择应从使用要求、承受压力、材质和价格等方面综合考虑。它除承受系统的工作压力外,还经常伸直、弯曲和卷绕,所以要求加油软管耐高压,允许弯曲半径尽量小,许用工作压力大于油路系统的最高压力,通常取工作压力的1.0~1.6倍。常用的加油软管有夹布耐油胶管、尼龙软管等。所选择的性能参数应符合表4-3的规定。

表4-3 轻质燃油加油汽车性能参数表

油罐额定容量 L	加油软管公称直径 mm	加油软管单管流量 $L \cdot min^{-1}$	吸油性能		
			吸油深度 m	自吸时间 min	吸油流量 $L \cdot min^{-1}$
<8 000	25	≤150	≥4	≤4	≥500
	38	≤350			
8 000~12 000	51	≤750			
	63	≤1 200			
>12 000	51	≤750			
	63	≤1 200			

飞机加油汽车在总体上与普通加油汽车基本相同,但在结构上还应符合以下特殊要求:

1)油压力稳定性要求高。为此常在加油管路上加装压力调节器、稳压器和压力加油接头等。

2)油料的洁净度高。油路上要用高性能的过滤分离器,罐体和管道一般采用铝合金制造。

3)绝对保证加油安全性。应安装消静电装置、联锁控制系统、电气防爆器和灭火器等。

4)装有高精度、大流量的计量器。

5)油罐总容量应大,给飞机加油要一次完成。

(6)软管绞盘。为了便于迅速展开、收拢和存放橡胶软管,加油汽车上均设有专门的卷绕机构,即绞盘总成。绞盘总成主要由卷筒、转动油管、进油管、大小轴承及其轴承座、支架等组成,如图4-16所示。

绞盘的驱动形式有人力、气力、液-机及电力驱动等。人力驱动结构简单,不需要专门的传动机构,一般在软管直径不大于50 mm、绞盘较小、驱动力不超过150 N时采用。气力和液-机驱动操作方便,动力亦可从汽车本身取得,故被广泛采用。电力驱动结构简单,但必须具有防爆措施,目前已极少采用。

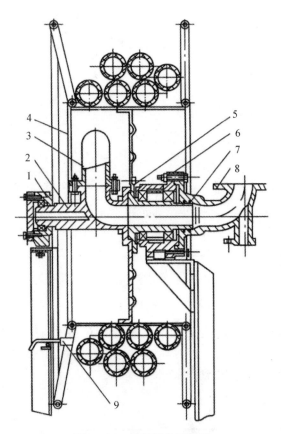

图 4-16 软管绞盘结构图

1—小轴承座;2—小轴管;3—弯管;4—卷筒;5—转动轴管;6—大轴承座;7—密封圈;8—进油管;9—锁紧装置

4.4 液化气罐汽车设计

液化气是指在常温常压下的某种气体经加压或降温处理后成为液体的物质。当液化气压力降低或温度升高后仍能恢复成气体。常用液化气的物理化学性质见表 4-4。

近年来,液化气罐汽车的使用领域不断扩大,品种也越来越多,如液化石油气罐汽车、液氧罐汽车以及液氮、液氯、液氢等罐式汽车。由于液化气对压力、温度的影响很敏感,所以很不稳定。有些液化气还是易燃、易爆、有毒物质。故在设计和制造液化气罐汽车时,必须符合 GB 150—1998《钢制压力容器》及国家劳动部门和交通管理部门的有关标准、法规和规范的要求,严格控制产品质量,设置必要的安全和消防装置,保证使用安全。

表 4-4 常用液化气的理化性质数据

名 称	氮	氧	氩	二氧化碳	氯	氨	乙烯	丙烯
分子式	N_2	O_2	Ar	CO_2	Cl_2	NH_3	C_2H_4	C_2H_6
相对分子质量	28.01	32.00	39.95	44	71	17	28	42
气态密度/($g \cdot L^{-1}$)	1.250 6	1.429	1.784	1.977	3.214	0.771	1.26	1.87

续表

名 称	氮	氧	氩	二氧化碳	氯	氨	乙烯	丙烯
熔点/℃	−209.9	−218.4	−189.2	−56.6/0.05	−102	−77.7	169.4	−185.2
沸点/℃	−195.8	−183	−185.7	−78.5	−34.5	−33.5	−103.9	−47.7
爆炸极限/(%)	—	—	—	—	—	—	3～29	2～11
临界温度/℃	−145.9	−119.6	−122.4	31.04	144	132.4	9.90	91.4～92.3
临界压力/MPa	3.283	4.871	4.704	7.144	7.458	10.996	4.969	4.41～4.47
液态密度/(g·mL^{-1})	0.808			1.101/−37℃			0.570	0.514
燃烧值/(kJ·mol^{-1})	—						1 411.9	2 052.4

4.4.1 总体结构

用普通载货汽车底盘改装的液化石油气罐汽车,罐体总成与副车架焊成一体,再用螺栓将副车架紧固在汽车车架上。如图 4-17 所示为半挂式液化石油气罐汽车,该车为半挂承载式结构,罐体支撑座与车架之间用螺栓紧固连接。

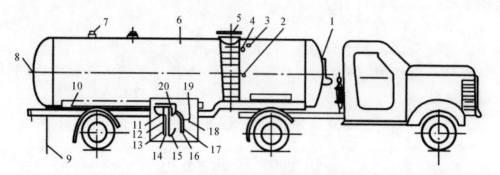

图 4-17 半挂式液化石油气罐车

1—压力表;2—全容积 40%指示阀;3—全容积 85%指示阀;4—全容积 80%指示阀;5—出入孔;
6—罐体;7—安全阀;8—液位计;9—接地链;10—紧急切断卸压阀;11—紧急切断阀;12—球阀;
13,17—排放阀;14—液相接口;15—液泵;16—气相接口;18—截止阀;19—压力表;20—温度计

4.4.2 罐体的结构与设计

1. 罐体的结构

液化石油气罐汽车的罐体必须采用各径向受力均匀的圆筒(或球)体,以保证有足够的刚度和强度。罐体主要由圆筒体、封头、防波板(大型罐体还有隔板)、出入孔和整体式支撑座等组成。在罐体上还设有安全阀座、液位计座和紧急切断阀座等辅助安装座。如图 4-18 所示为液化石油气罐体示意图。

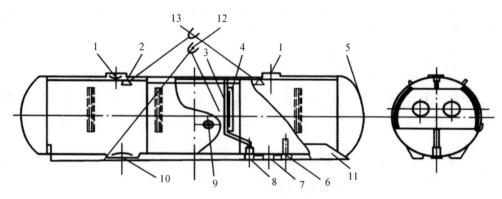

图 4-18　液化石油气罐体示意图

1—安全阀凸缘；2—吊耳；3—气相管；4—隔板；5—液位报警器凸缘；6—温度计接口；7—液相紧急切断阀口；
8—气相紧急切断阀口；9—液位计凸缘；10—出入孔；11—整体式支承座；12—满罐液吊位；13—空罐吊位

圆筒体通常由数节焊成，节数不应过多，相邻两节的纵向焊缝不允许在同一相位上，其相错距离不应小于 100 mm，并位于检测方向（见图 4-19）。圆筒体周长允许误差见表 4-5。

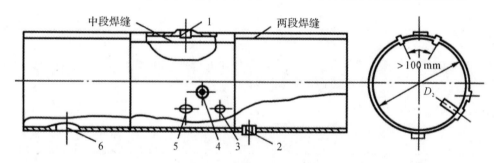

图 4-19　圆筒体示意图

1—安全阀口；2—液相紧急切断阀口；3—气相紧急切断阀口；4—液位计法兰口；5—温度计套口；6—出入孔

表 4-5　圆筒体周长允差（单位：mm）

内　径	800～1 200	1 300～1 600	1 700～2 200
周长允差	+5 -2	+6 -3	+8 -4

封头必须采用承压能力强的凸形封头，常用的有碟形、椭圆形和半球形封头。封头和圆筒体之间必须采用对口双面焊接形式，以保证连接强度和气密性。在液化石油气汽车的罐体内也应设防波板以提高汽车的行驶平稳性。

安全阀装在罐体的上部，当罐内压力过大时，能迅速打开排放降压，以防罐体炸裂。液化石油气罐汽车上常采用内置全启式安全阀。安全阀的开启压力应高于罐体的设计压力，但不得超过设计压力的 1.1 倍，全开压力不得高于设计压力的 1.2 倍，回座压力应不低于开启压力的 80%。安全阀的排放能力可参阅 GB150—1998《钢制压力容器》及劳动部的有关规定进行计算。一般中、小型罐体上安装一个安全阀即可，但为了保证绝对安全，通常一个罐体上安装两个安全阀。

液位计用来检查罐内液位高度,显示实际容量,防止超量充装。常用的液位计有浮球式、压力式和直观式,其中以浮球式液位计应用最多。

2. 罐体的壁厚计算

液化气罐体的壁厚计算必须符合 GB 150—1998《钢制压力容器》的规定,该标准规定的适用内压范围为 0.1~35 MPa。罐体的设计压力应遵照国家劳动部门 1981 年颁发的"液化石油气罐车安全管理规定"中的数值(见表 4-6),表 4-6 中"混合液化石油气"是指丙烯与丙烷、丙烯、丙烷与丁烯、丁烷等的混合物。

表 4-6 罐体的设计压力

充装介质种类		设计压力/MPa
丙烯		2.158
丙烷		1.766
混合液化石油气	50℃时,饱和蒸气压力大于 1.619 MPa	2.158
	其余情况	1.766
丁烷、丁烯、丁二烯		0.758

(1) 圆筒体壁厚计算。钢制压力容器受内压作用时圆筒体壁厚 S_1,其中设计压力 p 可参照表 4-6 选取;$[\sigma]^t$ 应为设计温度下材料的许用应力。

应力用式(4-16)进行校核:

$$\sigma^t = \frac{p(D_i + S_1)}{2S_1 \phi} \leqslant [\sigma]^t \tag{4-16}$$

许用应力应取以下三者之中的最小值:

$$\sigma^t = \sigma_b/n_b; \quad [\sigma]^t = \sigma_s^t/n_s; \quad [\sigma]^t = \sigma_D^t/n_D \text{ 或 } [\sigma]^t = \sigma_n^t/n_n \tag{4-17}$$

式中: σ_b——材料在常温下的最低抗拉强度,MPa;

σ_s^t——材料在设计常温下的屈服强度,MPa;

σ_D^t——材料在设计温度下(经 10^5 h 断裂)的持久强度极限,MPa;

σ_n^t——材料在设计温度下(经 10^5 h 蠕变率为 1%)的蠕变极限,MPa;

n_b, n_s, n_D, n_n——$\sigma_b, \sigma_s^t, \sigma_D^t, \sigma_n^t$ 计算时所取的安全系数,无特殊规定时也可以从表 4-7 中选取。

表 4-7 钢制压力容器的安全系数

材 料	常温下最低抗拉强度 σ_b	常温或设计温度下的屈服强度 σ_s 或 σ_s^t	设计温度下经 10^5 h 断裂的持久强度		设计温度下经 10^5 h 蠕变率为 1% 的蠕变极限
			σ_D^t 平均值	σ_D^t 最小值	
碳素钢低合金钢	$\sigma_b \geqslant 3$	$n_s \geqslant 1.6$	$n_D \geqslant 1.5$	$n_D \geqslant 1.25$	$n_n \geqslant 1$
奥氏体高合金钢	—	$n_s \geqslant 1.5$	$n_D \geqslant 1.5$	$n_D \geqslant 1.25$	$n_n \geqslant 1$

(2) 封头壁厚计算。

1) 椭圆形封头壁厚。椭圆形封头推荐采用长、短轴比值为2的标准型封头,其有效厚度应不小于封头内径的0.15%,其他椭圆形封头的有效厚度应不小于封头内径的0.30%。但当已考虑了内压下的弹性失稳或按分析法进行设计时,可不受此限制。

2) 碟形封头。碟形封头球面部分的内半径应不大于封头的内直径,通常取90%的封头内直径。封头转角内半径应不小于封头内直径的10%,且不得小于3倍的封头名义厚度。对于$R_i=0.9D_i,r_i=0.17D_i$的碟形封头(R_i为封头球面部分内半径,D_i为封头过渡段转角内半径,r_i为圆筒体内径),有效厚度应不小于封头内直径的0.15%,其他碟形封头的有效厚度应不小于封头内直径的0.30%,但当已考虑了内压下的弹性失稳或按分析法进行设计时,可不受此限制。

4.4.3 管道系统和液泵选择

1. 管道系统组成和设计要求

液化石油气罐车在装卸作业时必须保证安全,工作可靠,并且具有多种功能。为此,在管道系统中一般设有安全装置(安全阀、紧急切断阀、气相管)、监测仪表(压力表、流量计)、动力源(液泵)、操纵装置(各类阀、手动液压泵)以及连接胶管、快速接头、过滤器等。管道系统应具有自泵装卸、泵站作用、他泵装卸、压差装卸和自流装卸等功能。

液化石油气罐汽车的管道系统与普通液罐汽车不一样,结构也较复杂,其设计要求如下:
(1) 系统能完成密封装卸作业;
(2) 液化石油气在管道中的流速不得超过5 m/s;
(3) 必须实行罐底装卸,或将上装管插入罐底灌注,避免高速冲击;
(4) 应设置气相平衡装置,当无气相平衡时,泵的每分钟流量应限制在罐体总容量的2.5%左右;
(5) 监测仪表、控制元件应齐全,工作可靠,动作灵活;
(6) 液化石油气温度不得超过设计值,环境温度不允许超过紧急切断易熔合金的熔融温度70℃±5℃。

2. 管道系统主要部件

(1) 紧急切断装置。紧急切断装置是液化石油气罐汽车的主要安全装置之一,由液相和气相紧急切断阀、手油泵、放油泵、易熔塞和管道等组成。其作用是关闭阀门,切断罐体与管道的通路,避免行驶中渗漏或意外排液;阀开启后,若排液流速达到7.6 m/s或发生意外事故时,可自动关闭,待流速恢复正常后又能打开阀门;当环境温度超过70℃±5℃或失火时,紧急切断阀的易熔塞熔化,油压控制系统卸压,自动关闭阀门;当遇紧急情况,又难于接近操纵箱中的手泊泵时,可遥控汽车尾部的放油阀排油,关闭紧急切断阀,能保证在5 s内同时关闭液相和气相阀,紧急切断阀装在罐体底部与装卸管道的相连处。

(2) 安全阀(溢流阀)。管道系统中设置的安全阀(或溢流阀)用来保护管路和管路部件。其结构为普通的阀芯弹簧结构,非工作状态时在弹簧的作用下处于常闭状态,当管道中液体压力超过弹簧张力时,阀芯开启,使高压液流回到低压管道中。阀芯的开启压力可通过调节螺母和调节弹簧的预紧力进行调节。

(3) 温度计和压力表。温度计用来测量液相温度,应选用压力表式温度计,量程应比液化石油气最高温度高25%,通常为-40~60℃,并在40℃和50℃区域涂以红色标记。为了维修更换方便,受感器应插入与罐体相隔绝的套管内。

压力表的量程也应比最大压力大25%为宜,一般取0~3.92 MPa,精度不低于2级(2%)。在压力表之前应装有控制开关。

(4)液相管和气相管。液相管即排液管,其口径根据液泵的出入口径决定,要求流速不超过5 m/s,可采用式(4-18)核算:

$$v = \frac{4Q}{\pi d^2} \qquad (4-18)$$

式中:v——液体流速,m/s;

Q——液泵的最大流量,m^3/s;

d——液相管最小内径,m。

由于装卸作业完毕后,阀门关闭,液化石油气被封闭在液相管道系统内,形成没有气相空间的密闭容器,这是不允许的。所以,设计液相管道时,必须考虑能将管道中的余液抽回到罐内或排放到其他容器中,也可设置旁路安全阀。

气相管是液化石油气罐汽车管道系统所特有的,它在密闭装卸中连通汽车罐体与接收(或放液)容器的气相空间,使两者的压力、温度达到新的平衡,实现正常装卸作业。气相管内径一般采用25 mm接口,位置可在罐体的侧面(或后封头)操作箱部位,从而减少气相管长度,使回路简短,布置紧凑。

(5)快装接头和软管。快装接头的结构如图4-20所示,插口4的罐孔端与罐体的输液管端部相接,用盖帽2盖紧。装卸作业时,取下盖帽,与地面上的输液管相接就可进行作业。高压标准软管为钢丝编织耐油胶管,两端都装有快装接头,一端与罐体上的输油管连接,另一端与地面上的输油管连接。

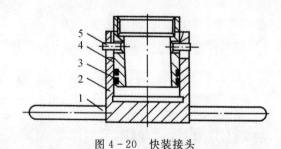

图4-20 快装接头
1—手柄;2—盖帽;3—O形橡胶密封圈;4—插口;5—销钉

(6)流量计。流量计必须选择容积式流量计,如椭圆齿轮流量计、滑片流量计或双转子流量计等。其量程应与泵的额定流量相匹配(经常使用的流量计误差最小复现区段应在流量计误差曲线的$Q_{min} \sim Q_{max}$范围内)。为提高流量计的精确度,在流量计入口前应有一段长而直的管道,并装有过滤器、气液分离器和压差计等,不允许混入气体和超计量工作。

(7)液化石油气液泵的选择。对液泵的要求,归纳如下。

1)泵送液化石油气时,不产生气化,气蚀小。在有气相平衡条件下,吸上压力为正时,能正常抽送具有高气化弹性的液体(液化气);在无气相平衡条件时,能对气瓶灌气。

2)运转平稳,流量均匀,脉动小。

3) 密封性好,耐腐蚀,使用寿命长。
4) 零部件互换性好,便于维修。
5) 体积小,造价低。

根据整车性能要求选择液化气液泵的流量、压力、功率和转速等主要参数,按装卸速度要求,确定泵的流量。按规定,泵的入口流速为 2~3 m/s,出口流速不超过 5 m/s,即可算出泵的进出口口径。在流量、口径选定后,其他参数也可随之确定了,但泵的类型必须是容积式。

3. 管道压力损失

管道压力损失主要由于摩擦和局部阻力造成,表现为沿程损失和局部损失。即管道压力损失为沿程压力损失和局部压力损失之和。

(1) 直管摩擦压力损失(沿程压力损失)。由于管道内壁与液化气的摩擦阻力产生压力降,其值大小与液体的黏度、密度、流速和管长成正比,与内径成反比,所以可用式(4-19)近似计算:

$$H_\lambda = \frac{32\gamma v_a L}{10^4 d^2 g}(9.8\rho) \tag{4-19}$$

式中:H_λ——直管摩擦压力损失,Pa;
　　　γ——运动黏度,m^2/s;
　　　v_a——平均流速,m/s;
　　　L——直管长度,m;
　　　d——直管内径,m;
　　　ρ——液化气密度,kg/m^3。

(2) 局部压力损失。局部压力损失 H_ξ 主要是因附件(如阀、三通、弯头等)的阻力而产生的压力损失,一般用实验方法确定。为计算方便,经常采用一种当量直管长度近似的计算方法,即在相关手册中查取某附件所对应的当量直管长度,查取方法见表4-8,然后用式(4-10)进行计算,所得结果即为该附件的局部压力损失。

管路布置时,尽量减少弯道,缩短总长度。弯头不得采用角接对焊形式,应采用整体圆弧弯头结构或用标准焊接弯头,在直线段焊接。标准焊接弯头的中心半径 $R=1.5D$(D 为管道外径),整体弯头半径 $R \geqslant 2D$。管道焊接后,应进行无损探伤检验、1.5倍设计压力的水压强度试验和设计压力下的气密性试验。

表4-8 管路附件摩擦损失

附件		口径/mm						
		25	38	51	64	76	102	127	152
大半径90°弯头	螺纹连接	0.8	1.0	1.1	1.1	1.2	1.4	1.5	1.7
	法兰连接	0.5	0.7	0.9	0.9	1.0	1.3		
小半径90°弯头	螺纹连接	1.6	2.3	2.6	2.9	3.4	4.0	2.2	2.7
	法兰连接	0.5	0.7	0.9	1.1	1.3	1.8		

续表

附件		口径/mm							
		25	38	51	64	76	102	127	152
分流三通	螺纹连接	2.0	3.0	3.7	4.0	5.2	5.0	4.6	5.5
	法兰连接	1.0	1.6	2.0	2.3	2.9	3.9		

复习思考题

4-1 简述罐式汽车的特点。

4-2 简述汽车罐体的承载形式以及各自的优、缺点。

4-3 汽车罐体设计时,壁厚设计需要考虑哪些因素?

4-4 加油车油路系统由几部分组成?每部分的功能是什么?

4-5 液化气罐车罐体结构设计时的注意事项有哪些?

4-6 液化气罐车管路设计要求有哪些?

第5章 厢式汽车设计

厢式汽车是指具有独立、封闭结构的车厢或与驾驶室一起构成整体式封闭结构的车厢,装备有专用设施,用于运载乘员、货物或承担专门作业的专用汽车。

与普通汽车相比,厢式汽车因具有卫生条件好、货物安全性好等优点而得到广泛应用。厢式汽车的类型很多,具体分类见表5-1。

表 5-1 厢式汽车的类型

按功能分类	运输用厢式汽车	客厢车
		货厢车
	作业用厢式汽车	电视转播车
		餐医疗车
		住宿车
		医疗急救车
		淋浴车
按结构特征分类	普通结构厢式汽车	客车
		零担运输车
	特殊结构厢式汽车	电视转播车
		防弹车
		救护车
		淋浴车

5.1 厢式零担运输车

5.1.1 总体结构与设计

根据结构不同,厢式零担运输车可分为两大类,一种是在二类货车底盘基础上安装一个独立封闭的车厢形成,如图 5-1(a)所示;另一种为使用专用厢式零担运输半挂车,如图 5-1(b)

所示。

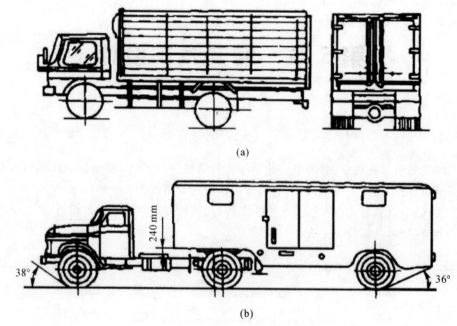

图 5-1 厢式零担运输汽车整体布置
(a)平头厢式零担运输汽车；(b)长头厢式零担运输半挂车

厢式零担运输车主要用于轻抛货物以及零担货物的中、长距离运输,车厢为典型的全封闭式结构。根据需要,车厢一般设置有后门或侧门,厢内装有通风、采光和信号传输等设施,车厢具有良好的防雨、防晒、防尘和防盗等功能。车厢厢体由顶盖,底架(包括副车架纵梁、横梁),前围,后围(后门框),左、右侧围六大部分组焊而成。

1. 厢体布置应遵循的原则

(1)车厢的纵向中心平面与底盘的纵向中心平面应重合。
(2)车辆外廓尺寸最大值、车厢后悬应满足 GB 1589 要求。
(3)车辆总质量、转向轴轴荷、驱动轴轴荷、各轴最大轴荷等应满足 GB 1589 与 GB 7258 的相关规定,对于改装车还需满足原车生产厂家的相关规定。
(4)车辆在空载、静态条件下的侧倾稳定角按 GB 7258 确定。

2. 厢体尺寸参数

(1)长度。在原二类底盘的基础上,决定厢体长度的主要因素是前后轴荷分配。为了不改变原底盘性能,厢体长度应以接近原车架长度为宜。
(2)宽度。决定厢体宽度的主要因素是底盘轮距、使用要求及法规限制等。
(3)高度。决定厢体高度的主要因素是改装后的质心高度(该高度直接影响汽车的侧倾稳定性)和法规限高。在满足装载容积及装卸方便的情况下,应尽量减小厢体高度,以降低质心,提高汽车行驶的稳定性。
(4)车厢外形。一般采用直角长方形。随着汽车平均车速的不断提高,车厢的造形除满足工艺要求、美观大方等以外,应尽量减小车厢的外廓尺寸,以减小空气阻力。

(5)车厢与底盘的连接。一般通过副车架进行过渡,采用连接支架与U形螺栓相结合的连接方式。为了连接牢固与改善受力情况,一般应在连接部位的底盘纵梁和车厢纵梁槽钢开口内加衬垫木,在靠近消声器处因温度较高,为安全起见,可加衬钢板。

5.1.2 车厢结构与设计

1. 车厢尺寸参数

影响车厢外廓尺寸(长×宽×高)的因素如前所述,该尺寸应在厢式零担运输车总体设计阶段予以确定。车厢内框尺寸(长×宽×高)决定车厢容积的大小,应从车辆用途、装载质量、货物密度以及包装方式、尺寸规格等方面进行考虑,以便提高运输效率。

车厢容积计算式如下:

$$V = l_{x1} b_{x1} h_{x1} \times 10^{-9} \tag{5-1}$$

式中:V—— 车厢容积,m^3;

l_{x1}—— 厢内有效长度,mm;

b_{x1}—— 厢内有效宽度,mm;

h_{x1}—— 厢内有效高度,mm。

车厢地板高度直接影响货物装卸的方便性和汽车质心的高度。地板高度如果过高,则对车辆行驶的稳定性和其他使用性能产生不利影响;如果过低,则将使轮胎与地板下平面发生运动干涉的机会增加。影响车厢地板高度的主要因素为悬架上极限高度和轮胎最大直径。

2. 车厢结构与设计

(1)骨架设计。骨架是支撑车厢、连接内外蒙皮的支撑构件。骨架的结构形式、材料种类和截面几何形状等都对车厢强度、刚度及车厢自重影响很大,在材料截面积相等和壁厚不变的条件下,管形截面的抗扭刚度最佳,箱形截面次之,开口截面最差。

骨架结构设计除了满足车厢要求以外,还要考虑内外蒙皮装配的工艺性和车厢骨架的系列化设计,以提高内外蒙皮、底架和门框(扇)等零部件的通用化,利于缩短设计和制造周期,降低生产成本。

车厢骨架一般都设计成"井"字形的矩形框架结构。为了节约材料、减小自重,对于受力较小的顶盖可以设计成"米"字形框架结构。在制造工序上,先将车厢分割为六大块分总成骨架分别加工,再将以上分总成焊接为一个完整的车厢骨架。底架是整个车厢的安装基础,一般底架的纵梁和横梁均采用槽形截面,并且两者采用纵横搭接的结构,以提高底架的强度和刚度,如图 5-2 所示为车厢底架结构。

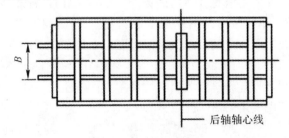

图 5-2 车厢底架结构

设计时,底架纵梁间距应与所选底盘车架的纵梁间距相等,以便安装。底架各横梁的纵向位置应根据汽车后轴轴线位置确定。与后轴轴线相邻的两横梁要满足轮胎跳动,避免运动干涉的要求,因此间距要比其他横梁间距大,一般取 1 000 mm 左右,其他横梁间距取 500~700 mm。为了减轻自重,一般将横梁两端的截面作成变截面,即由两端小过渡到中间大。在与纵梁连接处,有的结构采用局部加强措施,使槽形截面成为箱形截面。目前出现的无骨架式车厢采用高强度的"铁塑夹层板"作为车厢的壁板,同时兼有骨架和蒙皮的作用,从而大大减轻车厢的自重,简化了制造工艺。

(2)蒙皮。蒙皮本身是薄壁板件,通过一定形式的连接(如钢接、焊接、粘接等),将其固定在骨架的框架面上,成为车厢的内外表面。每块蒙皮的大小、形状是根据骨架的结构与板料尺寸规格确定的,蒙皮之间应留有 15 mm 左右的搭接量,这一方面是结构上的需要,另一方面可借此补偿骨架和蒙皮本身的尺寸误差。

外蒙皮通常采用 0.8~1.5 mm 厚的薄钢板,但也有时采用铝合金板或玻璃钢板,非金属蒙皮厚度为 2~3 mm。为了提高蒙皮的刚度,往往事先在薄板上压制成截面形状各异的加强筋,如图 5-3 所示。从提高刚度的角度考虑,弧形最佳,其次是三角形和矩形。

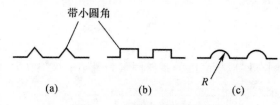

图 5-3 外蒙皮的截面形状
(a)三角形断面;(b)矩形断面;(c)弧形断面

车厢内饰一般采用人造夹层板制作,以减轻车厢自重。由于人造夹层板较厚,故不能采用像外蒙皮那样的搭接方式,而应采用对接方式,并采用装饰压条进行封口。由于压条较宽,故可放松对接缝的要求,一般允许有小于 3 mm 的间隙存在。另外,也可在人造夹层板的表面粘贴铝塑板,这样可以不使用压条。采用人造夹层板的车厢内饰,必须要考虑其防护问题,一般在其外表面敷盖一层压制有加强筋的内蒙皮。为减轻质量,可将内蒙皮制成条状,从上至下间断布置。

3. 门、窗、密封条及门梯设计

(1)车厢门设计。车厢一般设置后门,这样有利于货物的装卸和交通安全。对于较长车厢还应考虑增设侧门,在不便或不能打开后门的场合,可利用侧门进行装卸作业。车厢门的形状一般采用矩形平面结构。车厢后门及门框通常占据整个车厢后围,并且门可以转过 270°,与车厢外侧壁相叠,这样开门不占空间,方便装卸,有利于在狭窄作业地点工作。

后门开启方式有单开式和对开式两种。单开式后门开启时扫过的空间大,操作不安全,门框受力集中,结构不合理,但厢门开启、关闭机构简单、可靠;左右对开式后门设计较合理,且克服了单开式的缺点,是广泛采用的后门开启方式。

侧门宽度一般在 1 200~2 000 mm 内选取,侧门宽度中心与车厢前端的距离应为车厢总长的 1/2 左右。车厢门的开启角度按表 5-2 选取,车门开启后应能牢固地锁止在车厢上。

表 5-2　车厢门开启角度

门的形式		开启角/(°)
后门	对开式	270 或 180
	单开式	
	上掀式	90
侧门	对开式	180
	单开式	
	推拉门	0

(2)车厢窗设计。为了便于驾驶员能直接观察到车厢内的情况,一般在车厢前围适当的地方开设固定式的玻璃窗,设计时应注意使窗口的位置正好与驾驶室后窗相对应。窗内应设置防护装置,以免货物撞坏玻璃。车厢还应设置供厢内空气循环的通气孔,该孔一般设置在车厢的顶部,设计时应使该孔具有良好的防雨、防淋和防尘等功能。

(3)密封条。在车厢门与门框以及对开式车厢门的对接处都应加装密封条,以防止灰尘和雨水渗入车厢。为提高车厢的密封耐久性,密封条应满足以下要求:良好的弹性,以保证密封可靠;良好的抗老化性能,以保证有足够长的使用寿命;良好的耐候性;良好的机械强度和耐磨性;便于成形和装配。一般 VAG4-543-67 黑色橡胶材料可以满足以上要求。此外,目前有多种不同断面结构的成形密封条,可供设计时选用。

(4)门梯设计。由于车厢底板距离地面约有 1 000 mm,为便于装卸货物,通常在车厢门的下部装有门梯。门梯的形式有两种,一种为活动式即由普通钢管焊接而成的门梯,平时放置在车厢下部的滑槽内,使用时将其拉出,下端支承在地面上;另一种为固定式,即将门梯直接固连在车厢门的下部。固定式门梯因其结构简单、使用方便,不受地面情况的影响,故使用比较普遍。

5.2　冷藏保温汽车

冷藏运输,是应用制冷技术和专用设备,使易腐食品在整个运输过程中均处于食品适宜的环境条件(温度、湿度和通风状况)下,从而避免食品在运输过程中变质受损。公路冷藏运输的重要工具即是冷藏保温汽车,用来运输易腐的和对温度有特定要求的货物,主要为食品。

5.2.1　冷藏保温汽车的定义与制冷方式

1. 冷藏保温汽车的定义与分类

保温汽车是指装有隔热车厢而未装有任何制冷或加热装置,用于短途保温运输的专用汽车。冷藏汽车是指既装有隔热车厢,又装备有制冷装置,用于冷藏运输的专用汽车。保温汽车的专用装置仅为隔热车厢,冷藏汽车的专用装置除隔热车厢外,还有制冷装置或加热装置。冷藏汽车适于长距离、环境温度变化范围大以及适温范围较窄的易腐货物的冷藏运输。

冷藏保温汽车可按以下方式分类。

(1)按制冷装置的制冷方式分。冷藏保温汽车可分为机械冷藏汽车、液化气冷藏汽车、冷板冷藏汽车、干冰冷藏汽车和水(盐)冰冷藏汽车。

(2)按隔热车厢总传热系数 K 分。冷藏保温汽车可分为普通隔热型车厢的冷藏汽车($0.4 < K \leqslant 7$)和强化隔热型车厢的冷藏汽车($K \leqslant 0.4$),其中 K 的单位为 $W/(m^2 \cdot K)$。

2. 冷藏汽车的制冷方式

(1)固体制冷方式。固体制冷方式是通过水冰、含盐水冰、干冰、液氮以及能在低温下汽化的其他固体、液体的制冷剂实施冷却。一般采用该种制冷方式的冷藏车为机械制冷式冷藏汽车。

(2)冷板制冷方式。冷板制冷原理就是利用蓄冷剂冷冻后所蓄存的冷量进行制冷。运输前先将厢内冷板中的蓄冷剂进行"充冷",使其冷却冻结,然后在运输途中利用冷板中的蓄冷剂融化吸热,使厢内温度保持在运输货物的适温范围内。故将冷板又称为"蓄冷板"或"热电池"。

(3)液化气体制冷。液化气体制冷是利用液化气体汽化时吸取的汽化潜热来制冷的一种方式。常用的液化气体有液氮、液氨和液态二氯化碳等。

5.2.2 冷藏保温汽车的总体结构与设计

冷藏汽车主要由汽车二类底盘、隔热车厢和制冷机组等组成。汽车底盘的吨级一般根据装载货物的质量及隔热车厢的有效容积确定。根据采用制冷装置的不同,冷藏汽车主要可分为机械冷藏汽车、冷板冷藏汽车和液氮冷藏汽车。根据采用的制冷方式不同,冷藏汽车的总体结构与布置形式也有所不同。

1. 机械冷藏汽车的结构与布置

机械冷藏汽车的整车布置主要取决于选用的制冷机组结构形式及制冷机组主要部件(动力装置、压缩机、冷凝器和蒸发器等)的安装位置。按是否自带动力装置,制冷机组可分为独立式(自带动力装置)和非独立式(不带动力装置)两种。

独立式制冷机组的动力装置多采用内燃机或电动机。其中,有的独立式制冷机组仅有一种动力装置;有的则既装有内燃机又装有电动机,以其中的一种为主,另一种作为备用,以提高制冷机组的工作可靠性。

非独立式制冷机组本身虽无动力装置,但是可以方便地利用汽车发动机作为动力装置。其取力方式一般有两种途径:一种是利用皮带传动,直接从发动机前端取力;另一种是利用变速器的取力口,从中间轴或倒挡轴上通过齿轮传动取力。

按动力装置、压缩机、冷凝器和蒸发器四大部件的安装位置不同,制冷机组又可分为整体式和分体式两种。四大部件组装成一体,称为整体式;四大部件按其需要分别安装在冷藏汽车的不同部位,彼此用管道相连,则称为分体式。无论是整体式还是分体式,动力装置总是与压缩机安装在一起,并用皮带传动机构驱动压缩机工作。整体式机械冷藏汽车的外形如图 5-4 所示。

分体式机械冷藏汽车按冷凝器的位置可分为顶置式、前置式和下置式三种。顶置式和前置式的冷凝器处于汽车的迎风位置,冷凝效果好,但与下置式比较其整车质心位置变高。下置式的冷凝器散热片间易进入飞尘,影响冷凝效果。此外冷凝器布置在汽车车架纵梁的外侧也比较困难。分体式制冷机组比整体式机械冷藏汽车的制冷量要小,一般主要用于轻型或微型冷藏汽车。分体式机械冷藏汽车的蒸发器一般布置在隔热车厢内前壁中上方,但也有根据需要布置在左(右)上方的。

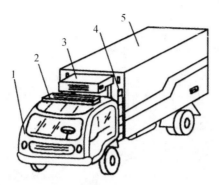

图 5-4　整体式机械冷藏汽车
1—底盘;2—工作平台;3—制冷机组;4—工作梯;5—隔热车厢

2. 冷板冷藏汽车的结构与布置

冷板冷藏汽车是利用冷板制冷。冷板结构如图 5-5 所示。图 5-5 中冷板为板状金属密封容器 1,其内装有供蒸发用的金属盘管 3,盘管和板内壁之间充满了蓄冷剂。充冷时,制冷机压缩盘管内的氟利昂循环制冷,使蓄冷剂冻结而蓄存一定冷量,然后在运输途中依靠冷板中的蓄冷剂不断融化,释放冷量,以保持厢内温度一定。

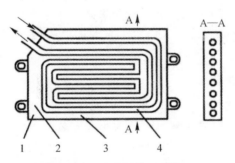

图 5-5　冷板结构示意图
1—金属容器;2—蓄冷剂;3—蒸发盘管;4—制冷剂

冷板的数量和布置主要取决于车厢容积的大小。微型冷藏汽车一般仅在厢内前壁安装一块冷板;轻型冷藏汽车需装 2~3 块;中型冷藏汽车需装 3~5 块;重型冷藏汽车则不少于 6 块。当厢内采用 2 块以上冷板时,厢内两侧壁安装的冷板应该对称布置。

冷板冷藏汽车按其是否自带制冷装置,可分为独立式和非独立式两类。

(1)独立式冷板冷藏汽车。独立式冷板冷藏汽车在车厢内除装有冷板外,还装有对冷板进行"充冷"的制冷机组。需要时,仅需接通地面上的电源,即可自行对冷板进行充冷。制冷机组一般布置在车架纵梁左外侧,如图 5-6 所示。若此处不便布置,亦可将制冷机组布置在车厢前壁外上方。

(2)非独立式冷板冷藏汽车。非独立式冷板冷藏汽车本身不带制冷机组,需依赖地面制冷机组对冷板进行充冷。因此冷板内的蒸发器盘管必须将其接口布置在车厢右侧,以便与制冷机组的接口相接进行制冷。一般来说,对于运输距离较长、地面配套服务设施不全者,宜采用独立式;反之,采用非独立式。

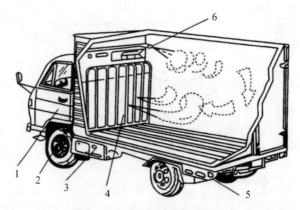

图 5-6 独立式冷板冷藏汽车
1—底盘;2—隔热车厢与连接装置;3—制冷机组;4—冷板;5—电源接线箱;6—通风装置

冷板冷藏汽车按其车厢内空气流动方式不同,可分为自然对流式和强制通风式两种。自然对流式是依靠厢内空气的温差形成自然对流,促使厢内温度逐渐趋于均匀。强制通风式是冷板一端装有风机,强制厢内空气流动,加速厢内温度趋于均匀。

冷板冷藏汽车要求冷板提供的制冷量取决于厢体的传热系数、厢体容积、厢内所需冷藏温度、环境温度及保温时间等因素。冷板设计应考虑其搬运和装卸的方便性,每块冷板最大质量最好在 100 kg 左右,厚 50~70 mm。对于竖直放置的冷板,因充冷时下部先冻结,故设计时,冷板长度应大于高度。

3. 液氮冷藏汽车的结构与布置

液氮冷藏汽车主要是由汽车底盘、隔热车厢、连接装置和液氮制冷装置等组成的。液氮冷藏汽车的总体布置方式主要取决于液氮罐的大小和安装位置。轻型液氮冷藏汽车的液罐较小,因此液罐往往安装在厢内,竖装液罐多装在厢内前侧;横装液罐多装在厢内前壁上方。液罐布置在厢内,其优点是结构紧凑、安装方便。但是,罐体占用了一部分厢体装载容积。中、重型液氮冷藏汽车的液氮罐尺寸较大,通常安装在车厢下面的汽车纵梁上,液氮罐在纵梁上的布置又可分为纵置式和横置式两种。

如图 5-7 所示为一种液氮制冷系统原理图,车厢内装有钢制液氮容器 8,容器上有真空-粉末材料形成的隔热层。液氮经电磁阀 3 进入位于车厢上部的喷雾集管 1,氮雾喷出时便吸收大量的热。电磁阀由调温器 6 控制,调温器接受温度传感器 2 的信号,因此调节调温器可使厢内温度保持在所需的温度范围内。充填口用来添加液氮。调温器 6 和充填口 7 均设在车厢外的控制箱上。控制箱还装有仪表盘及各种阀类,上面装有各种控制和显示仪表。氮雾从喷雾集管喷出时体积迅速膨胀,会使厢内空气得到强烈搅拌,因而厢内温差较小。当液氮喷淋汽化后,其体积迅速膨胀到原来的约 650 倍,倘若厢内汽化的氮气不能及时排出厢外,则厢内气压将迅速上升,导致厢体变形、厢门被推开等故障发生。因此在控制器内设有安全通气阀,其作用就是当厢内的气压上升到规定值时,通气阀可自动打开排气、减压,避免发生以上故障。

控制器内还设有液氮紧急关闭阀,与车门联动,车门开启,阀门关闭,切断液氮喷淋管,并使传感器不能发出信号,以保证工作人员安全。

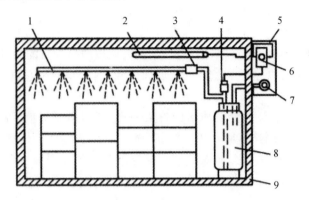

图 5-7　液氮制冷系统原理图
1—液氮喷雾集管;2—温度传感器;3—电磁阀;4—自动阀;
5—控制器;6—调温器;7—充填口;8—液氮容器;9—车厢

如图 5-8 所示为一液氮冷藏汽车的总体布置图。液氮容器 1 卧装在底盘左侧,气体控制箱 2 安装在液氮容器正前方,温度控制箱 4 装于车厢前壁的左上侧,温度传感器 5 装于厢内顶部,温度调节器 3 装在驾驶室内,操作者可在驾驶室内直接控制液氮系统的工作。液氮喷淋部件由喷淋管 8、电控调节阀 9 与紧急停止阀 7 组成。紧急停止开关装于厢门侧旁与厢门联动。当厢门打开时,操作紧急停止开关使电控调节阀 9 关闭,整个系统的制冷暂时停止。安全通气阀 6 装于车厢后门,以保证厢内气压不超过规定值。

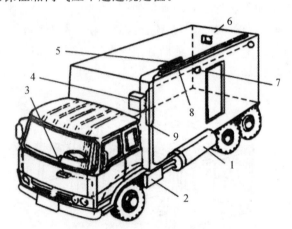

图 5-8　液氮冷藏汽车的总体布置示意图
1—液氮容器;2—气体控制箱;3—温度调节器;4—温度控制箱;
5—温度传感器;6—安全通气阀;7—紧急停止阀;8—液氮喷淋管;9—电控调节阀

5.2.3　冷藏保温汽车隔热车厢的结构与设计

1. 隔热车厢的结构组成

冷藏保温汽车隔热车厢(以下简称"隔热车厢")是所有冷藏保温汽车的重要装置。作为车厢,它具备厢式汽车车厢的共性,但又要求它具有良好的隔热保温性能。因此,在结构上就是围绕如何提高车厢的隔热保温性能进行设计。隔热车厢由顶板、底板(地板)、左右侧壁、前壁、后壁(后门框)和车厢门组成。由于要求车厢具有隔热保温性,因此它的骨架具有承载与断热的双重功能。其中以承载为目的的骨架称为主骨架(与一般车厢的骨架作用相同),这种骨架一般选用强度和刚度较高的金属(钢、铝型材)结构。而以断热为目的的骨架称为辅助骨架,一般选用非金属材料,常见的有硬木、胶合板、玻璃钢和工程塑料等,它可装于主骨架的外侧或内侧。

车厢的内、外蒙皮分别与主骨架和辅助骨架相连,其间形成了填装隔热材料的空间。因此,主、辅骨架共同完成了隔热车厢骨架的全部功能。外蒙皮多为平板形,但左、右侧壁外蒙皮常压成瓦楞形或半圆形,这种具有加强筋的外蒙皮既可增加厢壁强度和刚度,又可增加美观感。内蒙皮一般均为平板形,为了防止冷冻体(整块冻猪、牛、羊肉等)等货物撞坏内蒙皮,有的车厢还在金属内蒙皮内表面再装上木夹板蒙皮。内、外蒙皮常用材料有钢板、铝合金板、不锈钢板和玻璃钢板等。一般金属蒙皮厚度为 0.8～1.5 mm,非金属蒙皮厚度为 2～3 mm。

蒙皮与骨架的连接方式通常采用拉铆连接。内、外蒙皮之间的无骨架空间为隔热层,其间应填充隔热材料。

2. 隔热车厢的结构形式

隔热车厢按其结构形式可分为整体式与拼装式两种。整体式隔热车厢又可分为整体骨架式和整体隔热层式,其中整体骨架式隔热车厢包括填嵌式和喷涂式;拼装式隔热车厢又可分为分片注入发泡式和板粘接式。

(1)整体结构隔热车厢。

1)整体骨架式隔热车厢。这种车厢的骨架如图 5-9 所示。在骨架交汇处,一般焊接加强板,以增加整体强度和刚度。车厢加工工艺流程大致如下:零部件制作→各片金属骨架总成→车厢金属骨架总成→铆接外蒙皮→安装辅助骨架→填嵌或喷涂隔热层泡沫材料→装内蒙皮→装厢内压条及附件→装后门总成。

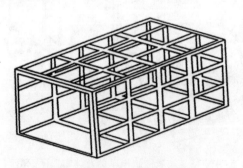

图 5-9 整体式车厢骨架示意图

2)整体隔热层式车厢。这种结构形式是先以整体骨架形式或以分片拼装形式制成车厢,预留隔热层空间,然后整体注入硬聚氨脂泡沫。这种车厢的最大特点是它具有完整的隔热层,车厢的隔热、密封性能好。若是采用现场喷涂发泡工艺,则须先喷涂发泡材料,形成隔热层,取平后装车厢内蒙皮。整体隔热层式车厢的工艺流程大致如下:车厢外部整体成形→车厢淋雨试验→安装车厢内蒙皮→注入发泡材料→安装厢内附件→安装车厢后门。

如图5-10所示为采用整体骨架式的填嵌式车厢结构图。

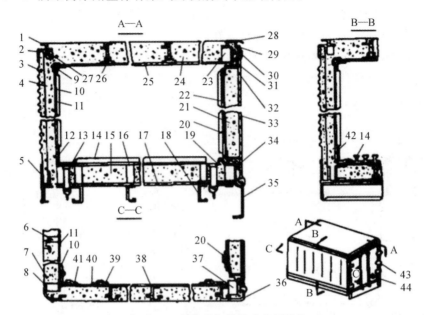

图5-10 整体骨架填嵌式车厢结构

1—顶板外蒙皮；2—上檐铝型材；3—前壁外蒙皮；4—前壁隔热层；5—下裙铝型材；6—前壁中骨架；7—前、侧壁骨架；8—前、侧壁铝型材；9—顶、前壁铝型材；10—前壁导风条；11—前壁内蒙皮；12—前、底铝型材；13—漏水管；14—铝型材地板；15—底板隔热层；16—底板骨架；17—底板外蒙皮；18—底板横梁；19—底板后部铝型材；20—后门导风条；21—后门隔热层；22—后门内蒙皮；23—顶板后骨架；24—顶板隔热层；25—顶板内蒙皮；26—顶板中骨架；27—顶、前壁骨架；28—后门铝檐板；29—门上檐铝型材；30—"I"形密封条；31—"△"形密封条；32—顶、后铝板材；33—后门外蒙皮；34—底板后骨架；35—后门下尾灯板；36—后门框；37—侧、后壁骨架；38—侧壁骨架；39—侧壁隔热层；40—侧壁外蒙皮；41—侧壁导风条；42—侧、底壁铝板材；43—门铰链；44—门杠、门锁机构

(2)分片拼装隔热车厢。分片拼装隔热车厢的结构特点是，将组成车厢的六大片(顶板、底板、左右侧壁、前壁、后壁)和车厢门事先采用聚氨酯或聚苯乙烯泡沫材料分别形成各自的厢壁隔热层，然后利用合适的连接方式(如铆接、粘接、螺纹连接或嵌合连接加铆接等)，将各片拼装成完整的车厢。分片拼装隔热车厢根据加工工艺不同，可分为分片拼装硬聚氨酯注入发泡式和"三明治"板预制粘接式两种。

分片拼装隔热车厢结构如图5-11所示。

3. 隔热车厢的结构设计

车厢结构设计除了要满足有关整车的国家标准以外，还应使车厢具有适度的强度和刚度，力求减小自身质量，工艺简单，系列化、通用化和标准化程度高，具有良好的隔热性能以及使用、维修的方便性等。

(1)隔热层材料与厚度。

1)对隔热层材料的要求。

A. 发泡均匀、密度小；

B. 导热系数尽可能小，一般要求在 0.045 W/(m²·K)以下；

C. 对温度变化的稳定性要好，在−40～70℃的使用温度范围内，使用性能要满足规定的

要求;

D. 具有一定的机械强度,能承受汽车在恶劣道路条件下的振动、冲击而不受损或变形;

E. 吸水性和吸湿性低,耐腐蚀,抗冻性能好;

F. 无毒无味,透气性小,隔热材料使用和燃烧时,不得分解出有毒和有害气体;

G. 价格低、易成形,可采用充填、浇注、喷涂等工艺形成车厢隔热层;

H. 消除压力、固化。

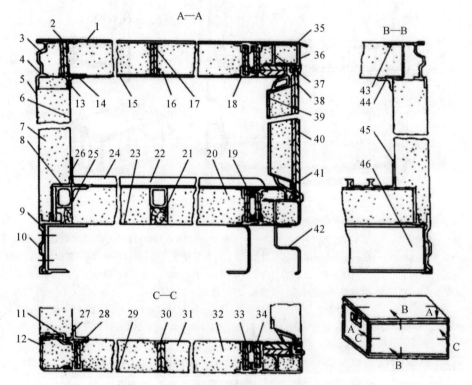

图5-11 分片拼装硬聚氨酯注入发泡式车厢结构

1—顶板外蒙皮;2—顶板前骨架;3—前、顶壁铝型材;4—安装制冷机木框;5—前壁外皮;
6—前壁内蒙皮;7—前壁隔热层;8,13—"L"形玻璃钢;9—底架前横梁;10—前壁下铝型材;
11—凸缘铝型材;12—前、侧壁外连铝型材;14—前、顶壁内铝角板;15—顶板内蒙皮;16—顶板隔热层;
17—顶板中骨架;18—顶板后骨架;19—底板后骨架;20—底板隔热层;21—底板中骨架;22—地板铝型材;
23—底板外蒙皮;24—底板内蒙皮;25—底板前骨架;26—前壁、底板连接铝型材;27—前、侧壁内铝角板;
28—前、侧壁骨架;29—前壁外蒙皮;30—侧壁中骨架;31—侧壁内蒙皮;32—侧壁隔热层;33—侧壁后骨架;
34—后门框嵌合型材;35—后檐条;36—后门框;37—加强角铁;38—后门外蒙皮;39—后门内蒙皮;40—后门胶合板;
41—后门密封条;42—后尾架;43—槽玻璃钢;44—顶、侧壁内铝角板;45—底、侧壁内铝角板;46—底架横梁

由于"三明治"板中没有骨架,因此要求隔热材料具有一定的强度。各片"三明治"板预制成形后,先用黏胶剂将其拼装成车厢,然后在车厢内外拼缝处采用"L"形和"T"形等铝型,将其铆接成整体。铆接前应将铝型材和铆接的厢框表面清洗干净,然后在接合面处涂刷密封胶。后门框与后壁的连接除采用铆接方法以外,还可采用焊接、螺栓连接等方法。如图5-12所示为"三明治"板粘接拼装过程示意图。

隔热材料选用硬聚氨酯泡沫的"三明治"板,制作中无需整体注入发泡式所要求的大型夹具。在拼装、剪切"三明治"板材时,可以及时检查其外观和内在品质,如是否存在"空穴""烧心"等缺陷,而这对于采用注入发泡式方法几乎是不可能做到的。

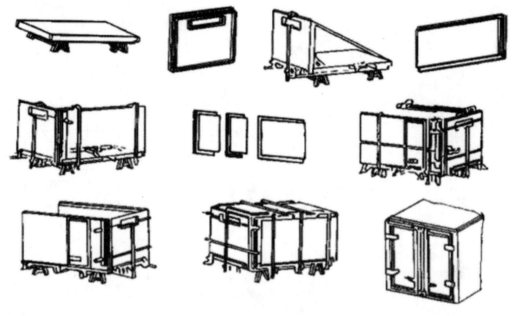

图 5-12 "三明治"板粘接拼装过程示意图

2) 隔热材料的种类。目前,普遍应用的隔热材料主要有聚苯乙烯泡沫和聚氨酯泡沫两种。

聚苯乙烯泡沫是以含低沸点液体发泡剂的可发性聚苯乙烯颗粒,经加热预发泡后,在模具中加热成形而得微孔形蜂窝结构的泡沫材料。

聚氨酯泡沫是目前应用十分广泛的隔热材料,其主要物理机械性能有导热系数、抗拉强度、抗压强度与钢板粘接力等,性能优良。影响聚氨酯隔热材料导热系数的主要因素有泡沫密度、气泡直径、气泡独立率、湿度和温度等,如图 5-13 所示。

隔热材料在使用过程中会发生老化。因此隔热车厢在使用 6 年左右时间后就应该按有关规定重新测定总传热系数,不符合规定的则应降级使用。

(2) 断热桥的设计。由低热阻材料相连的车厢内外壁所构成的热流区称为"热桥"。尽管热桥面积只占车厢面积 2‰~5‰,但对车厢总传热系数的影响却很大。设计断热桥的目的就是阻断热桥,排除车厢内、外蒙皮直接与金属零件相连。为此,将骨架分为两类:即以承载为目的的主骨架和以隔热为目的的辅助骨架。

如图 5-14 所示为几种断热桥的结构。分片拼装式车厢断热桥如图 5-14(a)所示,它采用金属主骨架与内、外蒙皮连接,利用辅助骨架将内、外主骨架连接成一整体。如图 5-14(b)所示为整体骨架式车厢断热桥结构,它采用主骨架与外蒙皮连接,辅助骨架与内蒙皮连接,而主、辅骨架彼此相连。如图 5-14(c)所示为预制复合板式(即"三明治"式)车厢断热桥结构,其结构特点是内蒙皮与主骨架连接,外蒙皮与辅助骨架相连,而主骨架与辅骨架采用双组低泡聚氨酯胶粘接。

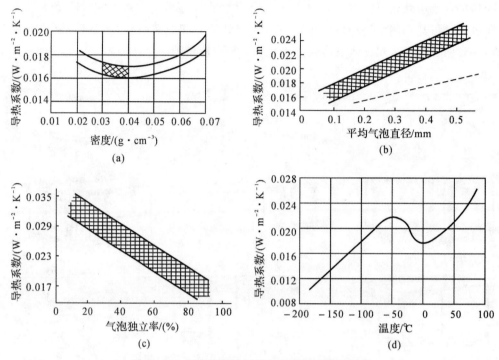

图 5-13 影响聚氨酯隔热材料导热系数的因素

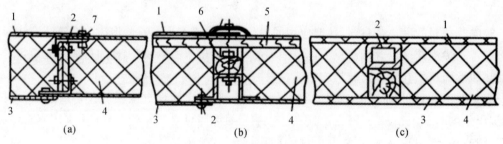

图 5-14 几种断热桥的结构
(a)分片拼装式；(b)整体骨架式；(c)预制复合板式
1—内蒙皮；2—主、副骨架；3—外蒙皮；4—隔热材料；5—胶合板；6—压条；7—抽芯铆钉

(3)车厢门及附件。这里所述的车厢门与 5.1 节厢式零担运输车的车厢门相比要复杂很多，这是由于两者的用途和使用条件相差较大。

隔热车厢门在装卸作业时，成为装卸冷藏货物的进出通道，而在运输途中它却成为厢壁的一部分。因此，对车厢门的主要要求是开启自如、装卸方便、关闭可靠、密封良好，具有适度的强度、刚度和预期的使用寿命。此外，车厢门开启度还应符合交通规则。

车厢门结构形式很多，可以从不同角度进行分类，按车厢安装位置有后门、侧门等，按门的开启方式有铰链式、折叠式、卷帘式和拉移式等，按车厢开启角度有小开门、中开门和大开门，按车厢门数又有单门式和双门式等。另外，还有由几种不同形式的车门组合而成的复合式车厢门。

厢门的宽度和高度尺寸主要取决于门框的结构尺寸、门与门框的配合间隙、门的数量和门的结构形式等,门的厚度应与厢壁厚度一致。门与门框的配合间隙应根据门的结构和密封条的断面形状进行选择。对于铰链式结构车厢门,其配合间隙一般为 10～20 mm。

厢门附件主要有门铰链和门锁机构。

门铰链形式较多,铰链座和铰链板常用 3～5 mm 厚的钢板冲压成形,也有的采用锻(铸)钢件、铝合金铸件或压铸件等。设计时可根据车厢门质量、密封锁紧力、所用材料及工厂的工装设备等情况选取。

门锁机构的形式也比较多,常用的两种门锁机构如图 5-15 所示。门锁杆一般采用直径为 20～30 mm 的镀锌钢管或不锈钢管,两端焊接锁扣。锁扣一般为凸轮形、偏心圆柱形或小块干板形。锁扣座固定在上、下门框上,其形状、大小要根据所选用的锁扣确定。门把手一般采用金属压制成形件,长度多为 300～500 mm,厚为 8～12 mm。

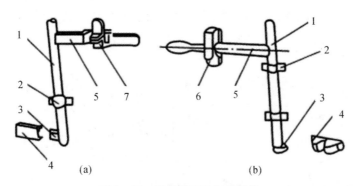

图 5-15 常用的两种门锁机构
(a)平板形锁扣;(b)凸轮形锁扣
1—门锁杆;2—锁杆支架;3—锁扣;4—锁扣座;5—门把手;6—把手锁紧上板;7—把手锁紧下板

车厢外附件主要包括门梯(或称脚踏板)和工作梯。由于车厢地板距离地面的高度为 1 000 mm 左右,因此,在厢门下面设置门梯可以方便人员上下和货物装卸。对于机械冷藏汽车,还需在车厢前壁与侧壁结合部位附近安装工作梯并在驾驶室上方空间处安装踏板,以方便对制冷机组进行检修。

门梯和工作梯分为活动式和固定式两种。活动式灵活方便,但结构比较复杂;固定式简单、可靠,但占据的空间较大。

车厢内附件主要有挂钩和挂轨等。装运肉类胴体时,为保证运输食品不变质,需使厢内空气保持良好流通,将胴体挂置在厢内。为此,在厢内顶板上装置了挂轨,挂轨上安装了挂钩。挂钩可在挂轨上固定或沿挂轨移动。为防止胴体因其惯性力作用而发生摆动和滑动,一般在厢内两侧壁之间连有栏索,将胴体沿车厢纵向拦成几个区域为了引导厢内空气沿正确方向流动,使厢内温度趋于均匀。通常在厢内前壁、侧壁和后门内板上装有导风条,导风条截面一般为矩形和梯形。四壁导风条还起保护厢壁不被货物撞伤的作用。车厢底板上面通常铺装异形铝合金地板,它具有防滑、干燥、清洁、储水和排水等作用。导风条和异形地板结构如图 5-16 所示。

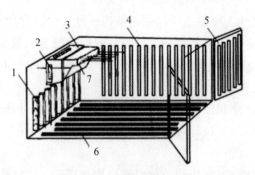

图 5-16 装有导风条和异形地板的车厢内视图

1—前挡风条；2—回风口；3—制冷装置；4—侧导风条；5—车厢门挡风条；6—异形地板；7—送风口

当清洗车厢地板、冷冻食品融解和制冷装置除霜时，厢内地板经常积水。除了异形地板可起临时储水作用外，还必须设置漏水管（排水管）以便将积水及时排除干净。漏水管除具有排水功能外，还应具有良好的密封功能，在不排水时，漏水管能自动密封，以保证隔热车厢的隔热性能。如图 5-17 所示为常见的一种漏水管结构。这种漏水管在其出口处装有一截橡胶管。

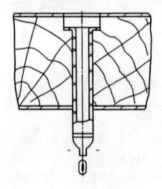

图 5-17 漏水管结构

平时橡胶管是收缩封闭的，当积水多到一定程度时，依靠积水的重力将橡胶管张开排水。另一种漏水管为一截塑料管，上端与车厢底板齐平或略低，下端通到厢外，并用塞子将其出口封死，需放水时，将塞子打开即可。漏水管的布置与数量应根据车厢总布置确定。

为防止在运输或装卸货物时不慎撞坏制冷装置，一般在厢内安装有蒸发器保护架，如图 5-18 所示。

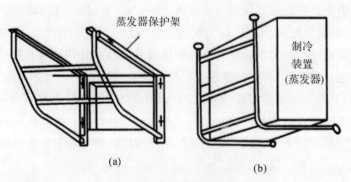

图 5-18 蒸发器保护架

(a)蒸发器保护架结构；(b)保护架安装位置

5.3 集装箱运输车

5.3.1 集装箱运输车总体结构和类型

集装箱运输车由集装箱、运输车和锁固装置组成,其中集装箱是已经标准化的货物装运容器,GB/T 1413—2008《系列 1 集装箱 分类、尺寸和额定质量》参照 ISO 830:1999《集装箱 术语》对集装箱作如下定义:一种运输设备,应具备下列条件:

(1) 具有足够的强度和刚度,在有效期内可以反复使用;

(2) 适于以一种或多种运输方式运送货物,途中无需倒装;

(3) 设有供快速装卸的装置,便于从一种运输方式转到另一种运输方式;

(4) 便于箱内货物的装满及卸空;

(5) 内容积等于或大于 1 m^3(约 35.3 ft^3)。

集装箱运输车按车型可分为普通载货汽车、半挂汽车列车、全挂汽车列车和双挂汽车列车 4 种类型。由于半挂汽车列车具有良好的机动性,且适于甩挂运输,目前得到广泛应用。运输车的结构尺寸和承载能力等参数应与集装箱的有关标准参数相吻合。如图 5-19 所示为能装一个 12 m 集装箱或两个 6 m 集装箱的半挂汽车列车。

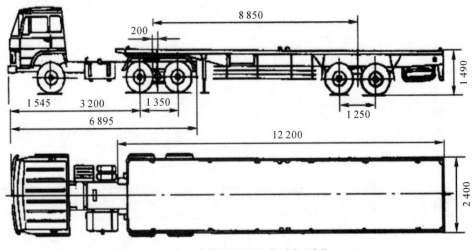

图 5-19 12 m 集装箱半挂汽车列车(单位:mm)

5.3.2 集装箱结构

1. 集装箱的规格标准

集装箱国际标准由国际标准化组织(ISO)制定,该组织为非政府机构,所制定的标准规格是以推荐建议的方式提出的,并没有强制性。但是,随着集装箱运输的发展,各国在制定有关集装箱的安全、海关、检疫等规划方面,都以 ISO 所规定的标准作为参考。为了顺利地开展国际间的集装箱运输,各国在签订各种集装箱运输公约时,也希望以 ISO 建议的方案为依据,要求对集装箱的规格、尺寸等方面相互承认。于是,各国均按此标准制造集装箱,使集装箱规格在全世界逐渐趋于统一。

参照 ISO 集装箱标准,我国制定了 GB/T 1413—2008《系列 1 集装箱 分类、尺寸和额定质量》,其中规定了系列 1 集装箱的外部尺寸和部分内部尺寸,每种型号集装箱的具体尺寸已列入 ISO 1496 的标准中。系列 1 各种型号集装箱的宽度均为 2 438 mm(约 8 ft),适用于国际联运。

GB/T 1413—2008 规定的系列 1 集装箱外部尺寸和额定质量标准见表 5-3。

表 5-3 系列 1 集装箱外部尺寸和额定质量

集装箱型号	外部尺寸/mm						额定质量/kg
	长		宽		高		
	尺寸	公差	尺寸	公差	尺寸	公差	
1EEE	13 716	0 −10	2 438	0 −5	2 896	0 −5	30 480
1EE					2 591		
1AAA	12 192	0 −10	2 438	0 −5	2 896	0 −5	30 480
1AA					2 591		
1A					2 438		
1AX					<2 438		
1BBB	9 125	0 −10	2 438	0 −5	2 896	0 −5	30 480
1BB					2 591		
1B					2 438		
1BX					<2 438		
1CC	6 058	0 −6	2 438	0 −5	2 591	0 −5	30 480
1C					2 438		
1CX					<2 438		
1D	2 991	0 −5	2 438	0 −5	2 438	0 −5	10 160
1DX					<2 438		

GB/T 1413—2008 规定的系列 1 集装箱内部尺寸及门框开口尺寸列于表 5-4,所列尺寸均为最小要求尺寸。

表5-4 系列1通用集装箱的最小内部尺寸和门框开口尺寸

集装箱型号	最小内部尺寸/mm			最小门框开口尺寸/mm	
	长	宽	高	高	宽
1EEE	13 542	2 330	箱体外高-241*	2 566	2 286
1EE	13 542	2 330	箱体外高-241*	2 261	2 286
1AAA	11 998	2 330	箱体外高-241*	2 566	2 286
1AA	11 998	2 330	箱体外高-241*	2 261	2 286
1A	11 998	2 330	箱体外高-241*	2 134	2 286
1BBB	8 931	2 330	箱体外高-241*	2 566	2 286
1BB	8 931	2 330	箱体外高-241*	2 261	2 286
1B	8 931	2 330	箱体外高-241*	2 134	2 286
1CC	5 867	2 330	箱体外高-241*	2 261	2 286
1C	5 867	2 330	箱体外高-241*	2 134	2 286
1D	2 802	2 330	箱体外高-241*	2 134	2 286

* 箱体外高按表5-3中对应集装箱型号的外部尺寸高度值确定。

此外,我国另有一部适用于内陆多式联运的标准——GB/T 35201—2017《系列2集装箱分类、尺寸和额定质量》,所列系列2集装箱宽度统一为2 550 mm。

GB/T 35201—2017规定的系列2集装箱外部尺寸和额定质量标准见表5-5。

表5-5 系列2集装箱外部尺寸和额定质量

集装箱型号	外部尺寸/mm						额定质量/kg
	长		宽		高		
	尺寸	公差	尺寸	公差	尺寸	公差	
2EEE	13 716	0 -10	2 550	0 -5	2 896	0 -5	30 480
2EE	13 716	0 -10	2 550	0 -5	2 591	0 -5	30 480
2AAA	12 192	0 -10	2 550	0 -5	2 896	0 -5	30 480
2AA	12 192	0 -10	2 550	0 -5	2 591	0 -5	30 480
2A	12 192	0 -10	2 550	0 -5	2 438	0 -5	30 480
2BBB	9 125	0 -10	2 550	0 -5	2 896	0 -5	30 480
2BB	9 125	0 -10	2 550	0 -5	2 591	0 -5	30 480
2B	9 125	0 -10	2 550	0 -5	2 438	0 -5	30 480
2CCC	6 058	0 -6	2 550	0 -5	2 896	0 -5	30 480
2CC	6 058	0 -6	2 550	0 -5	2 591	0 -5	30 480
2C	6 058	0 -6	2 550	0 -5	2 438	0 -5	30 480

备注:额定质量一般均为30 480 kg;大于30 480 kg但小于35 000 kg的集装箱参考GB/T 35201—2017设置标记。

GB/T 35201—2017 规定的系列 2 集装箱内部尺寸及门框开口尺寸列于表 5-6,所列尺寸均为最小要求尺寸。

表 5-6 系列 2 集装箱的最小内部尺寸和门框开口尺寸

集装箱型号	最小内部尺寸/mm			最小门框开口尺寸/mm	
	长	宽	高	高	宽
2EEE	13 542			2 566	
2EE				2 261	
2AAA	11 998			2 566	
2AA				2 261	
2A				2 134	
2BBB	8 931	2 435	箱体外高-241*	2 566	2 398
2BB				2 261	
2B				2 134	
2CCC	5 867			2 566	
2CC				2 261	
2C				2 134	

* 箱体外高按表 5-5 中对应集装箱型号的外部尺寸高度值确定。

系列 1 和系列 2 中部分型号集装箱之间的长度关系如图 5-20 所示,当装运一个 1A 集装箱的运输车在需要装其他型号的集装箱时,各箱长度之和不得大于 1A 集装箱的长度,即不得大于 12 192 mm。

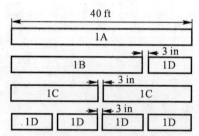

图 5-20 部分系列 1 和系列 2 集装箱的长度关系

注:1 ft=12 in=0.304 8 m

2. 集装箱的分类

为了适应各种货物的运输要求,集装箱的种类繁多,分类方法也较多。国际货运集装箱按箱内所装货物的不同,通常分为杂货类集装箱、保温类集装箱和专用类集装箱三类。

(1)杂货类集装箱。该类集装箱通常是装运百货物品,也称干货类集装箱,在全部集装箱中所占比例最大。这类集装箱为六面体封闭式,各面都有水密性的壁板,并且至少有一端或侧面设有箱门,以方便装卸货物。

(2)保温类集装箱。保温类集装箱是为运输时要求冷藏或保持一定温度的货物而设计的。这类集装箱通常采用诸如聚苯乙烯泡沫材料等作为隔热层的箱壁。按保温方法又可分为三种:一是机械冷藏集装箱,装运水果、蔬菜、肉、鱼等冷藏或冷冻食品,由制冷装置控制箱内温度;二是绝热集装箱,装运水果、蔬菜等食品,其隔热箱壁可防止外界热量传入箱内,通常用干冰作制冷剂;三是通风集装箱,装运水果、蔬菜等有呼吸作用的货物,侧壁或端壁的上部设有通风口,使箱内外换气,防止箱内温度过高。

(3)专用类集装箱。这类集装箱是专为满足某些货物在运输时的特殊要求而设计的。由于货物种类很多,所以专用集装箱的品种也很多。通常有装运谷物、固体化肥和固体化学制品等散装货物的散货集装箱。箱顶设有2~3个装货孔,箱门有卸货孔;货物从装货孔装入箱内,卸货时打开卸货孔,靠货物的重力作用从箱内自行流出。装运液体食品、酒类和液态化学制品的罐式集装箱,货物从罐顶的装货孔装入,卸货从下部的排液孔流出,或从装液孔吸出。装运木材、钢材和建材等长件散货物品的台架式集装箱,有的没有箱顶和箱壁,仅有货台;有的有端壁,视货物形状而定。装运大件机械设备的敞顶式集装箱,没有箱顶,或用帆布作成活动箱顶,货物从上部直接装卸。装运家禽家畜的牲畜家禽集装箱或动物集装箱,侧壁和端壁有通风窗,侧壁下部有清扫口和排水口。此外,还有汽车集装箱(装运轿车、轻型客车和轻型货车等)、侧开式集装箱(侧壁是活动的)、生革集装箱(装运皮革)和大容积集装箱等。

3. 杂货类集装箱结构特点

杂货类集装箱由箱体和箱内货物紧固件组成。箱体的组成部件如图5-21所示。箱底部包括下侧梁、底横梁、底板和垫板等。前端壁部件包括上、下端梁和左、右角柱焊成的前端框架和中间的端壁柱及端壁板。后端框架部件由上、下端梁和左、右角柱焊成框架,框架上焊有锁杆凸轮座和铰链销耳座。侧壁部件由侧壁板、侧立柱等组成。箱顶部件包括由上侧梁和顶横梁焊成的箱顶架、顶板等。箱门部件由箱门框架、门板、门铰链、铰杆、门把手及锁杆凸轮等组成。除箱底垫板外,若上述构件均为钢材,可采用焊接组装。壁板的材质可用钢材、铝材或玻璃钢。箱体的8个角上均焊有角件。箱内货物紧固件用来防止货物在运输途中发生翻滚。

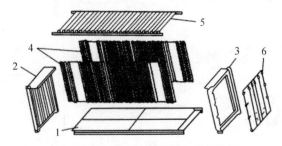

图5-21 钢制集装箱箱体组成部件图

1—箱底部件;2—前端壁部件;3—后端框架部件;4—侧壁部件;5—箱顶;6—箱门部件

(1)箱体结构特点和设计要求。

1)集装箱的外形是箱形六面体,其外廓尺必须符合我国集装箱的国家标准(GB)或国际标准(ISO)。

2)六面体形状的集装箱可分为固定式和折叠式两种。折叠式集装箱的箱顶、侧壁和端壁能方便地折叠或拆卸,使用时可以重新组合。其优点是在空回和保管时能缩小体积,提高运输效率。但是由于各主要部件是用铰链连接的,其强度将会受到影响。

3)按集装箱的侧柱或端壁柱是否外露,可分为内柱式和外柱式两种。内柱式集装箱的特点是集装箱的侧柱和端壁柱位于侧壁和端壁之内,外表平整,空气动力阻力减小,印刷标志也较方便,外壁板与内壁板之间的空隙还有隔热、隔潮的作用。外柱式集装箱的侧柱和端壁柱在侧壁和端壁之外,外柱有保护外壁板的作用,有时还可省去内壁板。

4)集装箱的框架是承受外力的主要构件,集装箱在车站、码头及运输船舱内堆放时,最下层的集装箱要承受上面集装箱的重力,船舶航行时的摇摆、风力等又会增加动载荷,所以要求集装箱的框架结构在承受这些负荷时不产生永久变形,前后端框架应采用高强度钢(抗拉强度≥500 MPa)制造。

5)为了便于起吊集装箱以及在运输时便于箱体与箱体之间、箱体与运输车船之间的连接固定,在集装箱的每个箱角上都焊有一个三面有孔的金属角件。角件在集装箱上的定位尺寸如图 5-22 所示,图中 S 表示沿箱体长度方向的角件开孔中心距,P 表示沿箱体宽度方向的角件开孔中心距,D 表示沿箱体对角方向的角件开孔中心距,分别用 D_1、D_2、D_3、D_4、D_5 和 D_6 表示。定义 K_1 为 D_1 和 D_2 或 D_3 和 D_4 之差,即 $K_1=|D_1-D_2|=|D_3-D_4|$,K_2 为 D_5 和 D_6 之差,即 $K_2=|D_5-D_6|$。以上所有参数应满足 GB/T 1413—2008 标准的要求。

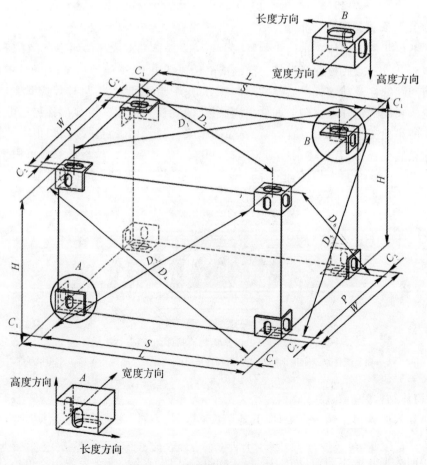

图 5-22 集装箱件定位尺寸

角件的尺寸按 CB/T 1835—2006《系列Ⅰ集装箱角件》确定。角件上较大的椭圆形孔用于连接集装箱吊具进行吊装或在运输车货台上与转锁连接固定集装箱。为了保护箱壁、箱门和箱顶,角件安装在箱体八个角的最外部。箱体的上部角件顶面至少要高出箱顶面 6 mm,箱底的所有载荷传递区的底面(包括两端横向构件)应高于箱底角件的底面 11.0~17.5 mm。在箱内装载额定质量的货物时,箱底外表面的弯曲变形不能超过下部角件的下底面 6 mm。

6)集装箱箱底由下纵梁和底横梁焊成箱底架,上面铺设箱底板,组装时要用填料粘缝密封,确保水密。箱底与前端框架及后端框架相连接,并且直接承受载荷。箱底下面可以设置叉槽,以便用叉车进行装卸。叉槽的标准尺寸如图 5-23 所示。对 1AA、1CC 集装箱箱底可以设置供鹅颈式半挂车装运的鹅颈槽,以便装运时整车高度不超过公路运输的极限值。鹅颈槽的标准尺寸如图 5-24 所示。设置槽后的箱底结构要保证强度和刚度,使其仍能承受规定的载荷。

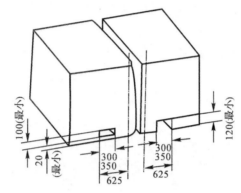

图 5-23 叉槽的标准尺寸(单位:mm)

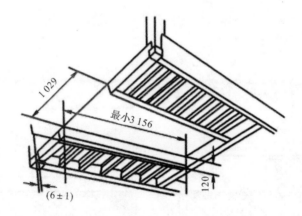

图 5-24 鹅颈槽的标准尺寸(单位:mm)

(2)箱内货物紧固件。由于货物在集装箱内往往不能充满空间,在运输途中车船的摇摆、振动和冲击,会使货物产生移动,造成损坏。因此,货物装入集装箱后应能可靠地紧固。集装箱内紧固货物要方便、可靠,应遵循如下原则。

1)当采用木料紧固时,要使紧固力传到强度大的构件(如侧柱、端壁柱)上,集装箱内壁板不能单独承受负荷。

2)紧固集装箱端门内侧的货物时,要使紧固力由角柱和端门上部的框架横梁承受。

3)要注意货物紧固处的包装情况,在强度不足时要用木板或硬纸板等加以保护。

4)在集装箱内要有从事紧固作业的空间,便于边装货边紧固。

常用的紧固件有如下几种。

1)固货栓。固货栓为带孔的钢条,用于固定货物时系绳子或带子。要求沿集装箱长度方向在侧壁板或内蒙皮上近于均匀布置,上下对应,左右对称。设置数量根据集装箱内部尺寸和固货要求而定。每组间隔不大于1.5 m。对于不能堆码、怕压的货物,也可在固货栓上铺设塑料板,把货物分层堆装,加以保护。

2)有棘轮的尼龙带。尼龙带两端设有勾头,可勾住索环,借助棘轮绑紧货物。索环置于集装箱内的箱底上。

3)软垫。软垫实际上是一种空气囊。当箱内货物未装满而留有空间时,把软垫放入空位。软垫充气而膨胀,即可挤紧货物;软垫放气后即可卸货。

4)带棘轮的钢丝绳。钢丝绳两端有挂钩,使用时将绳一端挂在需要紧固的货物上,另一端挂在集装箱底的索环上,然后操作棘轮把钢丝绳张紧。

4.冷藏集装箱结构特点

冷藏集装箱实际上是一个便于装卸的活动冷库。近年来,冷藏集装箱运输发展很快,世界上主要航线冷藏货物的运输几乎都已集装箱化。这是因为在货物的转运过程中采用搬移集装箱的方式,避免了直接搬动货物,不影响货物的温度变化,食品的保鲜度要优于公路运输的冷藏车、铁路运输的冷藏专用列车及水上运输的冷藏专用船。虽然冷藏集装箱技术要求较高,造价贵,但在冷藏运输中仍得到迅速发展。

(1)主要技术参数和结构特点。冷藏集装箱应基本达到:当环境温度在 311 K(38℃)时,集装箱内的温度应保持 255 K(-18℃)。

冷藏集装箱的结构可分为整体框架式和分片组装式两种。图 5-25 和图 5-26 是分片组装式冷藏集装箱结构局部剖面图。

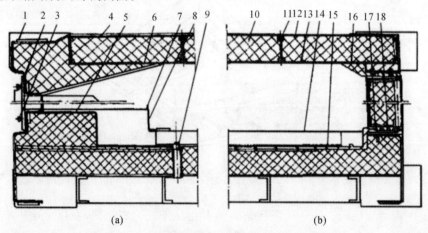

图 5-25 分片组装式冷藏集装箱纵向剖面图
(a)前部;(b)后部

1—框架;2—制冷装置;3—制冷装置固定螺栓;4—不锈钢抽芯铆钉;5—前底连接板;6—前顶连接板;
7—不锈钢自攻螺钉;8—下隔风板;9—排水管;10—顶板隔热层;11—顶板骨架;12—顶板外蒙皮;
13—顶板内蒙皮;14—地板铝型材;15—地板横型材;16—门框压条;17—门框压条螺钉;18—门框下压条

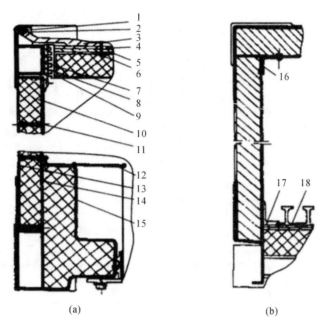

图 5-26 分片组装式冷藏集装箱水平和横向剖面图
(a)水平剖面图;(b)横向剖面图
1—铰链轴;2—轴套;3—门铰链;4—门外蒙皮;5—门骨架;6—六角螺母;7—门框侧压条;
8—门框封条;9—门压条;10—顶板隔热板;11—侧板骨架;12—侧板风板;13—侧板外蒙皮;
14—侧板内蒙皮;15—前侧连接板;16—顶侧连接板;17—底侧连接型材;18—底板内蒙皮

分片组装式冷藏集装箱的顶板、侧板和底板均采用"三明治"夹心板用钢钉与框架相连。后门也是"三明治"夹心板结构,每侧用4个铰链与后门框相连。每扇门都用两套门栓机构锁住,门与门框用多层橡胶密封条密封。制冷装置安装在集装箱前端,用螺栓与框架相连接。若制冷装置设在集装箱内,为内置式机械冷藏集装箱;若在冷藏集装箱前端壁上开设冷气入口和排气口,利用箱外制冷装置和管道供应冷气,则为外置式机械冷藏集装箱。

(2)冷藏集装箱有关标准。
1)GB/T 1836—2017《集装箱 代码、识别和标记》。
2)GB/T 1413—2008《系列1集装箱 分类、尺寸和额定质量》;GB/T 35201—2017《系列2集装箱 分类、尺寸和额定质量》。
3)GB/T 1835—2006《系列1集装箱 角件》。
4)GBT 7392—1998《系列1集装箱的技术要求和试验方法 保温集装箱》。

5.3.3 集装箱锁固装置

集装箱在运输车上的固定是通过运输车货台上的锁固装置(见图5-27)和集装箱上的角件来完成的。

当集装箱放置于半挂车上时,锁固装置上的椭圆形转锁头插入角件的椭圆形孔中,然后转动转锁手柄,使转锁头旋转90°,就可把集装箱紧固在运输车的货台上。锁固装置是焊接在半挂车货台上的,其位置必须与集装箱上的角件位置相配合,如图5-28所示。转锁装置已标准化,转锁中心在货台上的具体位置尺寸应符合标准规定,其公差值也要控制在允许的范围内。

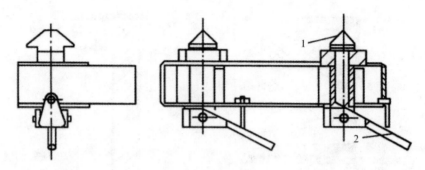

图 5-27 锁固装置
1—转锁头；2—手柄

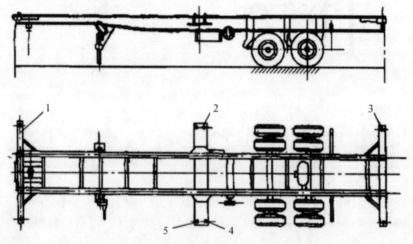

图 5-28 锁固装置在半挂车上的位置
1,3,4,5—锁固装置；2—中间锁固梁

复习思考题

5-1 厢式零担运输车的概念是什么？厢式零担运输车车厢的结构组成是什么？

5-2 冷藏汽车与保温汽车的主要区别是什么？

5-3 制冷方式有哪些？其中应用最为广泛的为哪两种，为什么？

5-4 简述隔热货厢的结构特点。

5-5 目前应用广泛的隔热材料有几种？它们各有什么特点？

5-6 冷藏汽车货厢设置断热桥的目的是什么？一般采取什么措施进行断热？

5-7 隔热壁的传热系数与货厢总传热系数的区别与联系是什么？

5-8 如何进行冷藏汽车的热负荷计算？

5-9 集装箱运输车与普通载货汽车有何区别？

第6章 汽车列车设计

6.1 概 述

汽车列车因具有运输生产率高、运载量大、运输经济性好、单位运输质量的平均能耗小、能完成一些特殊运输作业等特点而受到普遍重视。尤其因长距离、大负荷运输上的优点,使其在物流运输中得到越来越广泛的应用。近年来,汽车列车的数量及运输速度都有显著提升。

汽车列车的基本运行特征主要指汽车列车的动力性、转向机动性、行驶稳定性和技术经济性等,这些性能是衡量汽车列车技术水平的重要标志。

在 GB/T 3730.1—2001《汽车和挂车类型的术语和定义》中,汽车列车定义为"一辆汽车与一辆或多辆挂车的组合"。在 GB7258—2017《机动车运行安全技术条件》中,汽车列车术语定义为"由汽车(低速汽车除外)牵引挂车组成,包括乘用车列车、货车列车和铰接列车",其中:

(1)乘用车列车。乘用车和中置轴挂车的组合[见图 6-1(a)]。

(2)货车列车。货车和牵引杆挂车或中置轴挂车的组合,包括牵引杆挂车列车(全挂汽车列车)[图 6-1(b)]和中置轴挂车列车[见图 6-1(c)]两种。

(3)铰接列车。铰接列车也称半挂汽车列车,指半挂牵引车和半挂车的组合[见图 6-1(d)],还包括带有链接板的货车和旅居半挂车的组合。

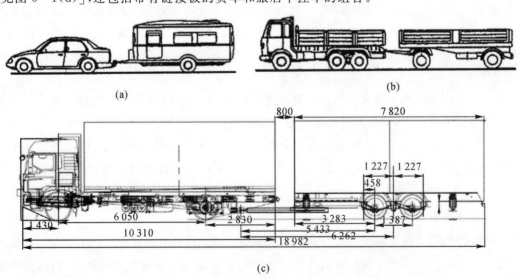

图 6-1 汽车列车的结构形式(单位:mm)
(a)乘用车列车;(b)牵引车挂车列车;(c)中置轴挂车列车

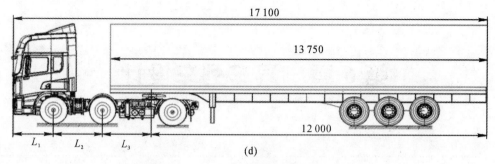

续图 6-1 汽车列车的结构形式（单位：mm）
(d)半挂汽车列车

6.2 半挂汽车列车设计

如前所述，半挂汽车列车主要由半挂牵引车和半挂车组成。下面将从半挂牵引车的选型及半挂车的结构设计两方面分别介绍。

6.2.1 半挂牵引车设计

半挂牵引车是用来牵引半挂车的汽车，在结构上与普通载货汽车的区别是车架上无货厢，而装有鞍式牵引座（又称第五轮联结器），由鞍式牵引座承受半挂车的部分载质量，并锁住牵引销拖动半挂车行驶。

1. 牵引车分类

(1)按驱动型式分类。目前广泛使用的半挂牵引车驱动型式主要为 4×2,6×2 与 6×4 三种类型，也有少量 4×4 与 6×6 型用于恶劣路况使用。我国牵引车鞍座允许的载质量主要由 GB 1589—2016《汽车、挂车及汽车列车外廓尺寸、轴荷及质量限值》中规定的半挂牵引车最大允许总质量限值确定，以 4×2 半挂牵引车为例，其最大允许总质量限值为 18 000 kg，当牵引车整备质量为 7 000 kg 时，鞍座最大允许载质量为 11 000 kg。

(2)按用途分类。

1)高速牵引车。高速牵引车用来牵引厢式半挂车、平板式半挂车和集装箱半挂车。主要适合于高速长距离行驶，一般配置功率大的发动机。

2)运输重型货物用牵引车。运输重型货物用牵引车用来牵引阶梯式半挂车、凹梁式半挂车，牵引座载质量及牵引总质量均比较大。为了增大牵引力，此种牵引车的驱动轴多为并联双轴，其最高车速比高速牵引车稍低。

2. 牵引车设计要求

牵引车因为没有载货部分，所以不是独立的运输工具，设计时应满足对汽车列车所提出的全部要求。牵引车应按照国家规定的外廓尺寸、轴荷、质量限值等参数要求进行设计，并保证汽车列车的行驶性能要求，即应该用系统的观点考虑牵引车与半挂车之间的关系，使汽车列车具有良好的运行性能。

3. 牵引车的结构特点

半挂牵引车因为用于拖挂作业,所以其整车布置及底盘结构具有一定特点,如前转向轴到驱动轴的轴距较短,车长方向各总成布置空间紧张,车架承受载荷集中等。

(1)动力装置及传动系统。牵引车动力配置主要取决于车辆使用用途,以长距离高速公路运输牵引车为例,目前动力配置大量使用大马力发动机、缓速器与小速比单级驱动桥,但对于矿山运输牵引车,往往使用双级减速驱动桥以提高通过性。

(2)悬架。牵引车因鞍载加载位置集中,因此悬架系统设计时载荷条件明确,悬架配置主要取决于车辆用途。

对于行驶路况较好的高速公路长途运输牵引车,由于强调运营经济性,较多使用 6×4 车型,其中前转向轴悬架常采用变截面少片板簧悬架,后悬架采用变截面少片簧平衡悬架与双联驱动桥构成的承载系统,其中平衡轴轴承大多采用橡胶轴承。对于精密仪器、危险货物运输等强调货物保护性能的车辆,后悬架可使用空气悬架。当车辆运输路况较差时,牵引车前、后悬架往往都采用等厚截面的多片簧结构,其中后悬架也采用平衡悬架,但平衡轴轴承大多采用钢制球面关节轴承。变截面抛物线形钢板弹簧与等厚截面多片钢板弹簧相比,在承载能力相同的情况下,自身质量小,但制造工艺较复杂。

短途近距离运输的牵引车往往采用 4×2 驱动型牵引车,其后桥既有采用多片簧悬架,也有采用少片簧悬架,当空满载载荷变化范围较大时(如用于港口集装箱运输),后桥悬架多采用如图 6-2 所示的主、副簧结构的板簧悬架。

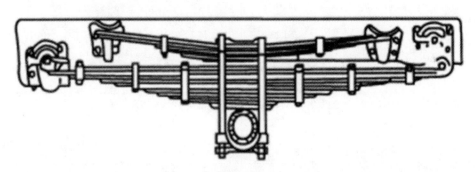

图 6-2 主、副簧结构的板簧悬架

近年来,出于提升牵引车轻量化水平的目标,后两轴采用空气悬架承载的 6×2 驱动型车型大量使用。

(3)制动系统。半挂牵引车一般采用气制动系统。牵引车还需设置向挂车输送压缩空气的气压制动管路、紧急制动管路、气动控制管路及气管接头等。另外,驾驶室内设置手制动阀,可直接操纵挂车制动。

除以上特征,牵引车设计时还应优先考虑采用以下技术或参数规定:

1)牵引车与半挂车均采用防抱制动装置。

2)最高车速≥80 km/h 时,牵引车与挂车匹配电子制动系统(EBS)。

3) 牵引车制动系统储气筒额定工作气压应≥1 000 kPa。
4) 转向轴的所有转向车轮采用盘式制动器。
5) 牵引车匹配缓速器或其他辅助制动装置。

(4) 电气系统。半挂牵引车车架后部备有电气连接器,以便与半挂车的电气信号连接,如在牵引车后横梁装设七孔电气连接器用来与半挂车的七芯插头连接。

(5) 车架。半挂牵引车的车架很短,车架纵梁后部因承受牵引座集中载荷而需加强,其中横梁的布置也应作相应考虑。

表6-1给出了五种国产6×4半挂牵引车的主要技术参数,所列车辆动力系统均采用420~460马力段发动机、12挡变速箱和单级减速双后桥,并采用前后少片簧的承载形式,尤其适合长途高速公路物流运输和危化品运输用途。

表6-1　国产重型半挂牵引车主要技术参数

型号	CA4250P66 K24T1A1E5	DFH4250A6	ZZ4257V324HE1B	SX4250XC4Q	BJ4259SNFKB-AA
品牌	解放	东风	中国重汽	陕汽	欧曼
产品平台	新J6P	天龙	HOWO T7H	X3000	GTL 6系
驱动形式	6×4	6×4	6×4	6×4	6×4
发动机	锡柴 CA6DM2-46E51	东风风神 dci420-51	中国重汽 MC11.44-50	潍柴 WP12.430E50	福田康明斯 ISGe5-430
排量/L	11.05	11.12	10.518	11.596	11.8
变速器	一汽 CA12TAX210M	法士特 12JSD200TA	中国重汽 HW19712CL	法士特 12JSD200T	法士特 12JSDX240TA
轴距/mm	3 450+1 350	3 300+1 350	3 200+1 400	3 175+1 400	3 300+1 350
前轴	7T	7T	7T	7T	7T
后桥	13T/3.727单级减速双后桥(一汽解放457)	10T/3.909单级减速双后桥(东风435)	13T/3.7单级减速双后桥(重汽MCY13Q)	11.5T/3.083单级减速桥(汉德425)	13T/3.7单级减速桥(汉德469)
前后悬架(片数)	少片簧(3/4)	少片簧(3/4)	少片簧(3/5)	少片簧(2/4)	少片簧(3/5)
油箱容积/L	800	550	600	700	700

6.2.2　半挂车设计

半挂车与牵引车连接后具有很好的整体性,广泛应用在各种货物运输中,除通用半挂车外,还有平板式半挂车、厢式半挂车、自卸式半挂车、冷藏保温式半挂车、集装箱式专用半挂车、液罐式半挂车、粉状物散装罐式半挂车、牲畜家禽车和预制件车等。

1. 半挂车分类

(1)按车轴的配置分类。半挂车的装载质量主要取决于轮胎、车轴和车架的允许负荷,所以车轴数量的变化取决于挂车的装载质量。根据车轴的配置及数量变化,由轻到重,由 1 轴到 3 轴进行排列分类如图 6-3 所示,有一轴式、二轴式和三轴式等常用的半挂车型。

(2)按结构形式分类。

1)平板式。平板式半挂车如图 6-4(a)所示,整个货台是平直的,且在车轮之上,适于运输钢材、木材及大型设备。

2)阶梯式。阶梯式半挂车如图 6-4(b)所示,半挂车车架呈阶梯形,货台平面在鹅颈之后。最早的阶梯式平板半挂车,其鹅颈均为弧形结构,在鹅颈上端形成第二货台平面。由于阶梯式结构货台主平面降低,从而适合运输各种大型设备、钢材等。

3)凹梁式。凹梁式半挂车如图 6-4(c)所示,其货台平面呈凹形,具有最低的承载平面。凹形货台平面离地高度一般根据用户要求确定,适合超高货物的运输。

以上述半挂车底盘为基础还可以改制成各种专用半挂车,例如图 6-4(d)所示的厢式半挂车。

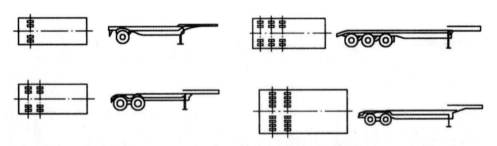

图 6-3 按车轴分类的半挂车形式

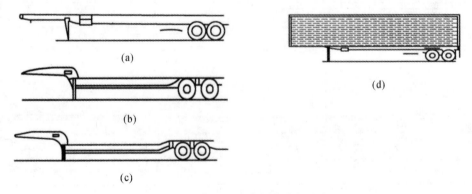

图 6-4 按结构分类的半挂车形式
(a)平板式;(b)阶梯式;(c)凹梁式;(d)厢式

2. 半挂车的结构设计

(1)半挂车总体结构。半挂车由车架、轮轴、悬架、支撑装置、制动系统和电路系统等部件组成。车架前端下部装有牵引销,与牵引车的牵引座配合后由牵引车牵引半挂车行驶,并在转向时完成牵引车和半挂车之间的相对转动。车架上的载荷通过牵引销座和悬架系统分配到牵引车和半挂车车轮上。当脱挂时,半挂车前部载荷由脱挂支承装置承受。半挂车制动系统与牵引车连通,达到二者同步制动。半挂车也装有驻车制动器。

(2)半挂车车架。半挂车、挂车与前面介绍的专用车辆不同,它的底盘是单独设计并制造的,不进行副车架的设计,而是进行能够被牵引车驱动的整个底盘的设计。

半挂车车架通常采用两根纵梁、横梁贯穿梁腹板的焊接结构。此外,两侧边还有边横梁、边梁等。纵梁截面有工字形截面和槽形截面,对于大吨位半挂车采用工字形截面梁较为合适。按半挂车车架纵梁形式,可分为直通式纵梁车架和鹅颈式纵梁车架。

如图6-5所示为某种平板半挂车用的直通式纵梁车架,其纵梁断面为工字形焊接结构,上翼板平直,下翼板是折线,腹板用钢板剪切加工成阶梯形,焊接后应有足够的强度。车架横梁采用整根工字钢型材或轻型槽钢,通过纵梁腹板上的孔贯穿于两根纵梁之间,二者相交处不全焊接,与上、下翼板之间留有间隙。这种贯穿式车架既有一定的强度,又允许车架有一定的弯曲扭转变形,已逐渐取代断开式横梁。在车架上还焊有牵引销总成、支撑装置固定架、备胎架固定件和边梁等,底板采用了铁木结构。

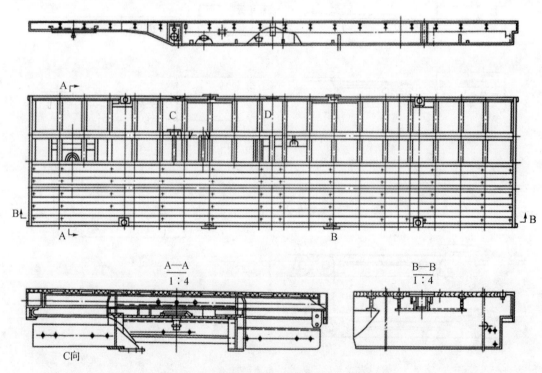

图6-5 某种平板半挂车用的直通式纵梁车架

如图6-6所示为鹅颈式半挂车架,因其前部昂起像鹅颈状而得名。该车架又称为阶梯式车架,其两根主纵梁1,2呈阶梯形,断面为工字形,断面高度随长度而变化。这种车架既照顾了牵引销的高度要求(由牵引车高度决定),又可降低货台平面的高度。两根纵梁与若干横梁及两根边梁组成车架的框架。鹅颈形状有平鹅颈和弧形(上翘)鹅颈两种,平鹅颈结构适宜普通公路运输的半挂车,因道路条件差,半挂车相对牵引车有较大的纵向俯仰,采用弧形鹅颈较好,特别是越野半挂车更是如此。在鹅颈下方设置了牵引销板和牵引销,鹅颈拐弯处对称地设置了支撑装置的安装支架5。在车架货台前部用铁木结构的底板铺设。货台的两边开有若干个插桩孔6,7,边梁上布置有若干吊环11,用于运货时插桩或系绳。货台后部用花纹钢板铺设,尾端形成一定坡度,以便与跳板或搭桥配合装卸货物。

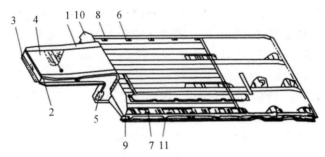

图6-6 鹅颈式半挂车架

1,2—主纵梁;3—牵引销板;4—牵引销;5—支撑装置安装支架;6,7—插桩孔;8,9—边梁;10—挡板;11—吊环

1) 纵梁。车架的纵梁结构根据货台形式要求,相应有平板式[见图6-4(a)]、阶梯式[见图6-4(b)]和凹梁式[也称为桥式,见图6-4(c)]等多种。

纵梁截面有工字形和槽形,为防止上、下翼缘受拉伸和压缩作用而破裂,其弯曲应力不应超过临界弯曲应力,大吨位半挂车多采用工字形截面梁。

纵梁截面高度根据吨位不同有较大的差异。对于鹅颈处的纵梁截面高度:

A. 平板结构因受货台高度限制,在保证强度的前提下,应尽可能采用小尺寸。如:

载质量15 t,鹅颈处纵梁高160 mm左右;

载质量20 t,鹅颈处纵梁高160~210 mm;

载质量20 t以上,鹅颈处纵梁高210~230 mm。

B. 阶梯式、凹梁式半挂车的鹅颈尺寸不受货台高度限制,为保证强度,鹅颈纵梁高度尺寸可适当放宽。

对于纵梁主截面的最大高度,可参考以下尺寸:

载质量15 t,主截面高300 mm左右;

载质量20~30 t,主截面高350~450 mm;

载质量40~50 t,主截面高450~550 mm。

半挂车车架纵梁沿其长度方向截面尺寸的变化,主要根据弯曲强度计算和总体布置确定。对于平板式结构,鹅颈处的截面高度将影响货台上平面高度。对于阶梯式结构,也是为了降低货台上平面,将轮的上方纵梁部位收缩,以保证转盘或悬架系统的活动空间。在纵梁受力较大的区段内可局部增设加强板或采用箱形截面。

2) 横梁。车架横梁是连接左、右纵梁从而构成车架的主要构件。横梁本身的抗扭性能好坏及其横梁在车架的分布,直接影响着车架的内应力及车架的刚度,合理设计横梁可以保证车架具有足够的扭转刚度。

半挂车车架中的横梁有冲压成形或直接采用轻型型材,前者比后者轻15%~20%。常采用的横梁结构有圆管形横梁、工字形横梁、槽形横梁和箱形横梁。横梁的截面尺寸通常是用类比法来确定;从产品系列化、标准化和通用化考虑,应尽量采用一到两种规格的横梁。

圆管形横梁具有较高的扭转刚度,但因纵梁截面高度较大,为使载荷从整个截面传递到横梁上,必须补焊许多连接板,故增加了车架质量,成本高、工艺复杂。另外,当扭转较严重时,连接板处应力较大。因此圆管形横梁一般只布置在车架纵梁的两端,靠近下翼面。工字形横梁对载荷传递较为理想,但纵梁翼缘和横梁翼缘连接,对扭转约束较大,因而翼缘产生的内应力较大。槽形横梁多用钢板冲压成形,制造工艺简单、成本低,但扭转刚度差。箱形横梁和圆管形横梁有类似的特点,具有较好的抗扭性。横梁在布置上应采用疏密结合的方式来满足不同吨位级别的半挂车要求。布置时其间距可取 700~1 200 mm,一般以 800 mm 为宜。边横梁在布置时应注意错开轮胎最高点,以避免在行驶中轮胎跳动后和横梁发生干涉。

3)纵梁和横梁的连接。车架的整体刚度,除和纵梁、横梁自身的刚度有关外,还直接受节点连接刚度的影响,节点的刚度越大,车架的整体刚度也越大。因此,正确选择和合理设计横梁和纵梁的节点结构,是车架设计的重要问题,常见结构形式如下。

A. 横梁和纵梁上、下翼缘相连接[见图 6-7(a)],其焊缝为对接焊缝。这种结构有利于提高车架的扭转刚度,但在受扭严重的情况下,易产生约束扭转因而在纵梁翼缘处会出现较大内应力。该结构形式一般用在半挂车鹅颈区、支承装置处和后悬架支承处。

B. 横梁和纵梁的腹板采用搭接焊缝连接[见图 6-7(b)]。这种结构刚度较差,允许纵梁截面产生自由翘曲,不形成约束扭转。这种结构形式多用在扭转变形较小的车架中部横梁。

C. 横梁同时和纵梁上翼缘及腹板相连接[见图 6-7(c)],其上面焊缝为对接,下面焊缝为搭接焊缝。这种结构兼有以上两种结构特点,故应用较多。

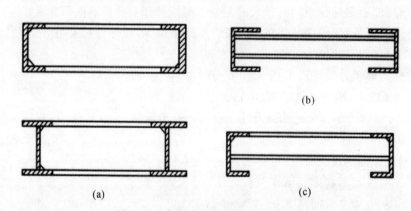

图 6-7 半挂车的纵、横梁连接形式
(a)横梁和纵梁上、下翼缘相连接;(b)横梁和纵梁的腹板相连接;(c)横梁同时和纵梁上翼缘及腹板连接

D. 横梁贯穿纵梁腹板相连接。这种连接方式在贯穿处只焊接横梁腹板,且焊缝均为角焊缝,其上、下翼板不焊接,并在穿孔之间留有间隙,如图 6-8 所示。这种结构当纵梁产生弯曲变形时,允许纵梁相对横梁产生微量位移,从而消除应力集中现象。但车架整体扭转刚度较差,需要在靠近纵梁两端处加横梁来提高扭转刚度。这种结构是目前国内外广泛采用的半挂车车架结构。

4)车架底板结构。半挂车车架底板常见结构有钢木混合底板、全木底板和全钢板式底板。现代半挂车的底板越来越多地采用全钢板式底板结构。

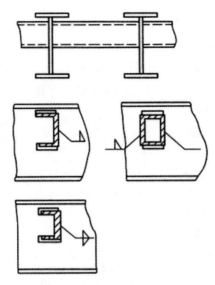

图 6-8 横梁贯穿纵梁的连接

3. 半挂车车轴设计

半挂车车轴属于从动轴。其基本结构可以采用从货运汽车的后轴中去掉差速器齿轮和传动轴的形式,也可根据具体条件进行设计。如果采用自行设计,则其一般由两部分组成,即轴体和轴头。轴头作用是将轴体与车轮轮毂及制动系统进行连接,因此轴头的设计及加工应与所配轮毂的尺寸相适应。

半挂车车轴轴体的断面形状有工字形断面、矩形空心断面、圆形空心断面和圆形实心断面等。

轴体与轴头的连接形式有:①焊接式,即直接把安装轮毂的轴头(或称轮毂轴)部分焊接在轴体上;②压入式,即轴头直接压入轴体;③螺栓连接式,在轴体与轴头部分加工出凸缘,用螺栓把凸缘连接在一起。如图 6-9 所示为采用圆管轴体和方管轴体的车轴结构。

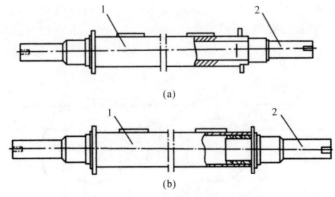

图 6-9 两种典型的半挂车车轴结构
(a)无缝钢管式半挂车车轴;(b)方管轴体式半挂车车轴
1—轴体;2—轴头

4. 悬架

挂车悬架大多采用钢板弹簧作为弹性元件,但应注意国家标准对一些特定用途半挂车悬架的特殊要求,例如 GB 7258—2017 中要求所有危险货物运输半挂车和三轴栏板式、仓栅式半挂车应装备空气悬架。对于采用多轴承载的较大装载质量的半挂车,为保证各轴车轮轴荷近似相等,一般采用平衡悬架。由于挂车采用非驱动式车轴,所以对悬架系统定位参数要求较低,故大部分结构件采用板焊形式。

悬架的形式有钢板弹簧平衡悬架、摆臂式平衡悬架、推杆式平衡悬架、短轴式刚性平衡悬架和液压平衡独立悬架等。

(1) 钢板弹簧平衡悬架。如图 6-10 所示为钢板弹簧平衡悬架系列,通过采用不同数量的轴组,可以满足最大允许总质量为 18~40 t 的半挂车要求。悬架弹簧可采用多片等截面板簧,也可采用单片或三片变截面板簧。

按钢板弹簧相对车轴的位置,有上置式和下置式之分,后者可降低挂车货台的高度。平衡悬架的特点是在前、后两组钢板弹簧间装有平衡臂,并用支架悬吊在车架上,这样在不平路面上,靠平衡臂的杠杆作用使前、后车轴的位置与路面高低相适应,使各轴的轮荷保持均衡。推力杆用于提供牵引力和导向作用,通过调整推力杆长度,可将车轴中心线调到与车架纵向对称线垂直的理想位置,从而减少轮胎异常磨损。

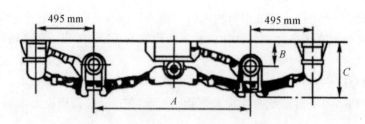

图 6-10 挂车下置式钢板弹簧平衡悬架

(2) 摆臂式平衡悬架。如图 6-11 所示为一种摆臂式平衡悬架,其两轴用一副钢板弹簧,由吊耳和摆臂连接起来。钢板弹簧的前吊耳、摆臂中部的转轴与支架相连,前轮轴安装在钢板弹簧中部,后轮轴安装在摆臂后端。采用这种结构时,若弹簧刚度不变,悬架刚度可改变;另外,当摆臂前、后段杠杆比改变时,还可调整两轴负荷的比例。若在摆臂式平衡悬架上安装举升机构,则可在挂车载荷较小时将后轮提起离地,从而延长轮胎使用寿命。

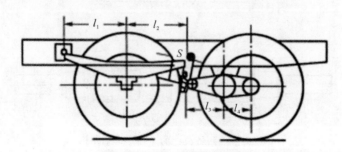

图 6-11 摆臂式平衡悬架

5. 半挂车支撑装置设计

支撑装置是半挂车特有的装置,安装在半挂车的前部,其作用是在半挂车与牵引车分离时,由支撑装置支撑半挂车车身的前半部分。支撑装置还可以升降半挂车前部高度,以利于牵引车与半挂车的分离与结合。

支撑装置对半挂车前部高度的调整,是通过手摇驱动机构进行的,支撑装置应在脱挂时能可靠地保持半挂车处于拖挂初始状态位置。半挂车在运行状态时支撑装置需收起,因此在脱挂和搭挂时应能快速、轻便地调整其高度。此外设计时还应考虑结构简单,有足够的强度和支撑刚度。

(1) 支撑装置分类。

按操作方式分为联动支撑和单动支撑,前者只需在一边操纵就可使两边支撑装置同时升降,而后者则需要分别在两边操纵。

按支撑管截面分为圆管、方管和八角管等。

按齿轮传动机构分为单级、双级和三级齿轮传动装置。

按支撑管的结构分为基本式和折叠式支撑,前者支撑管不能折叠。

按支撑脚的形式分为铰接式、橡胶垫式、球铰式和滚轮式支撑。

(2) 支撑装置结构。对于手动升降的支撑装置,按其升降特性,有支柱斜升式和支柱垂直伸缩式两种主要形式。支柱垂直伸缩式支撑装置如图 6-12 所示,这种结构润滑、密封良好,支柱着地高度可以调节,其工作过程如下:

回转升降手柄 4,可通过传动轴 7 传动两个主动锥齿轮 6,经从动锥齿轮 5 使螺杆 3 转动。螺母 8 固装在支柱 9 的上端;当螺杆 3 转动时,通过螺母带动使支柱在套筒 10 中沿螺杆上升或下降。滚轮轴 1 与支柱下端作铰链连接。当挂车在不平场地上移动时,同一轴上的两只滚轮 2,可适应地面起伏而自由倾斜,以利于与地面的贴附。为操纵方便,支撑装置的支柱升降,可采用液力自动升降方式。支柱是升降油缸,在牵引车上还配有油泵、油箱和控制阀等设备,以完成对升降机构的操纵。

如图 6-13 所示为一种当前普遍采用的单级齿轮传动支撑装置。操作时将摇把套入小锥齿轮 2 后端的套筒内,通过齿轮及丝杆传动,使支撑装置实现升降运动。单级齿轮传动的支撑装置结构简单,但速比不大,故手操纵力较大,只适用于中小型半挂车。

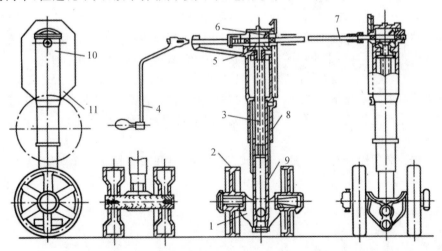

图 6-12 滚轮支柱垂直伸缩式支撑装置

1—滚轮轴;2—滚轮;3—螺杆;4—升降手柄;5,6—传动锥齿轮;
7—传动轴;8—螺母;9—支柱;10—支柱套筒;11—支柱套筒凸缘

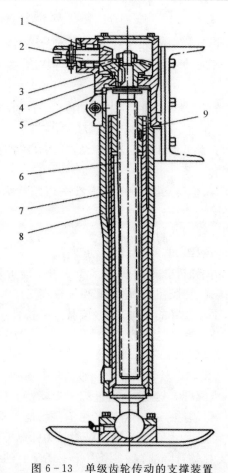

图6-13 单级齿轮传动的支撑装置

1—轴承;2—小锥齿轮;3—大锥齿轮;4,5—推力轴承;6—丝杆;7—内管;8—外管;9—螺母

有的支撑管下部可以折叠:支撑管在支撑位置和折叠位置时,靠插销分别插入不同的孔来定位。采用折叠形式可以使升降行程减少,且在较小的行程下使支撑脚升离地面较高。

(3)支撑装置的位置参数选择。在确定支撑装置的前、后位置时,应保证半挂车在满载时,支撑装置上的载质量不超过半挂车总质量的一半。支撑装置的高度和行程是按总布置确定的半挂车承载面的高度,并根据支撑装置收起状态要求的最小离地间隙确定的。

(4)支撑质量选择。支撑质量应根据半挂车的总质量及支撑装置的位置等参数,求出作用在每一支撑装置的承载质量。考虑到支撑时两侧的支撑装置不同步、装载不均匀、地面倾斜以及装载时的冲击载荷等,在计算作用在每一支撑装置的承载质量时,需乘以一个附加载质量系数 $K(K=1.1\sim1.3)$。

半挂车支撑装置设计时应参照标准 QC/T 310—1999《半挂车支承装置》规定进行匹配和选用。

6.2.3 半挂车和牵引车的连接设计

1. 挂车牵引连接装置

(1)牵引连接装置的作用及连接方式。牵引连接装置是把牵引车与挂车连接起来,组合成汽车列车的一种连接机构。半挂汽车列车所采用的牵引连接机构的类型为支撑牵引连接装置,它具有以下几方面的作用。

1)使牵引车与半挂车连接及摘脱。

2)是牵引车与挂车相对运动传递的装置。

3)由牵引连接装置把牵引车的牵引力传递给半挂车。

半挂汽车列车牵引连接装置的基本形式是牵引销-牵引座的组合。牵引销安装在半挂车车架前部的牵引板上,牵引座安装在牵引车车架上,并有分离-连接机构和锁紧机构,以保证牵引座与牵引销的可靠连接或分离。对牵引连接装置的结构及性能的要求主要体现在以下几方面。

1)机构连接的可靠性,当牵引连接装置受动载冲击时,应具有足够的强度和刚度。车辆运行时牵引车与挂车不能自动脱开,必须有可靠的锁紧机构。

2)牵引车同挂车摘挂应方便、迅速、安全可靠。

3)在连接装置上应具有冲击负荷减振装置,防止紧急制动或起步时造成过大的负荷冲击。

4)牵引连接装置在工作过程中应能有一定的角度变化。如图 6-14 所示,半挂车汽车列车在行驶过程中,牵引连接装置应允许半挂车相对牵引车有不超过允许值的纵向倾角(前倾角 ω_1 和后倾角 ω_2);半挂车相对于牵引车底盘有不超过允许值的侧向倾角 δ;半挂车相对于牵引车的铰接角 φ 在转弯状态下应能达到一定角度,此时在一定后倾角 ω_2 时半挂车与牵引车挡泥板、尾梁等牵引车底盘零件均不能发生干涉。

以上角度作用如下:纵向倾角(前倾角 ω_1 和后倾角 ω_2)可以保证汽车列车通过纵向不平路面和实施摘挂动作;侧向倾角 δ 可保证汽车通过横向不平路面;对半挂车而言,牵引连接装置本身即为发生铰接角 φ 的转向机构。

关于各角度限值,可以查阅 GB/T 20070—2006《道路车辆 牵引车与半挂车之间机械连接互换性》获得。

(2)牵引销。

1)牵引销的分类。牵引销分轻型和重型两类,轻型 50 号销直径为 (50.8 ± 0.1) mm,重型 90 号销直径为 (89 ± 0.1) mm,一般牵引质量小于 50 t 时,采用轻型牵引销,牵引质量大于 50 t $(50\sim100$ t)时用重型牵引销。为保证连接互换性,牵引销连接尺寸需遵循以下标准:GB/T 4606—2006《道路车辆 半挂车牵引座 50 号牵引销的基本尺寸和安装、互换性尺寸》及 GB/T 4607—2006《道路车辆 半挂车牵引座 90 号牵引销的基本尺寸和安装、互换性尺寸》。

各型牵引销均有与之相配套的牵引座系列,牵引座尺寸参考 GB/T 13880—2007《道路车辆 牵引座互换性》。

2)牵引销材料。牵引销材料一般用碳铬、镍铬、镍铝钼等中碳合金钢,进行调质处理和接触表面高频淬火处理。投入使用前要进行探伤检查,以确保销在使用过程中的安全性。

3)牵引销与半挂车连接方式。轻型牵引销的连接方式有下列 3 种。

A. 牵引销与固定座用螺钉连接。如图 6-15 所示,在牵引板 3 上焊接固定一块可在下部更换牵引销 4 的固定座 2,固定座 2 与牵引销 4 用螺钉连接。此种连接方式需增加固定座 2,但更换很方便。

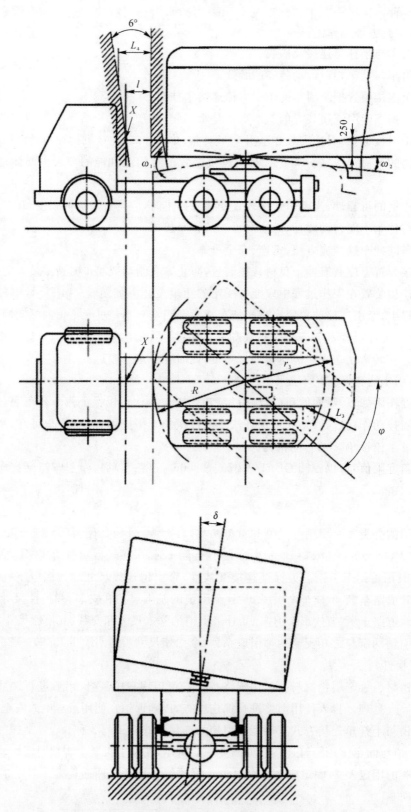

图 6-14 牵引车连接装置相对转动角度(单位:mm)

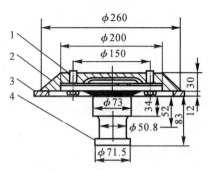

图 6-15 牵引销与固定座用螺钉连接(单位:mm)

1—连接螺钉;2—固定座;3—牵引板;4—牵引销

B. 带锥体的牵引销与锥形固定座连接。此种连接方式如图 6-16 所示。在牵引板 6 上焊接锥形固定座 4,锥形固定座 4 与牵引销的锥体相匹配,通过垫圈 3 用槽形螺母 2 紧固,并用开口销 1 锁死。此种连接方式需增加锥形固定座 4,但结构简单,只需拆卸一个螺母 2 即可更换带锥体的牵引销 5。

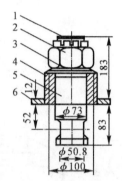

图 6-16 带锥体的牵引销与锥形固定(单位:mm)

1—开口销;2—槽形螺母;3—垫圈;4—锥型固定座;5—带锥体的牵引销;6—牵引板

C. 牵引销用螺钉直接与牵引板连接。此种连接结构如图 6-17 所示,结构简单、质量轻,更换牵引销只需从牵引板上拆除即可。牵引销 1 用螺钉 2 直接固定到牵引板上,但在牵引板上会出现凸起的螺钉,因此设计时,应将牵引板凹陷,尽量保持车架底板上平面的平整。

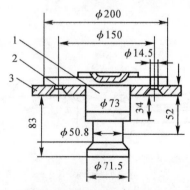

图 6-17 牵引销用螺钉直接与牵引板连接(单位:mm)

1—牵引销;2—螺钉;3—牵引板

重型牵引销一般采用后两种连接方式。

(3)牵引座。

1)牵引座的结构形式。半挂汽车列车牵引连接装置的结构形式很多,可分为牵引销式半自动连接装置与无牵引销式自动连接装置两大类。

牵引销式半自动连接装置通过牵引车上牵引座的夹紧锁止装置把牵引车与半挂车的牵引销连接在一起,组成半挂汽车列车。牵引座既承受半挂车一部分垂直质量,又起连接半挂车的作用,同时又是半挂车的转向装置。

牵引座由座板、分离-连接机构和支座三大部分组成。按支座能否移动,牵引座分为固定式、举升式和移动式;按允许的自由度不同,有单自由度和二自由度两种,其分离-连接机构又分为夹板式和单钩式。

固定式牵引座是指牵引座固定在车架上,如图6-18所示。而举升式和移动式是指牵引座相对于车架可以上、下举升和前、后移动,如图6-19和图6-20所示。

举升式牵引座又分为高举升式和低举升式两种。高举升式牵引座适用于拉运密度小的粉、粒、散装货物,即可在车下或车后靠自身质量从排出口排出的货物。低举升式牵引座(见图6-19)适用于集装箱半挂车场内往返牵引专用,用牵引座的升降代替半挂车支撑装置的收起,可提高装卸速度。

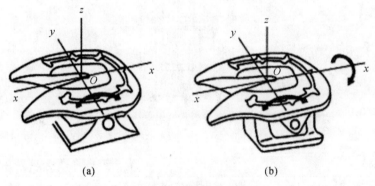

图6-18 固定式牵引座
(a)单自由度;(b)双自由度

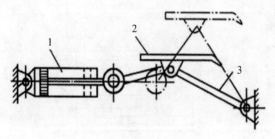

图6-19 低举升式举升机构
1—举升缸;2—牵引座;3—杠杆

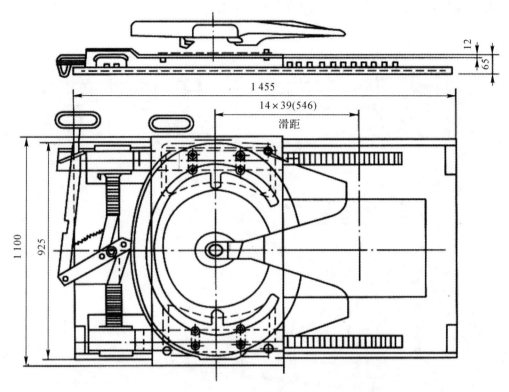

图 6-20 移动式牵引座（单位：mm）

单自由度牵引座又称Ⅰ轴式，如图 6-18(a)所示，即牵引座可绕 y 轴作不小于 15°的纵向摆角，此形式适用于在较好公路上行驶的半挂汽车列车。这种结构的特点是汽车列车行驶时的横向稳定性较好，适用于高速、轻负荷、危险品及高质心载荷等，实际应用最多的是大型集装箱半挂车；高货台、散装货运半挂车也有较广泛的应用。

二自由度牵引座，又称Ⅱ轴式，如图 6-18(b)所示，即牵引座除具有纵向倾摆的自由度外，还可绕 x 轴作 3°～7°的横向摆动，以适应道路不平，并减小车架的扭曲。该牵引座多用于越野行驶或运输大型整体长货物的重型汽车列车上。

夹板式分离-连接机构，是利用两块夹板锁住牵引销（见图 6-21）。这种结构一般在双夹板前端有一个锁块，用来限制夹板绕其销轴转动，从而保证车辆在行驶时，即使发生冲击，夹板也不会自己松开与牵引销分离。

单钩式牵引座是通过楔轴保证单钩锁住牵引销（见图 6-22），同时借助弹簧自动消除因牵引销磨损而形成的间隙。

我国现在生产的牵引车与半挂车的牵引连接装置，牵引座多为固定式（Ⅰ轴式和Ⅱ轴式），牵引销与牵引板多数采用直接铆接。

2) 橡胶元件。在汽车列车的行驶过程中，牵引座将受到垂直载荷、牵引力和力矩的作用等。垂直载荷由牵引座板和支架承受，牵引力由连接-分离机构和牵引销承受，而力矩则由支架承受。牵引座中连接-分离机构的夹板或单钩在载荷作用下易磨损，特别是冲击载荷易引起零部件的早期磨损与损坏。为了减少动载荷，可在牵引座结构中增加一些橡胶制作的弹性元件,直接装在支架和牵引车车架之间,也可以放在牵引座板和支架之间。

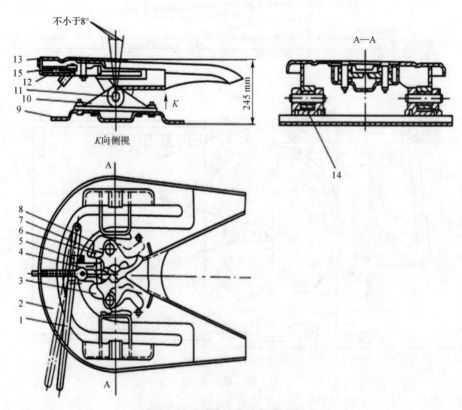

图 6-21 单自由度夹板式牵引座

1—操纵杆;2—座板;3—右夹板;4—锁块;5—锁片;6—插销;7—左夹板;
8—拉簧;9—地板;10—支座;11—横轴;12—弹簧;13—保险块;14—橡胶减震套;15—锁块导杆

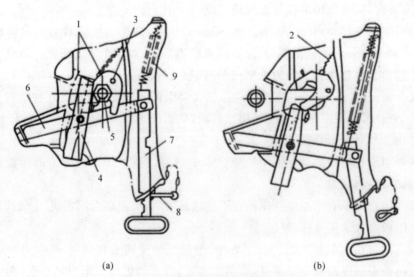

图 6-22 单钩式连接-分离机构

(a)牵引状态;(b)拖挂状态

1—锁钩;2—锁钩弹簧;3—锁钩销轴;4—楔杆;5—耐磨环;6—杠杆;7—操纵杆;8—保险锁扣;9—弹簧

2. 半挂车和牵引车的连接尺寸设计

半挂车和牵引车的连接尺寸如图 6-23 所示,图 6-23 中 H_1 为牵引车车架上平面离地面高度,L_1 为牵引座的前置距。

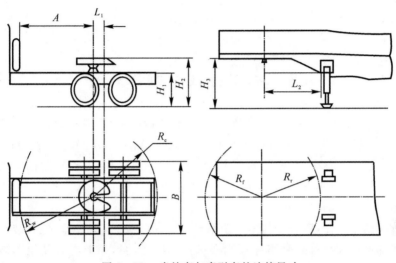

图 6-23 半挂车与牵引车的连接尺寸

(1) 半挂车的前回转半径和牵引车的间隙半径。半挂车的前回转半径 R_f 是指牵引销中心至半挂车前端最远点垂线的距离。牵引车的间隙半径 R_w 是指牵引座中心至驾驶室后围或备胎架(或其他附件,如空滤器等)的最近点垂线的距离。为了保证半挂车和牵引车在运行中不产生干涉,一般要求 $R_w - R_f > 150$ m。

(2) 半挂车的间隙半径和牵引车的后回转半径。半挂车的间隙半径 R_r 指牵引销中心至鹅颈或支承装置上最近点垂线的距离。牵引车的后回转半径 R_c 指牵引座中心至牵引车车架后端最远点垂线的距离。一般要求 $R_r - R_c > 70$ mm。

(3) 半挂车牵引板离地高度。半挂车牵引板的离地高度 H_3 是半挂车处于满载状态下的高度,其值必须等于牵引车牵引座板平面在满载状态时的离地高度 H_2。

(4) 半挂车相对于牵引车的前倾角和后倾角。前倾角 ω_1 与后倾角 ω_2 如图 6-24 所示,前倾角 ω_1 是指半挂车前端最外点和牵引车车架相碰时,半挂车和牵引车在纵向平面内的相对夹角;后倾角 ω_2 是指半挂车鹅颈处纵梁下翼板和牵引车尾端点相碰时在纵向平面内的相对夹角,以上角度既取决于半挂车与牵引车底盘的结构,也受图 6-14 定义的牵引连接装置的前倾角与后倾角影响。

通常前倾角 $\omega_1 = 7° \sim 14°$,道路条件好时取小值,道路条件差时取大值。后倾角 ω_2 由半挂车鹅颈处的尺寸来保证,对于普通公路运输,$\omega_2 = 8° \sim 10°$,对于越野车运输,$\omega_2 = 16°$ 左右。

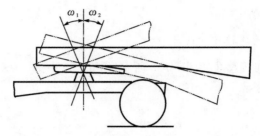

图 6-24 半挂车的前俯角和后仰角

6.3 牵引杆挂车列车设计

在 GB/T 3730.1—2001《汽车和挂车类型的术语和定义》中对牵引杆挂车和列车的定义基础上,JT/T 1178.2—2019《营运货车安全技术条件 第2部分:牵引车辆与挂车》对牵引杆挂车进一步定义如下:至少有两根轴的挂车,其中一根轴可转向,并通过角向移动的牵引杆与牵引货车连接;牵引杆可垂直移动,连接到车辆上不承受任何垂直力。牵引杆挂车列车定义为牵引货车和牵引杆挂车的组合。

与半挂汽车列车相比,牵引杆挂车列车总长较长,行驶稳定性较差,但其装载质量可以随车轮轴数的增加而增加,因此,牵引杆挂车列车在大件货物运输上有着其他车辆无法替代的作用。

牵引杆挂车列车的牵引车一般采用通用载货汽车。通用载货汽车车架后端支架处设有连接装置牵引钩,用于连接牵引杆挂车。在通用载货汽车车架上还装有回转式枕座用于牵引特种挂车。载货汽车拖带挂车后要求应具有较好的动力性、平顺性和行驶稳定性。

牵引杆挂车列车应在保证主要部件强度的条件下尽量减少整备质量。挂车结构的合理性,是以挂车的最大装载质量和整备质量之比(质量利用系数)来评定的,质量利用系数随着挂车最大装载质量的增加而增大。

下面只对牵引杆挂车列车中的挂车进行介绍。

6.3.1 牵引杆挂车的总体结构

典型牵引杆挂车的总体结构如图 6-25 所示。与半挂车不同,牵引杆挂车的全部载荷由挂车承受,牵引车只起牵引的作用。因此,牵引杆挂车的前支撑为轮轴结构,且通常前轴设有转向装置,以减少轮胎的侧滑、磨损和汽车列车的转向阻力。

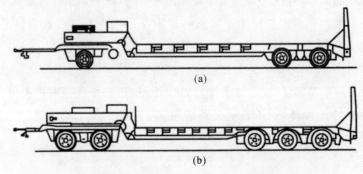

图 6-25 典型牵引杆挂车的总体结构
(a)前轴单排牵引杆挂车;(b)前轴双排牵引杆挂车

牵引杆挂车的总体尺寸应符合 GB1589—2016 和 GB/T 6420—2017《货运挂车系列型谱》中所提出的要求。普通牵引杆挂车总体尺寸如图 6-26 所示。

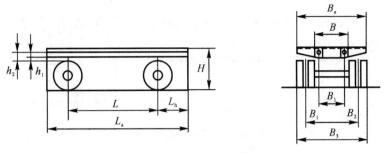

图 6-26 牵引杆挂车整体尺寸

6.3.2 牵引杆挂车的转向装置设计

牵引杆挂车的转向是通过同时与挂车车架和牵引拖台(或方架)进行连接的转向装置来实现的。

1. 牵引杆挂车的转向装置

牵引杆挂车的转向装置有轮转向装置和轴转向装置两种形式,由于轮转向装置转向角度小,工艺复杂而应用较少,而轴转向装置则应用非常广泛。轴转向装置又分为单转盘转向[见图 6-27(a)]和双转盘转向[见图 6-27(b)]两种形式。单转盘转向的牵引杆挂车转向轴一般为长轴式,可以是一排一根,也可以是二排二根。双转盘转向的牵引杆挂车,其转向轴为短轴式,通常为一排两根。

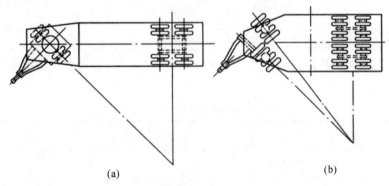

图 6-27 牵引杆挂车的转向装置
(a)转盘牵引杆挂车;(b)双转盘牵引杆挂车

转盘转向装置是为实现轴转向而设计的,它又分为有主销式和无主销式两种。

(1)有主销式转盘转向装置。有主销式转盘转向装置的结构如图 6-28 所示。其特点是水平方向的作用力由主销承受,垂直方向的力由转盘承受。由于主销和主销座孔之间存在间隙,挂车行驶时会产生振动和冲击,所以该装置目前应用较少。

(2)无主销式转盘转向装置。无主销式转盘转向装置的结构如图 6-29 所示。其特点是水平和垂直方向的力都由转盘或座圈承受。由于滚球与滚道之间间隙小,所以有利于承受动载荷和提高行驶稳定性。

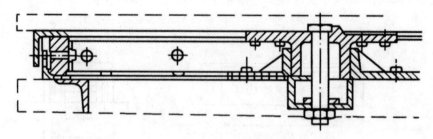

图 6-28　有主销式转盘转向装置

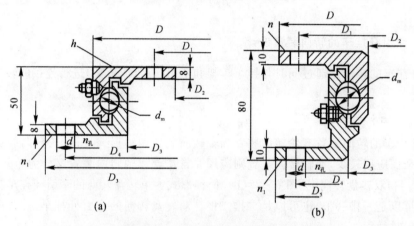

图 6-29　两种无主销式转盘转向装置的结构(单位：mm)
(a)外连接式无主销转盘；(b)内连接式无主销转盘

转盘装置的型号可根据所设计挂车的最大总质量及转向装置的承载质量进行选择，再根据所选型号由图 6-29 及表 6-2 确定主要尺寸，最后根据所设计挂车车架等相关尺寸及结构进行修正。

表 6-2　转盘转向装置的主要尺寸(单位：mm)

型号	D	D_1	D_2	D_3	D_4	D_5	d	n	d_m
1A	785	690	660	730	825	855	16.5	6	14.288
2A	985	895	860	930	1 020	1 055	16.5	8	14.288
3B	1 010	975	870	910	980	1 015	16.5	8	16.669
4B	11 110	1 075	970	1 010	1 080	1 115	18.5	10	18.256
5B	1 210	1 175	1 070	1 110	1 180	1 215	18.5	10	18.256

转盘转向装置上的载质量及牵引杆挂车的最大总质量应符合表 6-3 的规定。

第6章 汽车列车设计

表6-3 转盘转向装置的承载质量

转向装置型号	转向装置的承载质量/kg	牵引杆挂车的总质量/t
1A	≤2 744	≤6
2A	≤3 430	≤8
3B	≤5 292	≤12
4B	≤8 820	≤20
5B	≤12 740	≤28

转盘装置的主要尺寸确定后,即可进行牵引拖台的设计。

2. 牵引拖台设计

牵引拖台是半挂车和牵引杆挂车的转换装置,它由牵引杆挂车用的牵引架、前轴总成和半挂车用的牵引座一起构成,如图6-30所示。这种装置可用普通载货汽车牵引半挂车。半挂车通过牵引拖台与普通载货汽车连接,可组成全挂式半挂汽车列车;牵引杆挂车通过牵引拖台与普通载货汽车连接,可组成牵引杆挂车列车,而这种牵引杆挂车的转向是通过鞍座来实现的,如图6-31所示。牵引杆挂车列车的转向如果采用转盘转向装置,则不需要牵引拖台,而是采用方架进行过渡。

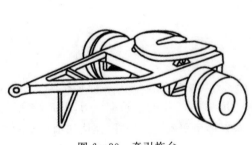

图6-30 牵引拖台

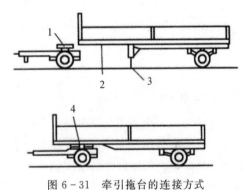

图6-31 牵引拖台的连接方式
1—牵引座;2—牵引销;3—支撑装置;4—牵引拖台

3. 方架设计

方架是牵引杆挂车列车上常用的一种转向过渡连接装置,它的上翼面固定转盘转向装置的下圈,两外侧翼面固定牵引杆挂车前悬架,前端与三角状的牵引架铰接,如图6-32所示。方架的结构是由两根横梁与两根纵梁焊接而成的,其结构同车架。由于其大体形状呈方形,故往往称其为方架。

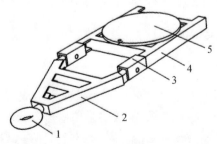

图6-32 牵引杆挂车转向过渡连接装置
1—挂环;2—牵引架;3—连接座;4—方架;5—转盘

6.3.3 牵引连接装置设计

1. 牵引钩及挂环

牵引杆挂车列车的拖挂-牵引连接装置一般为牵引钩-挂环结构。牵引钩安装在牵引车车架后横梁及附加支撑（以下简称"车架"）上，挂环安装在牵引杆挂车的牵引架上，通过牵引钩与挂环使牵引车和牵引杆挂车连接。

牵引钩分为固定式和可拆卸式，如图 6-33 所示。前者直接固定在车架上，其特点是结构简单、可靠，但缓冲性差。后者采用螺栓连接到车架上，通过缓冲弹簧或缓冲橡胶件吸收一定的冲击负荷，故应用较多。挂环结构较简单，挂环孔可镶套或不镶套。挂环的形式与尺寸以及牵引钩和挂环之间机械连接装置的尺寸参见 GB/T 4781—2006《道路车辆 50 mm 牵引杆、挂环的互换性》。

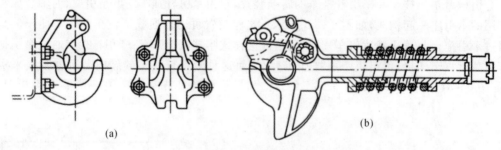

图 6-33 牵引钩的形式
(a)固定式；(b)可拆卸式

2. 牵引架

牵引架也是牵引车与牵引杆挂车之间的连接构件之一（见图 6-32），其大体形状呈三角形，故往往也称其为三角架。牵引杆挂车牵引架向上或向下倾斜时，均产生垂直分力，因此，牵引架必须保证牵引力能以最小角度传到挂车上，从而获得最好的牵引效果。另外，挂钩和牵引架的结构参数也涉及汽车列车的纵向越障能力，要求牵引架在垂直平面内的允许摆角不小于 160°～180°。一般牵引架的长度为 1 500～1 800 mm，重型牵引杆挂车的牵引架的长度为 1 800～2 300 mm。

牵引架在挂车满载时应平行于路面，对于中、小吨位挂车，牵引装置的离地高度为 600～900 mm，大吨位挂车为 650～1 100 mm。牵引架上牵引杆的摆动角（包括回转角、纵摆角、侧摆角、水平间隙角）以及牵引装置的前置距、挂车前端回转面距离等，参见 GB/T 4781—2006《道路车辆 50 mm 牵引杆、挂环的互换性》的规定。

6.3.4 牵引杆挂车的车架结构设计

1. 中、小吨位牵引杆挂车

中、小吨位牵引杆挂车车架由两根纵梁和若干根横梁组成。常见的结构形式如图 6-34 所示。为了简化工艺和布置方便，车架纵、横梁多采用槽形等断面结构，为减小结构质量，一般冲压成形，也可直接采用型材。两根纵梁前、后等宽布置，使车架具有较强的抗弯性能。如果纵、横梁采用箱形截面,其特点是在满足车架抗弯强度的前提下,能大幅度提高车架的抗扭强度,减少车架高度,降低挂车承载面,但其成本较高。

车架纵梁和横梁的连接形式,可参照半挂车纵梁和横梁的连接方式及结构。要指出的是车架在连接处大都设有辅助加强板,如图6-35所示。在设计中,车架上平面一般用分块补角式,下平面则用整体承托式。对转盘底座后部和车架交接处(见图6-34),连接钢板除必须用整体承托式,必要时还应向跨中延伸,以降低危险截面的应力。

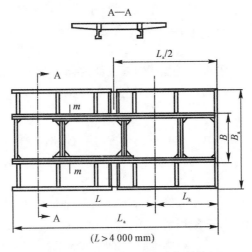

图6-34 牵引杆挂车车架结构

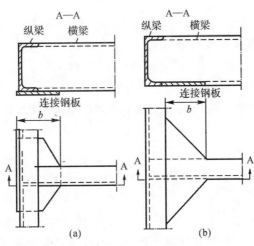

图6-35 纵梁和横梁的连接方式
(a)整体承托式;(b)分块补角式

2. 重型牵引杆挂车

重型牵引杆挂车的车架和半挂车一样,按结构也可分为平板式、阶梯式和凹梁式三种。平板式车架纵梁的上翼面是平直的。其优点是货台底板平整,制造工艺简单。车架一般由纵梁、横梁、支撑梁和边梁组成。整车通过横梁间的支撑梁、悬架、轮轴和车轮传到地面。车架纵梁、支撑梁和边梁为箱形断面的焊接件,具有较大的抗扭刚度。连接纵梁的横梁向两侧伸出,为变截面的工字形焊接结构,具有较高的抗弯强度。各支撑梁的下面连接转盘的悬架机构以实现挂车的全轮转向。经焊接组合的纵梁、横梁、支撑梁和边梁构成了大型平板车的骨架。为装卸货物而设置的起重绞盘安装在牵引车上,并兼起牵引车的配重作用。

阶梯式车架纵梁的上翼面是弯曲的,前段较高,这是为了安装转向机构的需要。其后部的货台较低,便于装卸货物,增加挂车的稳定性。阶梯式车架的前部一般设有起重绞盘,车架后端搭接可拆卸的跳板,供装卸货物使用,机动车辆亦可借助跳板直接驶上货台。

凹梁式车架纵梁的前、后两段均高于中段,形成中间低沉的货台,便于挂车两侧装卸货物。另外,由于前、后两段抬高,所以挂车前、后车轮有足够的转向空间,利于全轮转向挂车的总布置设计。

车架纵、横梁的材料通常采用优质低碳钢板或低碳合金钢板,这是由于上述材料的强度极限和屈服极限比普通碳素结构钢高,且冲压工艺性能较好,有利于构件成形。

3. 车架的载荷及强度计算

在车架结构及选用材料确定后,应对车架强度进行校核计算。首先根据给定工况确定车架所受各载荷,然后计算车架的应力,根据应力大小找出车架危险截面,必要时对结构尺寸进行优化,从而最后确定纵梁的合理结构尺寸。

应当指出,挂车在汽车列车起步、转向和制动等工况下,所引起的纵向和侧向水平力对车架产生的各种附加应力,对焊接车架影响很小,可不另作验算。但这些工况却是挂车栏板,特别是前栏板、栏板中心立柱等构件进行强度计算的主要依据。

6.3.5 牵引杆挂车的悬架及挂车的车轴

牵引杆挂车的悬架及挂车的车轴与半挂车悬架及车轴的设计方法基本相同,只是牵引杆挂车增加了前悬架,且安装位置是在牵引拖台或方架上。一般来讲,中、小型牵引杆挂车的前、后悬架都可直接选用汽车制造厂生产的相应载荷的现有悬架。

6.4 汽车列车的参数选择及运行特性

6.4.1 汽车列车参数选择

1. 最大总质量

采用拖挂运输,在确定汽车列车的总质量时,首先应考虑随着列车总质量的增加,车辆仍应具有一定的动力性。除此之外,保证汽车列车的通过性也非常重要。因此在选择汽车列车的最大总质量参数时,除了保证汽车列车具有一定的动力性,还应满足以下四方面的要求。

(1)在运行线路的最大坡道上能用 I 挡起步。汽车列车在坡道上起步时,由于道路有较大的变形,会引起额外的附加阻力,使道路阻力系数加大。故在起步时引入一个系数 α,相当于滚动阻力系数放大 α 倍。

起步时不计空气阻力的影响,根据驱动力-行驶阻力平衡方程式,可求得汽车列车的最大总质量 m_{tl} (kg) 为

$$m_{t1} = \frac{F_{t1\max}}{\left(\alpha f + i_{\max} + \frac{\delta}{g}j\right)g} \tag{6-1}$$

式中:$F_{t1\max}$——稳定行驶时汽车列车 I 挡的最大驱动力,N;

  α——起步附件阻力系数,其数值取决于运行条件,如大气温度和路面状况,根据试验,夏天取 1.5～2.5,冬天取 2.5～5.0;

  f——滚动阻力系数,在混凝土或沥青路面上取 0.012～0.015;

  δ——汽车列车的旋转质量转换系数,在起步时通常取 1;

  j——汽车列车起步时的加速度,其值可取为 0.3～0.5 m/s²;

  $i_{\max}$——汽车列车运行路段上的最大坡度,可按表 6-4 进行选取。

表 6-4 各级公路纵向坡度标准

公路等级	一	二		三		四
		平原微丘	山岭纵丘	平原微丘	山岭纵丘	
最大纵向坡度 /(%)	4	5	7	6	8	8

注:在四级公路难行的山岭区,最大纵向坡度可增加 1%。

式(6-1)可简化成如下形式:

$$m_{t1} = \frac{F_{t1\max}}{(i_{\max} + K)g} \tag{6-2}$$

式中:K——汽车列车起步加速系数。各工况下 K 的推荐值:强烈起步时,$K = 0.067$;正常起步时,$K = 0.050$。K 最小不低于 0.024。

(2) 在运行线路的最大坡道上能用 II 挡通过。此种工况转速较低,亦可不考虑空气阻力的影响,且以等速上坡,即 $j=0$,根据驱动力-行驶阻力平衡方程,可求得所允许的汽车列车的最大总质量 m_{t2}(kg) 为

$$m_{t2} = \frac{F_{t2\max}}{(i_{\max} + f)g} \tag{6-3}$$

式中:$F_{t2\max}$——汽车列车 II 挡的最大驱动力,N。

(3) 在运行线路上经常能用直接挡行驶。在经常行驶的道路条件下,以直接挡等速稳定行驶的汽车列车最大总质量 m_{t3}(kg) 为

$$m_{t3} = \frac{F_{t0\max} - F_w}{gD_{0\max}} \tag{6-4}$$

式中:$F_{t0\max}$——汽车列车直接挡的最大驱动力,N;

  F_w——汽车列车的空气阻力,N;

  $D_{0\max}$——汽车列车直接挡的最大动力因数。$D_{0\max}$ 应比沥青路面的滚动阻力系数大一些,可取 $D_{0\max} = 0.025～0.03$。

(4) 汽车列车运行时必须符合路面附着条件。汽车列车运行时的路面附着条件如下。保证汽车列车驱动力小于或等于牵引车驱动轮与路面之间的附着力。这就要求汽车列车

的驱动力必须小于或等于牵引车驱动轮和路面之间的附着力,汽车列车作等速直线行驶时,有

$$m_{t4}\psi \leqslant m_\varphi \varphi \rho \tag{6-5}$$

式中：ψ——道路阻力系数，$\psi = f + i$；

$\quad\quad i$——道路坡度，%；

$\quad\quad \varphi$——路面附着系数；

$\quad\quad m_\varphi$——驱动轮的附着质量，kg；

$\quad\quad \rho$——轴荷转移系数，对于后轮驱动的牵引车，ρ 可取为 1。

因此,在满足路面附着条件时汽车列车的最大总质量 m_{t4}(kg) 为

$$m_{t4} \leqslant \frac{m_\varphi \varphi \rho}{\psi} \tag{6-6}$$

最后所确定的汽车列车最大总质量应为 $m_{t1}, m_{t2}, m_{t3}, m_{t4}$ 中的最小值。

为了满足汽车列车必要的牵引性能,世界各国对汽车列车的驱动轮的附着质量都有明确规定,如我国标准 GB 1589—2016《汽车、挂车及汽车列车外廓尺寸、轴荷及质量限值》中规定：汽车或汽车列车驱动轴的轴荷不应小于汽车或汽车列车最大总质量的 25%。

2. 比功率

比功率是反映汽车列车动力性的一个综合指标,是发动机总功率与汽车列车总质量之比值。比功率是决定汽车列车最高车速的主要参数,因此在进行汽车列车设计时,应依据最高车速 V_{max} 来确定发动机功率。比功率 P_d 与最高车速 V_{max} 具有下列关系：

$$P_d = \frac{P_e}{m_t} = \frac{2.7\psi V_{max}}{\eta_t} + \frac{C_D A V_{max}^2}{7\,614 \eta_t m_t} \tag{6-7}$$

式中：P_d——汽车列车的比功率，kW/t；

$\quad\quad P_e$——汽车列车牵引车辆的发动机功率，kW；

$\quad\quad m_t$——汽车列车的最大总质量，kg；

$\quad\quad V_{max}$——汽车列车的最高车速，kW/h；

$\quad\quad C_D$——汽车列车的空气阻力系数；

$\quad\quad A$——汽车列车的迎风面积，m²；

$\quad\quad \eta_t$——汽车列车牵引车辆的传动系传动效率。

从式(6-7)可以看出：汽车列车的最高车速越高,要求汽车列车的比功率越大,其后备功率也越大,加速与爬坡能力必然好。若汽车行驶的其他参数一定,比功率 P_d 随最大总质量的增加而减少。

在设计时,汽车列车比功率应符合国家相关标准或规范。我国 GB/T 26778—2011《汽车列车性能要求及试验方法》中对牵引车发动机净功率 P_e(kW) 规定如下：汽车列车最大总质量 $m_t \leqslant 18$ t 时,$P_e \geqslant 6.88 m_t$；18 t $< m_t <$ 43 t 时,$P_e \geqslant 4.3 m_t + 46$；$m_t \geqslant 3$ t 时,$P_e \geqslant 5.4 m_t$。GB 7258—2017《机动车运行安全技术条件》规定：除无轨电车、纯电动汽车外的其他机动车的比功率应大于或等于 5.0 kW/t。也可参考其他已有汽车列车产品的比功率参数进行设计,见表 6-5。

第6章 汽车列车设计

表 6-5 各国汽车列车比功率数值范围

国 别	公路运输汽车列车比功率范围/(kW·t^{-1})	国 别	公路运输汽车列车比功率范围/(kW·t^{-1})
美国	6.62~8.09	英国	4.41~5.15
德国	4.41~5.88	日本	6.25~6.62
瑞典	4.41~5.88	中国	4.23~5.51
法国	3.38~6.03		

3. 轴荷及轴荷系数

半挂车的轴荷是指牵引销支撑处和半挂车车轴上的承载质量。在已知半挂车的装载质量和初估半挂车各部件的整备质量后,可对半挂车的轴荷分配进行计算。

在轴荷计算出来后,首先要校核牵引销处载荷是否符合牵引车鞍座允许载荷,然后校核轴荷是否超载。若不能满足要求,则应调整轴距,即牵引销至半挂车轮轴中心的距离,直到满足要求为止。汽车列车轴荷也是汽车列车在公路上行驶的一个使用技术参数,是公路与桥梁设计载荷标准的依据。所以在确定公路上行驶的汽车或汽车列车的轴荷时应十分慎重,不仅要从提高运输生产率、降低运输成本方面来考虑,而且要考虑对路面的破坏程度。

(1)汽车列车轴荷确定原则。根据我国汽车公路现状及其发展,轴荷确定原则如下:

1)轴荷必须符合我国公路现状及发展情况;

2)轴荷确定应考虑提高汽车列车运输效率,降低运输成本、公路投资,延长公路寿命;

3)尽量与世界主要国家标准规定相近。

(2)汽车列车轴荷与公路寿命的关系。汽车列车轴荷大小与公路寿命有直接关系,它对公路路基强度的影响不显著,而对路面的影响却十分严重。不同车轴轴荷 P 对路面的破坏程度 D 可用如下经验公式表示:

$$D = KP^n \tag{6-8}$$

式中:K—— 破坏系数;

n—— 破坏指数。

若取 P_0 作为标准质量,其破坏因数 D_0 作为单位。可将轴荷 P 的作用换算成标准轴荷 P_0 的重复作用次数,并假设标准轴荷换算系数为 EF,得 $D = \text{EF} \cdot D_0$,由此可推出:

$$\text{EF} = \left(\frac{P}{P_0}\right)^n \tag{6-9}$$

各国取的标准轴荷及指数 n 各不相同,例如我国一般选用 10 t 为标准轴荷,其 n 值取 4.55。则其标准轴荷换算系数为

$$\text{EF} = \left(\frac{P}{P_0}\right)^{4.55} \tag{6-10}$$

由式(6-10)可见,路面破坏因数和轴荷的 4.55 次方成正比,故轴荷增加引起路面的破坏作用十分严重。因此,根据采用的换算系数 EF,可求得不同轴荷相应的路面破坏因数和相应的曲线。

(3)汽车、挂车及汽车列车轴荷及质量限值。轴荷是安全和道路破坏的重要因素,表 6-6

列出部分国家/地区关于轴荷限值情况。

表 6-6 部分国家/地区车辆轴荷限值情况

国家/地区	主车轴荷/t				挂车轴荷/t	
	前转向轴	单后驱动桥	双联驱动桥	驱动桥+支撑轴	二轴组	三轴组
美国	9	9	15.3		15.3	15.3
欧洲	10	11.5	18	11.5+10	16/18/20	21/24
澳大利亚	6	9	16.5	9+6/9	11(单)/16.5	20
日本	10	10	18	10+10	18/19/20	
中国	7	11.5	11.5/16/18/19	11.5+7/10/11.5	11/16/18/19	21/24

汽车、挂车及汽车列车的最大允许总质量不应超过各车轴最大允许载荷之和,且不应超过所规定的总质量限值,表 6-7 给出部分国家/地区五轴半挂列车总质量限值。

表 6-7 部分国家/地区五轴半挂列车总质量限值

国家/地区	欧洲	日本	中国
列车总质量/t	40	36	42(二轴牵引车+三轴挂车)/43(三轴牵引车+二轴挂车)

我国对汽车列车轴荷及总质量由标准 GB 1589—2016《汽车、挂车及汽车列车外廓尺寸、轴荷及质量限值》规定。

4. 汽车列车的总体尺寸设计

汽车列车的总体尺寸包括外廓尺寸(总长、总宽、总高)、轴距、轮距、前悬和后悬等。

(1)外廓尺寸。我国对于汽车列车的外廓尺寸由 GB 1589—2016《汽车、挂车及汽车列车外廓尺寸、轴荷及质量限值》控制。该标准对列车总长限制规定如下:乘用车不超过 14.5 m,铰接列车不超过 17.1 m(牵引车为长头驾驶室时不超过 18.1 m),货车列车不超过 20 m(包括牵引杆挂车列车和中置轴货车列车),但中置轴车辆运输列车可不超过 22 m。列车宽度限值为 2.55 m,但冷藏车宽度最大限值为 2.6 m;所有车辆高度限值均为 4 m。

(2)轴距和轮距。

1)轴距。半挂车的轴距是指牵引销中心线至挂车轮轴中心线间的距离。其大小直接影响挂车的长度、装载质量、通过性、纵向稳定性和其他性能。

半挂车轴距在初始设计时一般由轴荷分配确定,同时应考虑车架受力及列车行驶性能。

半挂车的轴荷是指牵引销支撑处和半挂车车轴上的承载质量。在已知半挂车的装载质量和初估半挂车各部件的整备质量后,可对半挂车的轴荷分配进行计算。各轴轴荷初步确定后,首先要校核牵引销处载荷是否符合牵引鞍座允许载荷,然后校核轴荷是否超载。若不能满足要求,则应调整轴距,即牵引销至半挂车轮轴中心的距离,直到满足要求为止。

此外,挂车轴距的确定还要考虑汽车列车以最小转弯半径转向行驶时的稳定性。

牵引杆挂车车架长度与轴距的比例一般在 1.5~1.7 之间,半挂车车架长度与轴距的比例一般在 1.3~1.6 之内。

2)轮距。半挂车的轮距对挂车的总宽、总质量、横向稳定性和机动性影响很大。一般挂车轮距多取与牵引车轮距相一致,以使车辙一致,减少汽车列车在松软路面上的滚动阻力。轮距应该尽量大,但需满足 GB 1589—2016 对于车辆宽度的限制条件,车辆总宽应按所匹配的最宽车轮进行校核。

(3)挂车承载面高度和车厢容积。

1)承载面高度。挂车承载面高度是一个重要的使用参数,承载面的高低直接影响装卸货物时的劳动强度及汽车列车行驶的稳定性。设计时应尽量降低挂车承载面高度,但其将受到轮胎尺寸和最小离地间隙的限制。可以尽量采用小型高强度、宽胎面轮胎,以降低挂车的承载面高度。一般公路运输用挂车承载面高度在 1 000~1 350 mm 之间。设计时必须注意在挂车满载时,要使车厢与车轮之间留有 100~150 mm 的间隙,以保证轮胎必要的跳动。

2)车厢容积。车厢的容积可根据挂车的用途而确定,即由挂车经常运输货物品种的平均密度值来确定。一般通用挂车多以运输建筑材料、农副产品、日用商品、煤、砂石为主,一般以密度值为 0.7~1.2 t/m^3 来确定车厢容积。

(4)前悬和后悬。前悬和后悬的确定,必须保证在均匀载荷时挂车各轴荷的合理分配。考虑到制动时,前轴不至于因载荷转移而超载,并使前轴转向轻便,一般在选取前、后悬时,希望在均载情况下后轴负荷略大于前轴,双轴牵引杆挂车的质心应稍后于轴距中点 50~100 mm,一般牵引杆挂车的前悬为 600~800 mm,后悬为 700~900 mm。

半挂车前、后悬的确定,还直接受牵引销至牵引车后轴中心距离的影响,要根据牵引座处的负荷及后轴负荷合理分配来确定。在确定前悬时,应注意车辆转向时半挂车前部不与备胎架或驾驶室后壁相碰,并与后壁之间保持 150~250 mm 的间距;还要考虑汽车列车在坡道上行驶时,前悬确保让半挂车的前俯角大于码头引道坡度角(一般为 5.19″~5.7″)。半挂车的后悬值一般为 1 500~2 500 mm。

6.4.2 汽车列车的运行特性

汽车列车的运行特性主要是指汽车列车的动力性、转向机动性、行驶稳定性与技术经济性。汽车列车的动力性主要由牵引车决定。半挂汽车列车的机动性与行驶稳定性与普通货车相比有很大程度的不同。随着牵引质量的增大,汽车列车平均单位运载质量的百千米燃油消耗量一般会有显著下降。

1. 汽车列车的动力性

(1)拖挂质量对汽车列车动力性的影响。衡量汽车列车动力性的指标是速度性能、加速性能和爬坡性能。

汽车列车合理的拖挂质量直接影响到汽车列车的动力性。汽车列车随拖挂质量的增大,行驶阻力增大,与单车相比,汽车列车的剩余牵引力和剩余功率减小,动力性能降低,除最高车速外,其加速性能和爬坡能力亦变差,汽车的平均车速下降,其原因在于汽车列车的最高车速降低,加速时间长和低挡使用次数增加。

(2)比功率对汽车列车动力性的影响。在发动机功率为一定值时,其比功率减小,使汽车列车的平均车速也降低。比功率减小的程度应使汽车列车的行驶速度能跟上公路车辆的行驶速度,则认为其比功率是可行的。

一般地讲,比功率大则动力性好,平均车速增高,但燃油消耗量也将增加。

(3)汽车列车的动力因数对汽车列车动力性的影响。汽车列车满载时直接挡的最大动力因数也是评价拖挂量是否合理的一种指标。一般直接挡最大动力因数 D_{max} 选在 0.03 左右,最低不得小于 0.02。

汽车列车的动力性可根据《汽车理论》中相关知识进行计算。

2. 汽车列车的转向机动性

汽车列车的转向机动性是指在狭窄的路段上改变行驶方向或绕过障碍物的能力。汽车列车的最小转弯半径和最大通道宽度是评价汽车列车机动性的主要指标(见图 6-36)。

最小转弯直径 R_{min} 是指汽车列车转向时,当转向盘转至极限位置时,牵引车外轮前轮所滚过的轮迹圆的半径。最大通道宽度 A_{max} 是汽车列车上离转向中心最远点与最近点所形成轨迹圆的半径之差。汽车列车在转向时,机动性降低,原因是汽车列车的挂车离回转中心近,使汽车列车的通道宽度大于单车的通道宽度。

汽车列车的最小转弯半径取决于牵引车的结构参数,即取决于牵引车前外轮最大偏转角和牵引车轴距,而与挂车无直接关系,因此汽车列车的最小转弯直径与单辆汽车相同,但转弯时所需要的通道宽度却明显增大。在最小转弯直径(16~30 m)时要求最宽,随着转弯直径的增大,对通道的要求将降低。当转弯直径大至 80~100 m 或更大时,汽车列车的转弯通道宽度基本上与单车相同。

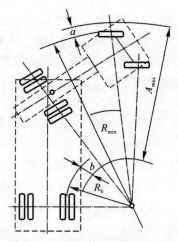

图 6-36 半挂汽车列车的转向参数

3. 汽车列车的行驶稳定性

汽车列车的行驶稳定性是指汽车列车在行驶和制动过程中,不发生侧滑、摆动和翻倾的能力。在汽车列车的行驶和制动过程中,挂车常产生摆动和冲击现象,造成主、挂连接部位产生交变的纵向和横向扰动力,使汽车列车的行驶稳定性下降,影响汽车列车的安全行驶。

(1)直线行驶时的稳定性。汽车是一个具有多质量的振动系统,而挂车行驶系统的结构基本上与汽车相类似,也是一个多质量的振动系统。由牵引车带挂车组成的汽车列车,则是两个振动系统的组合。车节之间的相互作用,使汽车列车的振动更加复杂。

由不平路面所引起的冲击力、牵引车行驶中的挠动力及挂车对牵引车的撞击等,都可能成为该系统的振动外界激力,因此会随时产生由外界激力引起的振动。当行驶于不平路面时,牵引车受到路面冲击,而使牵引车车架处于振动状态,这些振动,通过连接装置传到挂车上。因此引起挂车摆动的主要原因是不平路面对车轮的冲击、悬架和轮胎弹性系统的振动和装载不均等。

汽车列车上坡行驶,由于连接装置上的牵引力增大,挂车摆动大为减小;汽车列车下坡行驶或挂车制动迟于牵引车时,由于挂车对牵引车的排挤和冲撞,使挂车的摆动加重,汽车列车的行驶稳定性将明显下降。挂车悬架和轮胎的弹性过大,会使挂车的摆动加剧。挂车的质心过高、轴距不足及载荷分布不均等都将增加挂车的摆动。

因此,设计时尽量采用刚度较大的悬架、较大的转向传动系统传动比、减小挂车质量、增大牵引车和挂车质量之比等,都可以提高汽车列车的稳定性。此外,使用时使挂车轮胎经常处于标准气压状态,尽量减轻上述因素对行驶稳定性的影响。

(2)制动时的稳定性。汽车列车制动时,若挂车产生折叠和摆动,将使汽车列车丧失制动方向稳定性。

1)折叠。汽车列车在制动过程中出现的折叠现象一般由牵引车制动先于挂车造成。在牵引车车轴最先发生制动的情况下,挂车的惯性推力将作用于牵引车,一旦惯性推力的作用线偏离牵引车的纵轴线,则对牵引车会有一转向力矩产生,并使牵引车和挂车形成相对转动,直至造成汽车列车的折叠。

2)摆动。当挂车制动时,如果牵引装置受到拉伸力作用,挂车摆动将不会发生,若牵引装置受到的是压缩力,尽管挂车纵轴线相对于汽车列车的行驶方向只有不大的偏转,挂车也会产生偏摆运动,引起挂车摆动。

减小汽车列车制动时挂车折叠和摆动的措施:对于半挂车,合理地分配半挂汽车列车的轴间制动力,尽可能地实现合理的主、挂车车轴制动顺序;对于牵引杆挂车,建立制动滞后协调,希望牵引杆挂车的制动超前于牵引车,而牵引杆挂车解除制动滞后于牵引车,使牵引架始终有拉力作用。

在连接装置中安装机械或液力防摆机构,或在制动系统中采用感载比例阀、ABS 或 EBS等,是目前解决主、挂折叠或摆动问题的主要措施。

6.5 汽车列车的挂车制动系统设计

汽车列车的制动系统由牵引车制动系统和挂车制动系统两大部分组成,而每一种制动系统又由控制装置、制动传动和制动器组成。牵引车提供挂车所需的制动控制和传动装置接口,挂车制动器通常和牵引车制动器相同。

良好的制动系统对于保证汽车列车行驶的安全性与方向稳定性具有十分重要的意义。和普通载货汽车相比,由于半挂汽车列车由两个车节组成,一般具有三轴以上结构,所以制动系统必须适应这一结构,以保证汽车列车具有良好的制动性能(包括制动效能、制动时的方向稳定性等)。

6.5.1 对挂车制动系统的要求

汽车列车的制动系统应正确选定有效载荷状态下的最佳制动力,合理分配牵引车与半挂车之间的制动力,以改善制动时的方向稳定性,避免发生汽车列车折叠、甩尾和丧失转向能力。

挂车的制动系统除必须比一般汽车制动系统要求的制动力大、制动平稳和散热性好等性能外，还必须满足下列要求。

（1）挂车与牵引车的制动系统应相互关联，工作可靠。

（2）牵引车与挂车行驶时，如遇挂车意外自行脱挂、制动管路切断时，牵引车制动应仍然有效，挂车应能自行制动。

（3）应保证牵引车和挂车制动的协调性，当汽车列车制动时，牵引车和挂车制动力的出现和消除时间应尽可能趋于一致。半挂汽车列车各轮轴应具有合理的抱死顺序。例如半挂汽车列车的制动顺序是牵引车前轮、半挂车车轮及牵引车后轮；牵引杆挂车列车希望挂车制动略早于牵引车，以免因挂车迟后制动造成列车折叠或甩尾等现象。

（4）汽车列车满载拖挂时能在16%的坡道上停驻。此外，挂车应另设驻车制动系统，以保证脱挂停放时的可靠制动。

汽车列车制动系统应正确选定有效载荷状态下的最佳制动力，合理分配牵引车与半挂车之间的制动力，以改善制动时的方向稳定性，避免发生汽车列车折叠、甩尾与丧失转向能力。

目前，汽车列车制动系统设计遵循的规范有 GB/T 13594—2003《机动车和挂车防抱制动性能和试验方法》、GB 12676—2014《商用车辆和挂车制动系统技术要求和试验方法》和 GB 7258—2017《机动车运行安全技术条件》，其中后两项为强制标准。

6.5.2 制动系统的工作原理

为了提高汽车列车的制动安全性，应采用双回路制动系统，即用一个双回路保护阀，将空气压缩机产生的压缩空气分别充入两个独立的储气筒（压力源），然后，一个回路到前制动气室，另一回路到后制动气室，实施制动。若某一个回路发生故障失效时，另一回路仍能继续工作，使制动系统维持一定的制动能力。

汽车列车的双管路双回路气压制动系统的工作原理如图6-37所示。在双管路制动系统中，挂车的一条主制动管路由牵引车储气筒引出，对挂车的储气筒充气，称为供气管路，管接头往往漆成红色。另一条管路由牵引车的制动控制阀引出，操纵挂车制动阀（又称继动阀或分配阀），通过挂车储气筒供给挂车制动气室实现制动，这一管路称为操纵管路，管接头一般漆成蓝色。

正常行驶时，空气压缩机产生的压缩空气经调节阀2、双回路保护阀3充入牵引车两个储气筒4Ⅰ和4Ⅱ，4Ⅰ的压缩空气一路进入牵引车前制动阀5，另一路经双管路分别进入挂车制动阀11和充气管路7、紧急继动阀9、挂车储气筒8；牵引车储气筒4Ⅱ的压缩空气则进入牵引车后制动阀。若有一条回路漏气，双回路保护阀可使另一条回路保持一定的气压。

进行制动时，踩下牵引车制动阀5踏板，压缩空气经阀5进入牵引车前、后制动气室15，同时进入挂车制动阀11的上腔，经操纵管路12，打开紧急继动阀9的进气门，使挂车储气筒8的压缩空气经阀9和调载阀10进入挂车制动气室13，实施制动。双管路双回路制动系统在驾驶室内设有手制动阀，实施挂车的驻车制动。若需要单独解除挂车制动，则要将调载阀放在"松开"位置。挂车意外脱挂时，该系统能将挂车自行制动。压力保护阀6可防止牵引车储气筒压缩空气外泄。

双管路制动系统的挂车储气筒无论列车在行驶或制动时一直处于充气状态，在列车下长坡连续制动时压缩空气也能得到及时的供应，使制动连续、可靠，保证了车辆的安全行驶，这是双管路系统的主要优点。

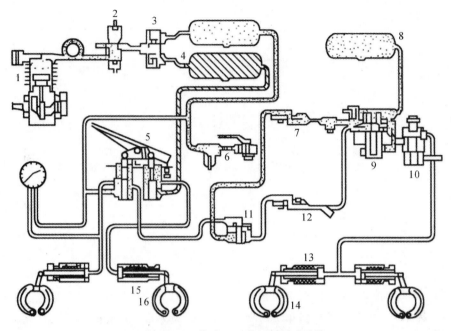

图 6-37 双管路双回路气压制动系统

1—空气压缩机；2—调节阀；3—双回路保护阀；4—牵引车储气筒；5—牵引车制动控制阀(前、后)；
6—压力保护阀；7—充气管路；8—挂车储气筒；9—紧急继动阀；10—调载阀；11—挂车制动阀；
12—操纵管路；13—挂车制动气室；14—挂车制动器；15—牵引车制动气室；16—牵引车制动器

6.6 挂车的照明及信号装置

挂车的照明及信号装置是提高运输效率及安全性能的重要保证。因此我国在照明及信号装置的安装方面有如下规定。

(1)各种灯具从透光面的任何部分开始,在几何可见度角范围内不应有妨碍光线传播障碍。

(2)安装在车辆上的各种灯具,其基准轴应与地面平行,位于车辆侧边的灯,其基准轴必须垂直于车辆的纵向对称平面；位于车辆前后的灯,其基准轴必须平行于这个纵向平面。

(3)检查灯具的高度和方向时,车辆一般为空载,着地安放。

(4)同一装置必须与车辆的纵向对称平面对称安装。

(5)必须符合 GB 4785—2007《汽车及挂车外部照明和光信号装置的安装规定》和 GB 7258—2017《机动车运行安全技术条件》。

按照上述要求安装灯具,可使车辆上各种灯光的光束具有合理的几何可见度角(见图 6-38)。这些角度是可以看到照明和信号装置的最大垂直角 α_1 和 α_2,最大水平角 β_1 和 β_2。测量这些角度时,以基准中心为顶点,以装置的基准轴为测量基准。一些主要灯具的几何可见度角可查阅相关标准。

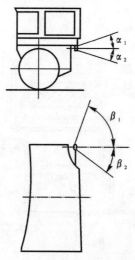

图 6-38 灯光的几何可见度角

在 GB 4785—2007 中对照明和信号装置作了明确的规定，汽车列车的照明和信号装置与普通载货汽车基本相同，但在挂车上必须安装挂车三角形反射器。该装置是挂车专用的向后反射光的信号装置，如果是特种挂车，应设置明显的示廓灯，并尽量将其安装在车辆的最高处和最边缘处。

挂车三角形后反射器可为实心三角形，也可为空心三角形，对其技术要求如下。

(1) 形状要求：由一个三角形反射光线的平面组成，三角形中心可不反射光线，也可用反射光线的元件组成三角形平面，每边至少有 4 个反射光线的元件。

(2) 可见度要求：天气晴朗的夜晚，在车辆后方 150 m 处应能见到反射光线。

(3) 颜色要求：红色。

复习思考题

6-1 半挂牵引车结构具有哪些特点？

6-2 半挂车结构分类有哪些？

6-3 半挂车汽车列车在行驶过程中，牵引连接装置允许的半挂车相对牵引车有哪些倾角限制，请以国家标准中规定的参数为例说明。

6-4 简述牵引杆挂车、牵引杆挂车列车的定义，并说明牵引杆挂车列车具有哪些特点。

6-5 对于驱动形式为 6×2 的双前轴半挂牵引车与 3 轴半挂车组成的 6 轴列车，依据 GB 1589—2016 确定其主车、挂车各轴轴荷，主车最大总质量，列车最大总质量。假设主车、挂车均为板簧悬架，除主车双前轴为单胎外，主车后桥和挂车后桥均为双胎。

6-6 汽车列车的转向机动性受哪些因素影响？

第 7 章 高空作业车设计

高空作业车是运送工作人员和器材到达指定高度进行空间立体作业的专用汽车,是汽车起重机、叉车、挖掘机的变型发展。汽车起重机、叉车、挖掘机的工作对象是物,而高空作业车的对象是人。因此,高空作业车必须围绕人这一主体,来完善相应的举升机构和可靠的安全保护措施。

高空作业车一般装设在汽车通用底盘或专用底盘上。选装通用汽车底盘,具有转移迅速、机动灵活的特点,适合于现场点多、作业场所不固定的场合;选装专用底盘,可以有针对性地选择车辆的外形尺寸和工作性能,适合于活动范围较小和针对性较强的场合。

高空作业车广泛应用于市政建设、消防救护、建筑装饰、电力电信、摄影广告、铁路船舶、石油化工和航空航天等国民经济的众多领域。

高空作业车按其升降机构的形式分为伸缩臂式(直臂式)、折叠臂式(曲臂式)和直升式三种类型。

7.1 直臂式高空作业车设计

7.1.1 直臂式高空作业车支腿机构设计

高空作业车有各种不同类型的支腿,起调平和保证整车工作稳定的作用,要求坚固可靠,操作方便。

1. 支腿跨距的确定

高空作业车的支腿一般为前、后设置,并向两侧伸出,如图 7-1 所示。支腿支承点纵、横方向的位置选择要适当,其原则是作业平台在标定载荷和最大作业幅度时,整车稳定性要达到规定的要求。

(1)支腿横向跨距。支腿横向外伸跨距的最小值应保证高空作业车在侧向作业时的稳定性,即全部载荷的重力合力落在侧倾覆边以内,并使绕左、右倾覆边 AB 或 DC 的稳定力矩大于倾覆力矩。如图 7-2(a)所示,一半支腿横向的跨距 a 应满足:

$$a \geqslant \frac{G_b r + (Q+q)R - G_1 L_1}{G_1 + G_2 + G_b + (Q+q)} (\text{m}) \tag{7-1}$$

式中:$G_1 = m_1 g, m_1$——转台质量,kg;

$G_2 = m_2 g, m_2$——底盘质量,kg;

$G_b = m_b g, m_b$——臂架质量,kg;

$q = m_q g, m_q$——作业平台质量,kg;

Q—— 作业平台的标定载荷,N;
L_1—— 转台重力中心至回转中心的距离,m;
r—— 臂架重力中心至回转中心的距离,m;
R—— 作业半径(臂幅),m。

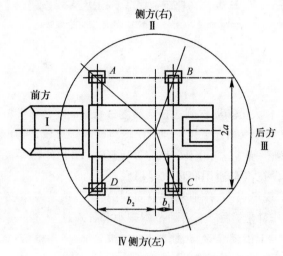

图 7-1　高空作业车的支腿跨距

(2) 支腿纵向跨距。支腿纵向跨距的确定和横向跨距确定的原则一样,应使绕前、后倾覆边 BC 或 AD 的稳定力矩大于倾覆力矩。

当作业平台在车辆后方作业时,如图 7-2(b) 所示,可得后支腿支承点至回转中心的距离 b_1 应满足:

$$b_1 = a - \frac{G_2 L_2}{G_1 + G_2 + G_b + (Q+q)} \text{(m)} \tag{7-2}$$

式中:L_2—— 底盘质心至回转中心的距离,m。

同理,可得前支腿支承点至回转中心的距离 b_2 为

$$b_2 = a + \frac{G_2 L_2}{G_1 + G_2 + G_b + (Q+q)} \text{(m)} \tag{7-3}$$

由前面所学知识可知,b_1 和 b_2 不等。这是因为底盘重心在回转中心之前所致,且 $b_1 + b_2 = 2a$。在设计中,实际确定的支腿跨距比按标定载荷计算的值大。

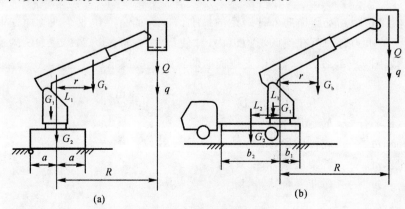

图 7-2　支腿跨距的确定

2. 支腿压力计算

假定高窄作业车在作业时支承在 A,B,C,D 四个支腿上,臂架位于离高空作业车纵轴线 (x 轴)φ 角处,如图 7-3 所示。若高空作业车不回转部分的重力为 G_2,其重心 O_2 在离支腿对称中心(坐标原点 O)e_2 处,回转中心 O_0 离支腿对称中心 O 的距离为 e_0。又设高空作业车回转部分的合力为 G_0,且合力至 O_0 点的距离为 r_0,则作用在臂架平面内的翻倾力矩 M 为 $G_0 r_0$,于是可求得四个支腿上的压力各为

$$\left.\begin{aligned}F_A &= \frac{1}{4}\left[G_2\left(1-\frac{e_2}{b}\right)+G_0\left(1-\frac{e_0}{b}\right)-M\left(\frac{\cos\varphi}{b}+\frac{\sin\varphi}{a}\right)\right]\\ F_B &= \frac{1}{4}\left[G_2\left(1+\frac{e_2}{b}\right)+G_0\left(1+\frac{e_0}{b}\right)+M\left(\frac{\cos\varphi}{b}-\frac{\sin\varphi}{a}\right)\right]\\ F_C &= \frac{1}{4}\left[G_2\left(1+\frac{e_2}{b}\right)+G_0\left(1+\frac{e_0}{b}\right)+M\left(\frac{\cos\varphi}{b}+\frac{\sin\varphi}{a}\right)\right]\\ F_D &= \frac{1}{4}\left[G_2\left(1-\frac{e_2}{b}\right)+G_0\left(1-\frac{e_0}{b}\right)-M\left(\frac{\cos\varphi}{b}-\frac{\sin\varphi}{a}\right)\right]\end{aligned}\right\} \quad (7-4)$$

当举升臂在车辆正侧方作业即 $\varphi = 90°$ 时,则式(7-4)可简化为

$$\left.\begin{aligned}F_A &= \frac{1}{4}\left[G_2\left(1-\frac{e_2}{b}\right)+G_0\left(1-\frac{e_0}{b}\right)-\frac{M}{a}\right]\\ F_B &= \frac{1}{4}\left[G_2\left(1+\frac{e_2}{b}\right)+G_0\left(1+\frac{e_0}{b}\right)+\frac{M}{a}\right]\\ F_C &= \frac{1}{4}\left[G_2\left(1+\frac{e_2}{b}\right)+G_0\left(1+\frac{e_0}{b}\right)+\frac{M}{a}\right]\\ F_D &= \frac{1}{4}\left[G_2\left(1-\frac{e_2}{b}\right)+G_0\left(1-\frac{e_0}{b}\right)-\frac{M}{a}\right]\end{aligned}\right\} \quad (7-5)$$

按四点支承计算支腿压力时,若有一支腿的压力出现负值,应改用三点支承重新计算支腿压力。如图 7-4 所示,设举升臂在 Ⅱ 工况位置作业时,支腿 A 不受力,支腿 B,C,D 受力,可求得支腿的支反力分别为

$$\left.\begin{aligned}F_B &= \frac{1}{2}\left[G_0 + G_2 - M\frac{\sin\varphi}{a}\right]\\ F_C &= \frac{1}{2}\left[G_0\frac{e_0}{b} - G_2\frac{e_2}{b} + M\left(\frac{\cos\varphi}{b}+\frac{\sin\varphi}{a}\right)\right]\\ F_D &= \frac{1}{2}\left[G_0\left(1-\frac{e_0}{b}\right) + G_2\left(1-\frac{e_2}{b}\right) - M\frac{\cos\varphi}{b}\right]\end{aligned}\right\} \quad (7-6)$$

若举升臂转到 Ⅰ 工况位置作业时,φ 角为钝角,设支腿 B 不受力,支腿 C,D,A 受力,可求得受力最大的支腿 D 的压力为

$$F_D = \frac{1}{2}\left(M\frac{\sin\varphi}{a} - G_0\frac{e_0}{b} - G_2\frac{e_2}{b} - M\frac{\cos\varphi}{b}\right) \quad (7-7)$$

由图 7-4 还可知,当举升臂在工况 Ⅱ 的位置作业时,支腿 C 的受力最大,令 $\dfrac{\mathrm{d}F_e}{\mathrm{d}\varphi}=0$,可求出支腿 C 在承受最大反力时的 φ 角值,令其为 φ_0,有

$$\varphi_0 = \arctan\frac{b}{a} \quad (7-8)$$

若将所求得的 φ_0 值代入前边公式,可求得支腿 C 所受到的最大压力或支腿 D 所受到的最大压力。比较两支腿支反力的大小,取大者为计算载荷。

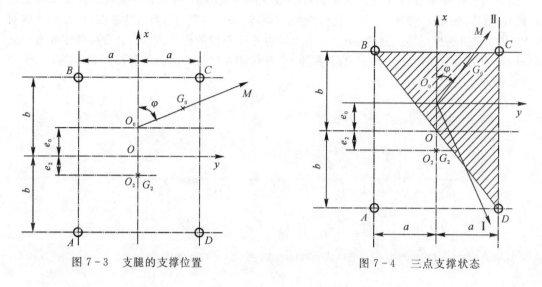

图 7-3　支腿的支撑位置　　　　　图 7-4　三点支撑状态

3. H 式支腿的结构设计

(1) H 式支腿的组成。图 7-5 为 H 式支腿的组成,它由中间的水平支腿和两边的垂直支腿构成 H 式结构。

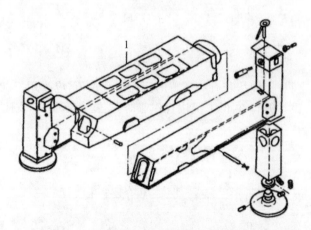

图 7-5　H 式支腿的组成

(2) H 式支腿的结构设计。由 H 式支腿的组成可知,这种形式的支腿主要由水平腿箱和垂直腿箱组成,腿箱一般为金属板材构成的箱形断面结构,设计时主要确定箱形断面尺寸,可按组合梁的设计要求进行。

活动水平腿箱设计。水平腿箱是支腿的主要受力构件,可以看作为横梁,应具有足够的强度和刚度。

按经济条件(质量最小)确定活动水平腿箱的高度尺寸。

由图 7-6 可知,水平活动腿箱的箱形结构由上、下翼缘(翼板)和两侧腹板组成,当满足一定载荷的强度条件时,若腿箱的高度尺寸 h 增加,则翼缘可减小,但腹板要加高,结构质量(两翼缘和两腹板质量之和）亦发生相应的变化。这里提出按经济条件设计腿箱的高度，就是使腿箱总的结构质量最小的高度，称为理想高度。若设计的高度太小或小于理想高度，都会使整个腿箱的结构质量增加，由此提出腿箱高度 h 为

$$h = 0.91\sqrt[3]{\frac{W_x}{v_h}} \tag{7-9}$$

式中：W_x——按腿箱支承点悬伸距离 L 的 3/5 处最大合成弯矩求得的抗弯截面模量；

v_h——腹板的厚高比，$v_h = t_h/h_0$；

t_h——腹板的厚度，m；

h_0——腹板的高度，m。

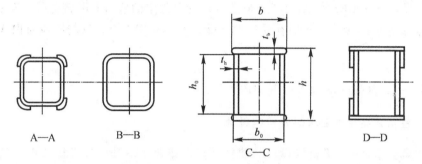

图 7-6 H 式支腿的断面图

设计时，v_h 按式(7-10)确定：

$$v_h = \sqrt{\frac{\sigma_{cr}}{DEK}}, \quad D = \frac{\pi^2}{12(1-\mu^2)} \tag{7-10}$$

式中：σ_{cr}——临界应力，设计时可初选，$\sigma_{cr} = 1.25[\sigma]$；

$[\sigma]$——材料的许用应力，MPa；

D——刚度系数；

μ——材料的泊松比；

E——材料的弹性模量，GPa；

K——板边支承情况影响系数，可取 1.2～1.5。

一般 v_h 可在 1/40～1/60 之间取值。

腹板厚度 t_h 可由式(7-11)确定：

$$t_h \geqslant \left(\frac{1}{60} \sim \frac{1}{240}\right) h \tag{7-11}$$

活动水平腿箱上、下翼板（盖板）尺寸确定，按照腿箱高度 h 与宽度 b 之比值为 $1.4 < h/b < 1.7$，且可根据腹板面积与盖板面积相等原则，确定翼板的板厚 t_h。

两腹板的间距 b_0（见图 7-6）由式(7-12)确定：

$$b_0 = b - 2t_h - 3\delta \tag{7-12}$$

式中：δ——焊缝高度，m。

在活动支腿箱与固定支腿箱搭接处，由于受局部压应力，在此处增设加强板，一般为上、下布置，且以此处的最大弯矩确定加强板面积，加强板延伸至 $\frac{3}{5}L$ 处。

固定水平腿箱设计。一般固定作业车整车在工作中能平稳运动,一般上下间隙 $d_1 = 3$ mm,横向间隙 $d_2 = 5$ mm。

为保证两腿箱搭接处的强度,在入口部设有加强箍与加强筋,两腿箱的搭接处长度一般取活动腿箱总长的 1/3,且在固定腿箱的后搭接处也设有加强箍。

垂直腿箱设计。垂直腿固定箱截面可设计成方形,在入口部亦设有加强箍。

活动箱主要是为保证支承部位在受轴向力后不失稳和保证活动体有可靠的垂直支承而设计的,结构形式是活动腿箱的上端与液压缸杆固定,活动腿箱为滑动配合,其间隙一般为 $1 \sim 2$ mm。

用前述方法求得最大支腿压力,校核所有支腿的强度和刚度。

支承脚设计。支承脚要保证作业车在作业时能在规定的地面上可靠支承。为了使支承脚在承受压力时不下陷,要求支承腿在受最大支反力 F 的工况下有足够的接地面积 A,有

$$A \geqslant \frac{F}{[\sigma_d]} \qquad (7-13)$$

式中:$[\sigma_d]$——地基强度,一般取 1.6 MPa。

7.1.2 直臂式高空作业车举升机构设计

直臂式高空作业车举升机构设计与曲臂式高空作业车举升机构设计基本一致,故在 7.2 节曲臂式高空作业车中一并介绍。

7.2 曲臂式高空作业车设计

7.2.1 曲臂式高空作业车支腿机构设计

高空作业车有各种不同类型的支腿,起调平和保证整车工作稳定的作用,要求坚固可靠,操作方便。直臂式高空作业车和曲臂式高空作业车的支腿设计是一样的,所以不再介绍了。

7.2.2 曲臂式高空作业车举升机构设计

下面以折叠臂式高空作业车为例,介绍举升机构的设计。

1. 折叠形式和运动范围的选取

常用的上折叠式动臂举升机构由三个动臂组成,即下臂、上臂和折臂。下臂的下端铰接在回转台上,由下臂液压缸驱动;上臂的下端与下臂的上端铰接,由撑臂液压缸和四杆机构驱动;折臂的一端与上臂的上端铰接,由折臂液压缸驱动;作业斗与折臂的另一端铰接,由内藏链式四杆机构保证作业斗保持水平。

该举升机构在铅垂平面内的运动范围为,下臂相对于回转台,$0° \sim 82°$;上臂相对于下臂,$0° \sim 160°$;折臂相对于上臂,$0° \sim 90°$。

2. 驱动液压缸

(1)下臂液压缸应以其所受最大载荷的工况进行设计,同时还要校核下臂处于最大仰角时的工况,此时液压缸轴线至下臂铰接点距离最近,液压缸可能出现反拉现象,且在作回缩动作

时,有杆腔工作,液压缸受拉力作用。

(2)撑臂液压缸一般与四杆机构配合,组成撑臂机构,如图 7-7 所示,其目的是减少液压缸的体积。但这种机构使上臂动作的速度不均匀,设计时要特别注意。设 ω_3 为上臂绕铰接点的回转角速度,由图 7-7 可知,撑臂机构的运动速度有如下关系:

$$\omega_3 = \omega_1 \frac{L_1 \sin(\varphi_1 - \varphi_2)}{L_3 \sin(\varphi_3 - \varphi_2)} \tag{7-14}$$

$$\omega_1 = \frac{vu}{L_0 L_1 \sin\varphi}, u = \sqrt{L_0^2 + L_1^2 - 2L_0 L_1 \cos\varphi} \tag{7-15}$$

式中:v——液压缸的工作速度,m/s。

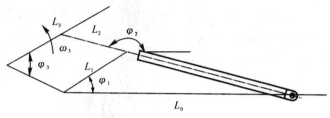

图 7-7 撑臂机构简图

3. 动臂的主要尺寸和结构

动臂为主要受力构件,受弯扭联合作用。为获得较大的强度和刚度,一般采用薄壁箱形结构。为减少焊接变形,臂架一般由两块冲压成形的槽形板对接而成,槽形板折边采用大圆角形式,这可增强板件的抗局部失稳能力。为使主受弯截面获得较高的抗弯截面模量,可加布上、下加强筋板,获得渐近的等强度受力状态。

(1)主要尺寸确定。动臂的截面高度 h 可按使结构质量最小的高度提出的设计公式计算,有

$$h = \sqrt[3]{\frac{W_x}{\gamma_n}}, W_x = \frac{M}{\sigma} \tag{7-16}$$

式中:W_x——按动臂最大合成弯矩求得的抗弯截面模量,cm³;

γ_n——腹板的厚高比。动臂的高宽比 h/b 不宜太大,因为动臂除受弯外还受扭,为获得合理的抗扭截面,一般高宽比 $h/b = 1.25 \sim 1.5$。

(2)动臂的强度校核。按动臂的工况,采用相应的载荷组合进行强度校核。正应力 σ 为

$$\sigma = \frac{M_{x\max}}{W_x} + \frac{M_{y\max}}{W_y} \leqslant [\sigma] \tag{7-17}$$

式中:$M_{x\max}$——主受弯截面的最大弯矩,N·m;

$M_{y\max}$——由水平力引起的最大弯矩,N·m;

W_x, W_y——主梁截面对中性轴 x 和 y 的截面模量,cm³;

$[\sigma]$——材料的许用应力,MPa。

剪应力为

$$\tau = \frac{Q_{x\max} S_x}{2 I_x \delta} + \frac{M_n}{2 A \delta} \leqslant [\tau], A = bh \tag{7-18}$$

式中:$Q_{x\max}$——主受弯截面的垂直剪力,N;

M_n——截面的转矩,N·m;
I_x——截面对中性轴的惯性矩,N·m;
S_x——截面的最大静矩,N·m;
A——由板的中线所围成的截面面积,m²;
δ——腹板的厚度,m;
$[\tau]$——材料的许用剪应力,MPa。

除验算动臂的合成应力之外,还应进行动臂的稳定性、板的局部稳定性校核。

7.2.3 曲臂式高空作业车回转机构设计

按照专业标准 ZBT 530001—1986 对高空作业车技术条件的要求,回转机构应能进行正、反两个方向的 360°回转,其最大回转速度不大于 2 r/min。且回转机构在做回转运动时,启动、回转、制动应平稳、准确、无抖动、晃动现象,微动性能良好;在作业车行驶状态时,回转部分不得产生相对运动。

目前应用较多的回转机构是交叉圆柱滚子转盘支承装置,其结构如图 7-8 所示。在这种回转支承装置中,通常滚子的接触角为 45°,载荷通过圆柱形滚子传递。其相邻的滚子轴线交叉排列,即相邻的两圆柱滚子轴线成 90°交叉,这不但使回转装置能承受轴向和径向载荷,而且还能传递翻转力矩。理论上圆柱滚子与滚道是线接触,而滚道间的挤压接触面积增大,同时由滚子滚动所造成的接触应力分布于整个滚道面上,因而延长了滚道的使用寿命,所以与同样直径和相同数目滚动体的单排转盘相比,交叉圆柱滚子转盘的支承能力可以大大提高。另外,由于这种滚道是平面,加工工艺比较简单,容易达到加工要求。

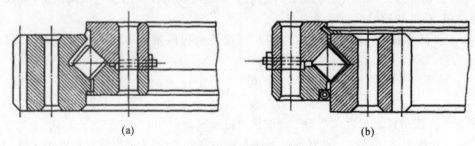

图 7-8 交叉圆柱滚子转盘结构
(a)外齿式;(b)内齿式

1. 圆柱滚子最大载荷的计算

在作业过程中,圆柱滚子要受到三种载荷作用,如图 7-9 所示。第一种为轴向力 Q,即垂直力,该力由转台及举升机构质量、载重量和惯性载荷等组成;第二种为径向力 H,即水平力,该力由回转离心力、风载荷及举升载荷的分力等组成;第三种为翻倾力矩 M_{ov},它可由轴向力和径向力的作用而引起。

将方向交叉的两组圆柱滚子用 Ⅰ 组和 Ⅱ 组表示,并假定每组的圆柱滚子数目各占一半,并作一对一的间隔排列,则 Ⅰ 组圆柱滚子在 A 点(见图 7-9)受有最大载荷,其中任一圆柱滚子的最大法向载荷 $F_{I\max}$ 为

$$F_{I\max} = F_{IQ} + F_{IH} + F_{IM} \tag{7-19}$$

式中：F_{IQ}——由轴向力 Q 引起的 Ⅰ 组任一圆柱滚子上最大法向载荷，N；
F_{IH}——由径向力 H 引起的 Ⅰ 组任一圆柱滚子上最大法向载荷，N；
F_{IM}——由翻倾力矩 M_{ov} 引起的 Ⅰ 组任一圆柱滚子上最大法向载荷，N。

如图 7-10 所示，取转盘为脱离体进行受力分析，由力系平衡条件可以求得 F_Q 和 F_H。为了求得 F_M，可近似地把座圈看成直径为 D 的圆圈，如图 7-11 所示，并假定圆柱滚子对座圈的压力在座圈上连续分布，按圆柱滚子接触压力沿圆周弧长的比压，列出平衡方程，即可求得 F_M 值。

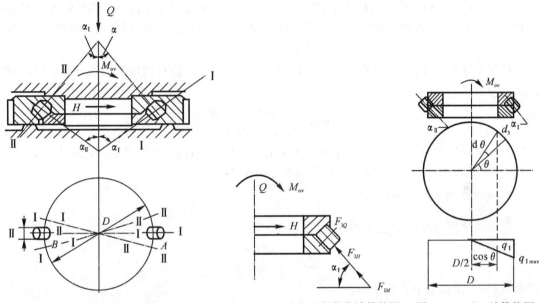

图 7-9　圆柱滚子外载荷及承载最大滚子的位置　　图 7-10　最大法向载荷计算简图　　图 7-11　F_M 计算简图

对于 Ⅰ 组圆柱滚子处于图 7-9 中 B 位置时，受到的载荷最大。此时滚子不承受由水平力传来的载荷，且由于轴向力 Q 引起的法向载荷与翻倾力矩 M_{ov} 引起的法向载荷方向相反，所以，Ⅱ 组中任一圆柱滚子的最大法向载荷为

$$F_{\text{Ⅱmax}} = F_{\text{Ⅱ}M} - F_{\text{Ⅱ}Q} \tag{7-20}$$

2. 圆柱滚子允许载荷的计算

根据赫茨公式，滚道与圆柱滚子的线接触应力为

$$\sigma = 0.418\sqrt{\frac{FE}{L}\sum\rho} \tag{7-21}$$

式中：F——圆柱滚子在接触线上的法向载荷，N；
E——材料的弹性模量，一般滚道材料采用碳素钢或低碳合金钢，圆柱滚子材料采用轴承钢，GPa；
L——圆柱滚子与滚道的有效接触长度，一般情况可取 $L = 0.85d$，m；
d——圆柱滚子直径，m；
$\sum\rho$——圆柱滚子与滚道接触表面的主曲率之和。

用优质碳素钢或低碳合金钢轧制或锻造成的座圈,其滚道表面的热处理硬度 HRC 为 59～60,在一般工作条件下,可取许用接触应力值$[\sigma]$为 1 800 Pa。

3. 转盘直径和接触角的确定

转盘直径 D 和接触角 α 应根据以下条件确定。

(1)盘中任一圆柱滚子的最大载荷均不得超过允许载荷$[F]$,即

$$\left.\begin{array}{l} F_{\text{I max}} \leqslant [F] \\ F_{\text{II max}} \leqslant [F] \end{array}\right\} \tag{7-22}$$

(2)为了充分利用两组圆柱滚子和两对滚道的最大承载能力,达到应力均衡的理想状态,应使Ⅰ组圆柱滚子可能出现的最大载荷尽量与Ⅱ组圆柱滚子可能出现的最大载荷相等,即

$$F_{\text{I max}} = F_{\text{II max}} \tag{7-23}$$

根据上述两个条件,可以确定合理的 D 和 α 值。在转盘直径 D 值按结构需要确定后,合理的接触角 α 应为

$$\alpha = \arctan\frac{8M_{ov} + 2QD}{8M_{ov} - 2QD - 5FD} \tag{7-24}$$

D 与 d 的比值越小,则圆柱滚子相对于滚道的滑移越大,而且对安装精度的要求也越高。因此,一般要求 $D \geqslant 35d$,在结构允许的条件下可取 $D = 37d$。

4. 滚动体的总数目的计算

设滚动体的总数目为 $\sum n$,则有

$$\sum n = \frac{\pi D \times 10^3}{d+b} \tag{7-25}$$

式中:D——滚盘的中心直径,m;

d——滚动体的直径,m;

b——隔离套厚度,m。

滚动体之间可以设隔离套,也可不设。在无隔离套的交叉滚柱式支承装置中,滚柱数应为偶数,其最后间隙可用调隙隔离套填充。隔离套常用粉末冶金或尼龙制成,厚度为 2～3 mm。

交叉滚柱式回转支承装置,其滚子的间隔排列可以设计成一对一、二对一、三对一或三对二等多种交叉形式,这些结构现已得到广泛使用。

7.3 直升式高空作业车设计

7.3.1 直升式高空作业车的结构特点

直升式高空作业车可由中型客车改装而成,其上装部分由举升机构、工作台等组成,如图 7-12 所示。

(1)外形美观,车内环境较好。

(2)举升机构安装于车厢内部,车内顶风窗处备有内升梯,可供工作人员上、下工作台。

(3)举升机构采用框架式结构。举升架共有三层(见图 7-13),用槽钢作导轨,以角钢为连接件,焊成框架式结构。第一层固定在车底的车架上,为固定层;第二层为浮动层,液压缸则

连接于固定层与浮动层之间;第三层为升动层,即工作台,它通过钢丝绳滑轮机构与浮动层相连,举升时其升程较液压缸升程增大一倍。液压缸设置于举升机构中间位置,钢丝绳滑轮机构则安装于工作台的四个角,因而工作台升降平稳。

(4)举升机构采用手动控制,操作简单,安全可靠。举升机构的上升和下降的速度均可调整。

图7-12 直升式高空作业车的结构

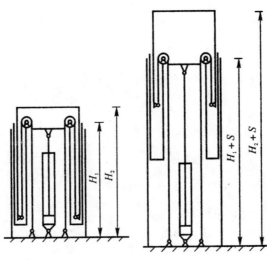

图7-13 举升机构工作示意图

7.3.2 举升机构液压系统

(1)液压系统。举升机构的液压系统如图7-14所示,由取力器从汽车变速器获取动力驱动油泵转动。

(2)液压缸的计算。

1)液压缸所受载荷。根据直升式高空作业车举升机构的承载特点,其液压缸所受力 F 为

$$F = \frac{2(m_1 + m_2)g}{\eta_1 \eta_2} + \frac{m_3 g}{\eta_3} \tag{7-26}$$

式中:m_1——工作台负载(包括工作台自身质量和工作人员质量),kg;

m_2, m_3——第2层、第3层举升架质量,kg;

η_1, η_2——机械效率和绳轮效率,取 $\eta_1 = 0.95, \eta_2 = 0.9$。

2) 液压缸缸径。液压缸内径 D 大小由所受载荷得到:

$$D=\sqrt{\frac{4F}{\pi p\eta}} \qquad (7-27)$$

式中: p —— 液压系统工作压力,Pa;
η —— 液压系统机构效率,取 $\eta=0.9$。

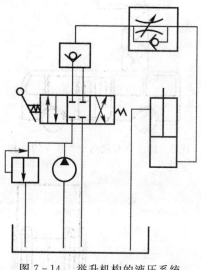

图 7-14 举升机构的液压系统

3) 液压缸工作行程。根据举升机构的特点,工作台升起后实际将液压缸行程增大一倍,因此,液压缸行程 S 为

$$S=\frac{H}{2} \qquad (7-28)$$

式中: H —— 工作台的升降高度,m。

4) 液压缸工作流量。液压缸工作流量的选取由工作台升降高度、升降速度等决定,故工作流量 Q 为

$$Q=\frac{\pi D^2 Sv}{4H} \qquad (7-29)$$

式中: v —— 工作台升降速度,m/s。

设计举升机构时可以根据液压缸所受力、行程及流量的大小,选择相应型号的液压缸。

复习思考题

7-1 高空作业车的支腿机构如何设计?
7-2 高空作业车的举升机构如何设计?
7-3 高空作业车的回转机构如何设计?
7-4 直升式高空作业车的液压系统如何设计?
7-5 高空作业车设计时需要做哪些校核?

参 考 文 献

[1] 司景萍.专用车辆[M].北京:人民交通出版社,2007.
[2] 马文星.专用车辆[M].北京:化学工业出版社,2006.
[3] 冯晋祥.专用汽车[M].北京:机械工业出版社,2009.
[4] 林奎.新型客梯车叉架结构参数优化设计及分析[D].武汉:武汉理工大学,2013.
[5] 王功.可变轴距客梯车运动机构优化与运动过程分析[D].天津:中国民航大学,2017.
[6] 魏平涛.威海广泰 WGBD08 机场摆渡车解析[J].商用汽车,2010(8):34-36.